区域产业分工、环境规制与可持续发展

于晨阳　涂成林　著

REGIONAL INDUSTRIAL DIVISION
OF LABOR, ENVIRONMENTAL REGULATION
AND SUSTAINABLE DEVELOPMENT

社会科学文献出版社
SOCIAL SCIENCES ACADEMIC PRESS (CHINA)

　　本书获广东省基础与应用基础研究基金粤穗联合基金青年项目"粤港澳大湾区空间功能分工推动企业环境绩效提升的机理、效果与对策研究"（编号：2022A1515110285）与广东省哲学社会科学规划学科共建项目"碳中和背景下粤港澳大湾区能源安全评估及预警机制研究"（编号：GD23XYJ47）支持。

目　录

下　篇

绪　论

一　研究背景与意义

（一）研究背景

党的二十大报告指出，我们坚持可持续发展，坚持节约优先、保护优先、自然恢复为主的方针，像保护眼睛一样保护自然和生态环境，坚定不移走生产发展、生活富裕、生态良好的文明发展道路，实现中华民族永续发展。如何界定、评价与实现可持续发展成为近年来学界热议的话题。改革开放40余年来，中国经济实现了快速增长，但"快车道"的发展模式也带来了诸多问题，如环境污染日益严重、公共健康水平偏低等。在过去很长一段时间内，上述问题都被经济的快速增长掩盖，但国际贸易环境日益紧张，国内外都将逐渐从增量竞争转向存量竞争。这意味着如何在既有资源的基础上释放增量空间、实现可持续发展，是我国也是其他国家在未来一个时期内面临的重大问题。

分工这一概念最先由亚当·斯密在其著作《国富论》中提出，指的是各种社会劳动力的划分与独立化，分别从事不同又互相联系的工作。分工是对现有资源进行优化利用的有效方式，能充分发挥不同个体、地区与国家的比较优势，从而提升群体或国家整体的资源利用效率。考虑到当前国内外均呈现明显的存量竞争趋势，能否通过优化区域产业分工格局，释放增量空间，以实现可持续发展，是亟须研究的课题。因此，本书将从区域产业分工这一视角切入，分别从绿色和健康两个维度考察区域产业分工能否有效推动可持续发展、其影响机制是什么、政府干预等其他要素在该过程中能否发挥有利作用。

（二）研究意义

首先，本书具有一定的理论意义。已有关于区域产业分工的研究大多聚焦产业分工的成因及其带来的经济效应，少有研究使用严谨的经济学理论深入讨论区域产业分工对绿色可持续发展、健康可持续发展的影响。本书在新经济地理学框架下进行拓展，综合总部经济模型、中间产品投入模型与纵向产业关联理论等构建了系统的分析框架，深入讨论区域产业分工对可持续发展的影响，综合使用城市面板数据、大规模企业税收调查数据、微观人口调查数据以及工业企业微观数据，有助于揭示区域产业分工在绿色与健康方面对可持续发展的影响效果与机制，为后续的研究提供一定的理论支撑和参考。

其次，本书具有较强的实际意义。近年来，中国的快速工业化促进了经济增长，但同时也带来了严峻的挑战，包括环境污染问题、公共健康问题与技术创新问题。中国不仅有应对气候变化挑战的国际义务，也需要适应绿色可持续发展的国情。同时，如何维护人民健康、实现健康可持续发展，也是我国政府亟须解决的重要问题。本书从区域产业分工的视角出发，探索了其对绿色可持续发展与健康可持续发展的影响效果与机制，并辅以案例研究，提出了推动可持续发展的具体建议，为政府优化产业空间布局并实现绿色可持续发展、健康可持续发展提供决策依据。

二 结构与内容

本书的主要内容分为上下两篇，共十一章。上篇主要围绕区域产业分工、环境规制与绿色可持续发展开展研究，包括六章内容。

第一章主要对城市绿色可持续发展水平进行测度与分析。现有的绿色可持续发展水平的测度方式主要是构建一套指标体系进行测度，从不同维度综合反映区域绿色可持续发展水平。这种测度方式的优势在于能够较为全面地衡量区域绿色可持续发展水平，但也有一定的不足，主要体现在权重设定存在主观性以及测度方式偏总量而忽视质量两个方面。因此，本书将在第一章使用更加客观的评价方法，从相对水平的角度测度中国城市绿色可持续发展水平。

第二章进一步考察了区域产业分工与区域绿色协调发展的关系。绿色可持续发展是实现"碳达峰"和"碳中和"的基本途径。普遍存在的地区差异不利于我国整体层面绿色可持续发展水平的提升。尽管已有研究分析了区域绿色可持续发展差距的影响因素，但仍不清楚区域产业分工对区域绿色协调发展的影响。本章应用扩展随机前沿分析方法测度区域绿色可持续发展水平，结合"中心—外围"框架与拓展的 Theil 指数模型计算区域绿色协调发展水平，使用 2003~2018 年十六大城市群的面板数据考察区域产业分工对区域绿色协调发展的影响。

第三章从经济转型的视角切入，利用 1995~2016 年的中国省级面板数据，建立了一个包含能源效率和区域经济发展的联立方程模型，探讨中国经济转型背景下能源效率与区域经济发展的互动关系。

第四章从环境规制的视角考察了"煤改气"政策对空气污染的治理效应。缓解空气污染，为人民营造更健康的空气环境也是绿色可持续发展的应有之义。本章旨在探讨"煤改气"政策对空气污染的净影响，利用 2003~2016 年的地级市数据，采用 PSM-DID 方法来估计该政策的净影响。此外，本章还考察了"煤改气"政策的动态效应及其对空气污染的影响机制。

第五章从非正式环境规制的视角出发，考察了环境信息公开对空气污染的影响。以往的研究侧重于考察监管手段和经济手段对空气污染的减排效果，忽视了环境信息公开的重要性。本章以 2012 年《环境空气质量标准》的实施为基础，利用 2006~2017 年中国 269 个城市的面板数据，通过动态空间差分模型评估了环境信息公开对空气污染的影响。

第六章是产业空间功能分工与绿色可持续发展的经验启示。本章选取全国最具代表性的三大城市群作为案例，综合使用多维度数据分析，阐述产业空间功能分工与绿色可持续发展的特征事实，指出产业空间功能分工深化在促进绿色发展的同时也拉大了中心城市与外围城市的差距，并针对粤港澳大湾区的产业布局优化及绿色可持续发展提出对策建议。

本书的下篇主要围绕区域产业分工、环境规制与健康可持续发展进行研究，包括五章内容。

第七章考察了区域产业分工对城市公共医疗环境的影响。现有的研究侧重于考察经济发展和城市扩张对城市公共医疗环境的影响，但忽视了区域产业分工的重要性。区域产业分工反映了劳动力的空间分布，极大地影响了医疗队伍和医疗基础设施的发展。基于2001~2019年中国16个主要城市群的137个城市的面板嵌套数据，本章采用层次线性模型评估了区域产业分工对城市公共医疗环境的影响。

第八章探讨了环境信息公开对公众健康的影响。在过去40多年间，中国经济的持续快速增长导致了许多环境问题，尤其是空气污染问题。大量研究表明，空气污染对人类健康产生了不利影响。本章通过在中国实施新的《环境空气质量标准》的准自然实验，评估环境信息公开对公众健康的影响。

第九章考察了环境规制的健康效应。空气污染，尤其是PM2.5浓度超标，容易引起人体呼吸道疾病、心血管疾病、神经疾病以及其他疾病的并发症。空气污染治理的环境规制政策可以在改善公众健康方面发挥非常重要的作用。然而，现有的基于空气污染治理对公众健康影响的研究相对偏少，对大气污染调控效果的关注还不够。对空气质量优化措施的研究，特别是PM2.5浓度变化对公众健康影响的研究需要进一步深化。因此，本章以《大气污染防治行动计划》的实施为准自然实验，采用多项式Logit模型和差分法，考察空气污染治理对公众患病率的影响。

第十章聚焦信息基础设施建设与城市医疗环境的关系。现有研究忽视了信息基础设施建设对改善区域医疗环境的重要性。本章基于"宽带中国"城市试点政策的准自然实验，采用双重空间差分模型评估信息基础设施建设对城市医疗环境的影响。

第十一章是基层医疗卫生机构可持续发展模式的经验启示。基层医疗卫生机构可持续发展是实现我国健康可持续发展的重要基础。本章以广州市为案例，以慢性病诊疗为切入点，调研基层医疗卫生机构诊疗率下降的主要原因，提出推动基层医疗卫生机构可持续发展的具体模式与建议。

三 创新点

第一，研究视角方面。近年来，国际贸易环境日益紧张，这意味着全球范围内的竞争都将逐渐从增量竞争转变为存量竞争。因此，亟须探究如何在既有资源的基础上，通过优化区域产业分工格局释放增量空间，以推动可持续发展。本书以区域产业分工为切入点，以可持续发展为落脚点，分别从绿色可持续发展与健康可持续发展两个维度考察区域产业分工对可持续发展的影响效果与机制，并同时探讨了环境规制等因素对可持续发展的推动效果，以期为我国可持续发展提供理论支撑与决策依据。

第二，理论机制方面。首先，本书借鉴新经济地理学分析框架，将总部经济、环境污染和中间产品投入纳入其中，构建了一个理论框架以剖析区域产业分工对绿色可持续发展的影响机制。其次，本书从产业升级、技术创新、财政投入等视角阐释了区域产业分工、环境信息公开、环境规制与信息基础设施建设等关键因素对健康可持续发展的影响机制。

第三，数据与变量测度方面。本书使用更可靠的测度方式衡量城市绿色发展水平与区域绿色协调发展水平，解决了测度结果受异质性干扰及难以应用于后续回归的问题。本书基于 KLH-SFA 模型来测算城市绿色发展水平，该模型能够有效分离效率测算中的时不变非效率项、时变非效率项以及城市异质性，能够降低未观测到的异质性干扰，捕获更可靠的测度结果。本书还通过拓展现有的 Theil 指数模型来测度区域绿色协调发展水平，并通过 Kaya 分解将其归因于不同驱动因素。同时，本书综合利用了大规模企业税收调查数据、工业企业微观数据、微观人口调查数据与企业污染数据，从微观层面检验了区域产业分工、环境规制以及数字化等因素对可持续发展的影响效果，弥补了现有文献的不足。

上　篇

第一章

中国城市绿色可持续发展水平测度与分析

本章主要对中国城市绿色可持续发展水平进行测度与分析，结构安排如下：第一节介绍中国绿色可持续发展水平测度方法；第二节展示中国绿色可持续发展水平测度结果；第三节根据测度结果对城市群绿色可持续发展水平的时空演变特征进行剖析；第四节为小结，总结本章的主要研究内容与发现。

第一节　中国绿色可持续发展水平测度方法

一　面板 SFA 模型

现有的绿色可持续发展水平的测度方式主要是构建一套评价指标体系进行测度，从不同维度综合反映区域绿色可持续发展水平。这种测度方式的优势在于能够较为全面地衡量区域绿色可持续发展水平，但也有一定的不足，主要体现在以下两点。第一，权重确定存在一定主观性。虽然我们可以将尽可能多的指标纳入评价体系，但指标的增加也会使权重选择更加复杂，微小的权重改变可能会导致结果产生较大的差异。第二，无法较好地体现绿色可持续发展与传统发展的差异。传统发展侧重于经济规模总量的增长，其核心在于量变；而绿色可持续发展则需要体现出中国经济发展中的质变。现有评价指标体系选取的指标更多体现发展过程中的绝对数值的变化，并未抓住绿色可持续发展中质变的核心理念。所以，本章将使用更加客观的评价方法，从相对水平的角度测度中国区域绿色可持续发展水平。

不同于测度绝对发展水平的各项指标，基于投入—产出法的绿色效率能够更加客观地测度中国区域相对绿色可持续发展水平，这里的绿色效率指的是同样产出下预期的污染投入（包含能源需求、环境污染物排放与碳排放三个方面）与实际的污染投入的比值，该比值的取值范围是 0~1，数值越高表明实际污染投入越接近预期污染投入，即效率越高，对应的绿色可持续发展水平就越高。这种测度方法的优势主要体现在以下两个方面。首先，在确定各项投入产出指标后，可基于投入—产出法通过回归或者线性规划的方式测算出最优前沿面，从而求解出效率值，这在一定程度上降低了评价过程的主观性。其次，基于投入—产出法的绿色效率测算的是给定投入下的产出差异（或给定产出下的投入差异），这与绿色可持续发展的核心理念是一致的，即追求单位污染排放下的高产出（或单位产出下的低污染排放）。所以，综合以上分析，本章将采取投入—产出法测度中国区域绿色可持续发展水平。参考 Filippini 和 Hunt（2015）的研究，本章将比较五种不同的 SFA 模型并使用最优模型进行测度，这五种模型分别为时不变非效率模型（模型 1），时变非效率模型（模型 2），考虑城市异质性的模型（模型 3），同时考虑时变与时不变的非效率模型（模型 4）和同时考虑时变非效率、时不变非效率与城市异质性的模型（模型 5）。

模型 1 是常规的时不变非效率模型，该模型只从残差中分离时不变非效率成分，进而得到效率，其具体形式为：

$$y_{it} = \beta_0 + f(x_{it};\ \beta) + v_{it} - \mu_i \qquad (1)$$

$$v_{it} \sim N(0,\ \sigma_v^2) \qquad (2)$$

$$\mu_i \sim N^+(0,\ \sigma_\mu^2) \qquad (3)$$

$$\alpha_i = \beta_0 - \mu_i \qquad (4)$$

$$\hat{\mu}_i = \max_i \{\hat{\alpha}_i\} - \hat{\alpha}_i \tag{5}$$

$$ghqd_i = \exp(-\hat{\mu}_i) \tag{6}$$

式（1）中表示城市 i 在第 t 年的能源消费、污染物排放或者碳排放，代表一系列影响能源消费、污染物排放与碳排放的因素。在模型1中，残差中的非效率成分没有随时间变化。式（1）提供了 SF 模型的具体形式，其中 β_0 代表截距项，v_{it} 是误差项，μ_i 是时不变的效率低下。式（2）和式（3）表示 v_{it} 和 μ_i 的分布假设。个体效应 α_i 可以通过式（4）计算。基于以上公式，通过式（5）对其进行处理，我们可以利用能源需求、环境污染物排放与碳排放前沿函数的具体回归方程来估算城市非效率部分。最后，我们可以通过式（6）将非效率项转化为绿色可持续发展水平的效率项，$ghqdi$ 表示城市 i 的绿色可持续发展水平。

模型2是时变非效率模型，该模型在模型1的基础上考虑了非效率部分的时变特征，其具体形式为：

$$y_{it} = \beta_0 + f(x_{it}; \beta) + v_{it} - \mu_{it} \tag{7}$$

$$\mu_{it} = G(t)\mu_i \tag{8}$$

$$G(t) = \exp[\gamma(t - \underline{t})] \tag{9}$$

$$v_{it} \sim N(0, \sigma_v^2) \tag{10}$$

$$\mu_i \sim N^+(\mu, \sigma_\mu^2) \tag{11}$$

$$ghqd_{it} = \exp(-\hat{\mu}_{it}) \tag{12}$$

在式（7）中，v_{it} 表示时变的非效率。时变非效率由式（8）中的时不变非效率 μ_i 和时间趋势效应 $G(t)$ 的乘积来衡量。时间趋势效应的特定形式主要有三种，分别是 Lee（2006）提出的时间虚拟变量形式，Battese 和 Coelli（1995）提出的随时间递减的形式，以及 Kumbhakar 等（2014）提出的随时间增长的形式。本书认为随时间增长趋势的设定更为合适，因此，$G(t)$ 和 t 之间的指数增长关系被应用到式（9）中。式（10）和式（11）表示 v_{it} 和 μ_i 的分布假设。基于式（7）到式（11），城市层面的效率可以通过式（12）计算得到。

模型 3 是考虑城市异质性的模型，其具体形式为：

$$y_{it} = \beta_0 + f(x_{it};\ \beta) + v_{it} - \mu_{it} - \omega_i \tag{13}$$

$$v_{it} \sim N(0,\ \sigma_v^2) \tag{14}$$

$$\mu_{it} \sim N^+(0,\ \sigma_\mu^2) \tag{15}$$

$$\omega_i \sim N^+(0,\ \sigma_\omega^2) \tag{16}$$

$$ghqd_{it} = \exp(-\hat{\mu}_{it}) \tag{17}$$

与模型 2 相比，该模型将城市效应与误差项分开，其差异反映在式（7）和式（13）的设置中。其中 ω_i 被单独分离出来，被认为是不属于非效率的城市效应部分。式（14）至式（16）为 v_{it}、μ_{it} 和 ω_i 的分布假设。对于 ω_i，目前有 3 种分离方法：真实固定效应模型（True Fixed Effect Model）、真实随机效应模型（True Random Effect Model）以及 Wang 和 Ho（2010）模型。由于这一模型需要附加的工具变量，并且前沿模型的豪斯曼检验结果支持真实固定效应模型的使用，因此我们最终选择真实固定效应模型的特定形式。在此模型中，我们可以根据式（17）估算城市层面的绿色可持续发展水平。

模型 4 是同时考虑时变与时不变的非效率模型，它同时包含了模型 1 和模型 3 中的非效率成分。该模型的具体形式为：

$$y_{it} = \beta_0 + f(x_{it};\ \beta) + v_{it} - \mu_{it} - \omega_i \tag{18}$$

$$v_{it} \sim N(0,\ \sigma_\nu^2) \tag{19}$$

$$\mu_{it} \sim N^+(0,\ \sigma_\mu^2) \tag{20}$$

$$\omega_i \sim N^+(0,\ \sigma_\omega^2) \tag{21}$$

$$pghqd_i = \exp(-\hat{\omega}_i) \tag{22}$$

$$rghqd_{it} = \exp(-\hat{\mu}_{it}) \tag{23}$$

$$ghqd_{it} = rghqd_{it} \times pghqd_i \tag{24}$$

v_{it}、μ_{it} 和 ω_i 的分布假设如式（19）至式（21）所示。该模型同时包含了时不变非效率成分和时变非效率成分。与模型 3 不同的是，ω_i 被认为是模型 4 中非效率的一部分，可以转化为持续效率

（$pghqd$）。我们遵循 Kumbhakar 和 Heshmati（1995）的研究分别计算 $pghqd$ 和瞬时效率（$rghqd$）。最后，可以通过式（24）中 $pghqd$ 和 $rghqd$ 的乘积来计算总效率，以此为绿色可持续发展水平的代理变量（$ghqd$）。

最后一个模型是同时考虑时变非效率、时不变非效率与城市异质性的模型，它在模型 4 的基础上进一步考虑了城市效应。该模型的具体形式为：

$$y_{it} = \beta_0 + f(x_{it};\ \beta) + v_{it} + \eta_i - \mu_{it} - \omega_i \tag{25}$$

$$\eta_{it} \sim N(0,\ \sigma_v^2) \tag{26}$$

$$\mu_{it} \sim N(0,\ \sigma_\mu^2) \tag{27}$$

$$\omega_i \sim N^+(0,\ \sigma_\omega^2) \tag{28}$$

$$\mu_{it} \sim N^+(0,\ \sigma_\mu^2) \tag{29}$$

$$pghqd_i = \exp(-\hat{\omega}_i) \tag{30}$$

$$rghqd_{it} = \exp(-\hat{\mu}_{it}) \tag{31}$$

$$ghqd_{it} = rghqd_i \times pghqd_{it} \tag{32}$$

与模型 3 和模型 4 相比，模型 5 同时考虑了城市效应 η_i 和时不变非效率 ω_i。模型 5 的估计可以分为四个步骤。第一步是估计随机前沿函数，即式（25）中自变量的系数。第二步是使用标准 SF 技术通过 Jondrow 和 James（1982）方法计算 μ_{it}，该技术可以在式（31）中将时变非效率转换为 $rghqd$。第三步是通过 Jondrow 和 James（1982）估计量，使用标准的半正态 SF 技术计算 ω_i，可以在式（30）中将其转换为 $pghqd$。最后一步是根据式（32）计算 $ghqd$，即得到总的城市效率。

SFA 模型总结如表 1-1 所示。在这五个模型中，模型 1 是基本模型，并且仅考虑不随时间变化的非效率。模型 2 仅考虑时变非效率。模型 3 从时变非效率中分离了时不变非效率，并将处理后的效率用于最终绿色可持续发展水平的测度。模型 4 区分了时不变非效率和时变非效率。然后，模型 4 根据时不变的效率低下来计算 $pghqd$，并根据时

变的非效率来计算 $rghqd$。$ghqd$ 是 $rghqd$ 和 $pghqd$ 的乘积。模型 5 进一步考虑了模型 4 中 $pghqd$ 计算的城市异质性。

表 1-1　SFA 模型总结

设定	模型 1	模型 2	模型 3	模型 4	模型 5
Frontier Model	$y_{it} = \beta_0 + f(x_{it};\ \beta) + \varepsilon_{it}$				
City Effect	No	Fixed	Dummy	Fixed	Fixed
Year Effect	No	Fixed	No	Fixed	Fixed
Efficiency	$E(\mu_i \mid \varepsilon_{it})$	$E(\mu_{it} \mid \varepsilon_{it})$	$E(\mu_{it} \mid \varepsilon_{it})$	$pghqd \times rghqd$	$pghqd \times rghqd$
pghqd	None	None	None	$E(\omega_i \mid \varepsilon_{it})$	$E(\omega_i \mid \varepsilon_{it})$
rghqd	None	None	None	$E(\mu_{it} \mid \varepsilon_{it})$	$E(\mu_{it} \mid \varepsilon_{it})$

注：由于不同模型的误差项结构不同，故统一使用 ε_{it} 代表模型估计总误差。

二　样本选择与数据说明

我们使用中国城市"市辖区"的数据作为研究样本。数据来自《中国城市统计年鉴》（2004～2019 年）和《中国统计年鉴》（2004～2019 年）。该样本不包括数据严重缺乏和行政区划调整的城市，缺失 3 年以上的数据将被删除。如果 3 年内缺少城市数据，我们使用插值法补全数据。我们使用"市辖区"数据是因为城市的"市辖区"是工业的主要集聚区、能源的主要消耗区和污染的主要排放区。

在城市群与中心城市和外围城市的界定上，本章参考赵勇和魏后凯的研究，在张学良（2013）归纳的 24 个城市群中选择了 16 个城市群作为研究对象。本章选取的 16 个城市群分别为京津冀城市群、长三角城市群、珠三角城市群、辽中南城市群、山东半岛城市群、哈长城市群、江淮城市群、海峡西岸城市群、中原城市群、武汉城市群、环长株潭城市群、鄱阳湖城市群、成渝城市群、关中—天水城市群、太原城市群和北部湾城市群。以上城市群共包含 137 个城市，我们沿用了张学良（2013）对各城市群的中心城市与外围城市的界定。城市群划分如表 1-2 所示。

表 1-2　城市群划分

城市群	中心城市	外围城市
京津冀	北京、天津	唐山、张家口、承德、秦皇岛、石家庄、保定、沧州、廊坊
长三角	上海	嘉兴、宁波、常州、苏州、无锡、杭州、镇江、绍兴、南京、湖州、南通、台州、舟山、扬州
珠三角	广州、深圳	东莞、佛山、中山、江门、珠海、肇庆
辽中南	沈阳	本溪、鞍山、辽阳、营口、抚顺、大连、盘锦、丹东、铁岭
山东半岛	济南	淄博、东营、日照、潍坊、烟台、青岛、威海
哈长	哈尔滨、长春	大庆、吉林、牡丹江、齐齐哈尔、松原
江淮	合肥	马鞍山、铜陵、安庆、池州、芜湖、滁州、宣城
海峡西岸	厦门、福州	三明、南平、漳州、龙岩、泉州、宁德
中原	郑州	焦作、洛阳、平顶山、新乡、开封、许昌、漯河
武汉	武汉	黄石、鄂州、咸宁、黄冈、孝感
环长株潭	长沙	娄底、湘潭、衡阳、株洲、岳阳、益阳、常德
鄱阳湖	南昌	新余、九江、吉安、景德镇、抚州、宜春、上饶、鹰潭
成渝	重庆、成都	乐山、眉山、宜宾、达州、德阳、雅安、泸州、自贡、绵阳、南充、遂宁、资阳、广安、内江
关中—天水	西安	铜川、宝鸡、咸阳、渭南、商洛、天水
太原	太原	晋中、忻州、吕梁、阳泉
北部湾	南宁	防城港、钦州、北海

资料来源：张学良主编《2013 中国区域经济发展报告——中国城市群的崛起与协调发展》，人民出版社，2013。

三　模型构建与变量选取

根据前文的分析，我们将基于 SFA 模型来测度中国城市绿色可持续发展水平。具体到绿色可持续发展水平的测度指标上，部分学者从生产端的能源使用方面入手，通过单位产出的能源消耗，即能源使用的效率来测度中国城市绿色可持续发展水平。同时，也有学者认为单位产出下的污染物排放更能反映中国城市绿色可持续发展水平，如 Zhu 等（2019）从碳排放入手测度我国城市碳排放效率，以此来反映中国城市绿色可持续发展水平。本章认为绿色可持续发展应同时考虑能源利用效率与产生的污染物排放的效率，所以笔者将从能源需求、环境污染物排放与碳排放三个视角对中国城市绿色可持续发展水平进行测度。根据以上论述，我们需要从能源需求、环境污染与碳排放三个方面给出随机前沿函数，并进一步测算出城市群能源利用效率、环境效率与碳排放效率，以此来衡量效率维度下的城市群绿色可持续发展水平。

（一）能源需求视角下的绿色可持续发展测度模型

从能源需求视角出发，绿色可持续发展的核心是在保证既定经济社会发展的前提下降低能源消费量，即提升能源效率。通过对现有文献的总结与分析，本章使用更加前沿的 KLH-SFA 模型估计效率。在此框架下，测度能源利用效率的第一步是构建能源需求随机前沿模型（SF Model）。能源需求随机前沿模型对于测度能源效率至关重要。本章参考 Filippini 和 Hunt（2015）的研究，将经济发展水平、人口、工业生产发展水平和基础设施建设水平作为解释能源需求的因素，并构建能源需求随机前沿模型，模型具体形式如下：

$$e = \mathrm{f}(gdp,\ pop,\ ind,\ inf) \tag{33}$$

在式（33）中，e 代表能源需求，gdp 是经济发展水平，pop 是人口，ind 是工业生产发展水平，inf 是基础设施建设水平。以上变量中，e 为能源需求随机前沿模型的被解释变量，其余变量为解释变量。为了进一步应用 SFA 估计模型参数，我们需要指定以上模型的具体形式，即 f（·）。基于 Filippini 和 Hunt（2015）的研究，f（·）的对数形式可用于能源需求随机前沿模型。因此，模型具体形式如下：

$$\ln e_{it} = \alpha + \beta_1 \ln gdp_{it} + \beta_2 \ln pop_{it} + \beta_3 \ln ind_{it} + \beta_4 \ln inf_{it} + \varepsilon_{it} \tag{34}$$

在式（34）中，i 表示中国的不同城市，t 表示第 t 年。$\ln e_{it}$ 表示

城市 i 在第 t 年的工业用电总量的对数值；$\ln gdp_{it}$ 表示城市 i 在第 t 年的地区生产总值的对数值；$\ln pop_{it}$ 表示城市 i 在第 t 年末的人口数量的对数值；$\ln ind_{it}$ 表示城市 i 在第 t 年的工业生产发展水平，尽管工业生产总值是最佳衡量指标，但考虑到 2016 年以后该指标不再报告，因此使用规模以上工业企业增值税的对数值；$\ln inf_{it}$ 表示城市 i 在第 t 年末实有道路面积的对数值；α 为回归模型的截距项；ε_{it} 为回归模型的误差项。为了从更微观的角度评价与分析中国能源效率，本章使用了城市层面的面板数据进行实证分析；为了平滑数据以降低异方差的干扰，本章对总量数据进行了对数化处理，包括工业用电总量、地区生产总值、人口数量、规模以上工业企业增值税与年末实有道路面积。

（二）环境污染视角下的绿色可持续发展测度模型

从环境污染物排放视角来看，本章中的绿色可持续发展指的是在既定的经济社会发展前提下降低污染物排放量，即提升环境效率。本章参考 Chen 等（2019）的研究，选取人口、经济发展水平、工业生产发展水平、基础设施建设水平、交通发展水平作为解释环境污染物排放的因素，并构建环境污染物排放随机前沿模型，模型具体形式如下：

$$ep = f(gdp, \ pop, \ ind, \ inf, \ tran) \tag{35}$$

在式（35）中，ep 代表环境污染物排放，gdp 是经济发展水平，pop 是人口，ind 是工业生产发展水平，inf 是基础设施建设水平，$tran$ 是交通发展水平。相比于能源需求随机前沿模型，大量关于环境污染物排放的研究认为，除了经济发展水平、人口、工业生产发展水平与基础设施建设水平，交通发展水平同样会影响城市环境污染物排放。交通发展水平高的城市会吸引更多制造业企业，因为其能降低生产销售中的运输成本，但这也会给城市带来更高的污染物排放。相比之下，当地交通发展水平对能源需求低，特别是对工业用电的影响较小，所以本章并未在能源需求随机前沿模型中纳入该因素。笔者同样使用对数形式将上述环境污染物排放随机前沿模型转化为计量模型，模型具体形式如下：

$$\ln ep_{it} = \alpha + \beta_1 \ln gdp_{it} + \beta_2 (\ln gdp_{it})^2 + \beta_3 \ln pop_{it} + \beta_4 \ln ind_{it} +$$
$$\beta_5 \ln inf_{it} + \beta_6 \ln tran_{it} + \varepsilon_{it} \tag{36}$$

在式（36）中，i 表示中国的不同城市，t 表示第 t 年。$\ln ep_{it}$ 为环境污染物排放随机前沿模型的被解释变量，本章使用工业"三废"排放量的对数值来衡量，即地区工业废水排放量的对数值、地区工业烟粉尘排放量的对数值以及地区工业二氧化硫排放量的对数值；$\ln gdp_{it}$ 和 $(\ln gdp_{it})^2$ 分别表示城市 i 在第 t 年的地区生产总值的对数值及其平方项；$\ln pop_{it}$ 表示城市 i 在第 t 年末的人口数量的对数值；$\ln ind_{it}$ 表示城市 i 在第 t 年的规模以上工业企业增值税的对数值；$\ln inf_{it}$ 表示城市 i 在第 t 年末实有道路面积的对数值；$\ln tran_{it}$ 表示城市 i 在第 t 年的交通发展水平，本章使用地区年末实有公共汽车数量的对数值；α 为回归模型的截距项；ε_{it} 为回归模型的误差项。

需要注意的是，在模型设计上，根据 Dinda（2004）提出的环境库兹涅茨曲线（EKC），国家或地区的环境压力会随着经济发展先上升后下降，所以本章加入平方项来刻画 EKC 的规律。本章并未在能源需求随机前沿模型中加入平方项，主要是考虑到能源使用不同于污染物排放，经济发展超过一定阶段后污染物排放下降是因为居民与政府对环保要求的提升，而能源利用并不会直接带来污染。为了平滑数据以降低异方差的干扰，本章同样对总量数据进行了对数化处理，对于比值数据本章并未进行对数化处理。本章同样使用上述 SFA 模型，分别采用不同的处理方式从 ε_{it} 中分离得到城市层面的环境效率，从而从环境污染视角测度绿色可持续发展水平。

（三）碳排放视角下的绿色可持续发展测度模型

从碳排放视角来看，本章中的绿色可持续发展指的是在既定的经济社会发展前提下降低碳排放量，即提升碳排放效率。本章参考 Zhu

等（2019）的研究，选取人口、经济发展水平、工业生产发展水平、基础设施建设水平、交通发展水平作为解释碳排放的因素并构建碳排放随机前沿模型，模型具体形式如下：

$$ce = f(gdp,\ pop,\ ind,\ inf,\ tran) \tag{37}$$

在式（37）中，ce 代表碳排放，gdp 是经济发展水平，pop 是人口，ind 是工业生产发展水平，inf 是基础设施建设水平，$tran$ 是交通发展水平。考虑到碳排放与环境污染物排放具有同类性质，即都为污染排放，笔者将沿用式（36）中的形式作为碳排放随机前沿模型的形式，同样使用对数形式将碳排放随机前沿模型转化为计量模型，模型具体形式如下：

$$\ln ce_{it} = \alpha + \beta_1 \ln gdp_{it} + \beta_2 (\ln gdp_{it})^2 + \beta_3 \ln pop_{it} + \beta_4 \ln ind_{it}$$
$$+ \beta_5 \ln inf_{it} + \beta_6 \ln tran_{it} + \varepsilon_{it} \tag{38}$$

在式（38）中，i 表示中国的不同城市，t 表示第 t 年。$\ln ce_{it}$ 为碳排放随机前沿模型的被解释变量，本章使用中国城市温室气体工作组核算的中国高空间分辨率排放网格数据（CHRED）来衡量碳排放。$\ln gdp_{it}$ 和 $(\ln gdp_{it})^2$ 分别表示城市 i 在第 t 年的地区生产总值的对数值及其平方项；$\ln pop_{it}$ 表示城市 i 在第 t 年末的人口数量的对数值；$\ln ind_{it}$ 表示城市 i 在第 t 年的规模以上工业企业增值税的对数值；$\ln inf_{it}$ 表示城市 i 在第 t 年末实有道路面积的对数值；$\ln tran_{it}$ 代表城市 i 在第 t 年的交通发展水平，本章使用地区年末实有公共汽车数量的对数值来衡量交通发展水平；α 为回归模型的截距项；ε_{it} 为回归模型的误差项。在模型设计上，由于碳排放与环境污染物排放具有同类性质，我们同样加入平方项刻画 EKC 的规律。为了平滑数据以降低异方差的干扰，本章同样对总量数据进行了对数化处理，对于比值数据本章并未进行对数化处理。本章同样使用 SFA 模型从碳排放视角测度绿色可持续发展水平。变量说明如表 1-3 所示。

表 1-3 变量说明

变量分类	变量符号	变量定义	测度方式	数据来源
因变量	lne	能源需求	地区工业用电总量的对数	CNRDS 数据库与《中国城市统计年鉴》
	lnep1	环境污染物排放	地区工业废水排放量的对数	CNRDS 数据库与《中国城市统计年鉴》
	lnep2		地区工业烟粉尘排放量的对数	CNRDS 数据库与《中国城市统计年鉴》
	lnep3		地区工业二氧化硫排放量的对数	CNRDS 数据库与《中国城市统计年鉴》
	lnce	碳排放	碳排放总量的对数	CHRED 数据库
自变量	lngdp	经济发展水平	城市地区生产总值的对数	CNRDS 数据库与《中国城市统计年鉴》
	lnpop	人口	城市年末人口数量的对数	CNRDS 数据库与《中国城市统计年鉴》
	lnind	工业生产发展水平	规模以上工业企业增值税的对数	CNRDS 数据库与《中国城市统计年鉴》
	lninf	基础设施建设水平	年末实有道路面积的对数	CNRDS 数据库与《中国城市统计年鉴》
	lntran	交通发展水平	年末实有公共汽车数量的对数	CNRDS 数据库与《中国城市统计年鉴》

第二节　中国绿色可持续发展水平测度结果

　　根据上一节的研究设计，本章将使用城市面板数据分别从能源需求、环境污染物排放与碳排放三个视角测度十六大城市群中各城市2003~2018年的绿色可持续发展水平。本节主要包含五方面内容，分别是各变量的描述性统计分析、相关性分析、各模型的豪斯曼检验、SFA模型面板回归结果与城市绿色可持续发展水平测度结果。

一 各变量的描述性统计

各变量的描述性统计分析结果如表 1-4 所示，本章选取了 2003 ~ 2018 年 270 个地级市样本进行回归并测度了所有城市的能源利用效率、环境效率与碳排放效率，以此衡量城市绿色可持续发展水平。

表 1-4 变量描述性统计分析结果

变量	样本数（个）	平均值	最小值	中位数	最大值	标准差
ln$e$	3733	12. 321	7. 674	12. 436	15. 902	1. 355
ln$ep1$	4293	8. 374	4. 094	8. 444	11. 449	1. 052
ln$ep2$	4293	9. 782	3. 850	9. 856	16. 575	1. 070
ln$ep3$	4293	10. 458	4. 159	10. 602	14. 441	1. 066
lnce	808	7. 714	4. 528	7. 734	10. 419	0. 915
lngdp	4293	10. 505	7. 828	10. 553	15. 675	0. 775
lnpop	4293	5. 886	2. 795	5. 941	8. 133	0. 692
lnind	4293	2. 700	-2. 835	2. 757	6. 969	1. 535
lninf	4293	6. 831	2. 639	6. 738	9. 975	1. 008
ln$tran$	4293	6. 380	2. 079	6. 244	10. 564	1. 172

资料来源：《中国城市统计年鉴》（2004 ~ 2019 年）和《中国统计年鉴》（2004 ~ 2019 年）。

根据前文对数据来源的说明，城市层面的能源需求数据在 2016 年变更了统计范围，所以其数据存在 2 年的缺失，导致 ln$e$ 的样本数只有 3733 个。同样，由于本章参考了 Chen 等（2019）的研究，采用了中国城市温室气体工作组基于统计数据核算的中国高空间分辨率排放网格数据，所以只选取了 2005 年、2010 年和 2015 年的可比数据作为研究样本，lnce 的样本数只有 808 个。根据表 1-4 的描述性统计分析结果，我们发现 2003 年到 2018 年的地级市能源需求对数值（ln$e$）的平均水平为 12. 321，而其最小值和最大值分别为 7. 674 和 15. 902，其取值范围处于合理水平，并未有较为明显的异常值来干扰本章分析结果。同时，衡量环境污染的地区工业废水排放量的对数值（ln$ep1$）、地区工业烟粉尘排放量的对数值（lnep2）和地区工业二氧化硫排放量的对数值（lnep3）的平均水平分别为8.374、9.782和10.458，其对应的最小值、最大值与标准差也表明样本数据并未有明显异常值。碳排放总量的对数值（lnce）的平均水平为7.714，对应的最小值与最大值分别为4.528和10.419，可以看出其统计分布也较为正常。随机前沿模型中的各解释变量的取值同样未表现出明显的极端值与异常值，所以我们可以使用该数据集进行进一步分析。

二 各变量的相关性分析

各变量的相关系数矩阵如表1-5所示。从能源需求视角来看，能源需求（lne）与经济发展水平（lngdp）、人口（lnpop）、工业生产发展水平（lnind）、基础设施建设水平（lninf）和交通发展水平（lntran）的相关系数分别为0.654、0.187、0.830、0.757和0.745，且均通过了5%的显著性水平检验，表明上述因素均与城市能源需求呈显著的正相关关系。

从环境污染物排放视角来看，地区工业废水排放（lnep1）与经济发展水平、人口、工业生产发展水平、基础设施建设水平和交通发展水平的相关系数分别为0.338、0.476、0.541、0.535和0.515，同样均通过了5%的显著性水平检验；地区工业烟粉尘排放（lnep2）与经济发展水平、人口、工业生产发展水平、基础设施建设水平和交通发展水平的相关系数分别为0.200、0.201、0.291、0.285和0.296，均通过了5%的显著性水平检验；地区工业二氧化硫排放（lnep3）与经济发展水平、人口、工业生产发展水平、基础设施建设水平和交通发展水平的相关系数分别为0.256、0.216、0.414、0.364和0.400，均通过了5%的显著性水平检验。可以看出各解释变量均与环境污染物排放呈明显的正相关关系。

表 1-5　各变量的相关系数矩阵

变量	lne	lnep1	lnep2	lnep3	lnce	lngdp	lnpop	lnind	lninf	lntran
lne	1	0.528*	0.374*	0.497*	0.718*	0.644*	0.199*	0.812*	0.744*	0.746*
lnep1	0.560*	1	0.310*	0.451*	0.493*	0.316*	0.487*	0.511*	0.522*	0.524*
lnep2	0.386*	0.351*	1	0.632*	0.547*	0.163*	0.207*	0.245*	0.273*	0.308*
lnep3	0.508*	0.516*	0.677*	1	0.674*	0.202*	0.217*	0.364*	0.334*	0.386*
lnce	0.722*	0.534*	0.558*	0.698*	1	0.555*	0.308*	0.639*	0.623*	0.627*
lngdp	0.654*	0.338*	0.200*	0.256*	0.571*	1	0.029	0.757*	0.606*	0.578*
lnpop	0.187*	0.476*	0.201*	0.216*	0.316*	-0.013	1	0.276*	0.432*	0.369*
lnind	0.830*	0.541*	0.291*	0.414*	0.659*	0.751*	0.255*	1	0.781*	0.764*
lninf	0.757*	0.535*	0.285*	0.364*	0.633*	0.598*	0.419*	0.785*	1	0.831*
lntran	0.745*	0.515*	0.296*	0.400*	0.634*	0.570*	0.395*	0.763*	0.852*	1

注：* $p<0.05$；左下方报告 Pearson 相关系数，右上方报告 Spearman 相关系数。

从碳排放视角来看，碳排放（lnce）与经济发展水平、人口、工业生产发展水平、基础设施建设水平和交通发展水平的相关系数分别为 0.571、0.316、0.659、0.633 和 0.634，同样通过了 5% 的显著性水平检验，表明这些因素也与城市碳排放呈显著正相关关系。

同时，笔者聚焦各解释变量间的相关系数，发现虽然解释变量间存在显著相关关系，但相关系数均小于 0.9，没有达到多重共线性的程度，所以本章选取的模型受到多重共线性干扰的可能性较低。以上相关分析结果在一定程度上证实了本书选取的解释变量与能源需求、环境污染物排放和碳排放之间的显著相关性，这是进行 SFA 模型面板回归的基础。笔者还需要进一步通过回归分析判定各变量对能源需求、环境污染物排放和碳排放的具体影响形式与 SFA 模型的具体表达式，并在此基础上测度城市绿色可持续发展水平。

三　各模型的豪斯曼检验

在进行 SFA 模型面板回归分析前，需要通过豪斯曼检验来确定是选取固定效应面板回归模型（FE Model）还是随机效应面板回归模型

（RE Model），豪斯曼检验结果如表 1-6 所示。

表 1-6　豪斯曼检验结果

模型	被解释变量	Chi 统计量	p 值	检验结果
模型 1（能源需求随机前沿模型）	能源需求	522.10	0.0000	固定效应
模型 2（环境污染物排放随机前沿模型）	地区工业废水排放	953.53	0.0000	固定效应
	地区工业烟粉尘排放	105.32	0.0000	固定效应
	地区工业二氧化硫排放	185.27	0.0000	固定效应
模型 3（碳排放随机前沿模型）	碳排放	33.82	0.0000	固定效应

　　根据表 1-6 的豪斯曼检验结果，可以看出对于模型 1，对应的 Chi 统计量为 522.10，对应的 p 值为 0.0000，通过了 1% 的显著性水平检验，显著拒绝了使用随机效应面板回归模型的原假设，即应该使用固定效应面板回归模型估计模型 1。对于模型 2，Chi 统计量为 953.53、105.32 和 185.27，对应的 p 值均为 0.0000，通过了 1% 的显著性水平检验，显著拒绝了使用随机效应面板回归模型的原假设，即应该使用固定效应面板回归模型估计模型 2。对于模型 3，Chi 统计量为 33.82，对应的 p 值为 0.0000，通过了 1% 的显著性水平检验，显著拒绝了使用随机效应面板回归模型的原假设，即应该使用固定效应面板回归模型估计模型 3。根据以上分析，豪斯曼检验表明应使用固定效应面板回归模型估计所有随机前沿模型。

四　SFA 模型面板回归结果

　　基于固定效应模型的 SFA 模型估计结果如表 1-7 所示，其中（1）列报告了能源需求随机前沿模型的估计结果，（2）列到（4）列报告了环境污染物排放随机前沿模型的估计结果，（5）列报告了碳排放随机前沿模型的估计结果。从能源需求来看，（1）列中 lngdp 的系数为 0.347，对应的标准误差为 0.022，通过了 1% 的显著性水平检验，表明经济发展水平对能源需求的影响显著为正，即经济发展水平每提升1%会导致能源需求提升34.7%。lnpop的系数为0.699，对应的标准误差为0.128，通过了1%的显著性水平检验，表明人口对能源需求的影响显著为正，即人口每提升1%会导致能源需求提升69.9%。lnind的系数为0.197，对应的标准误差为0.014，通过了1%的显著性水平检验，表明工业生产发展水平对能源需求的影响显著为正，即工业生产发展水平每提升1%会导致能源需求提升19.7%。lninf的系数为0.167，对应的标准误差为0.024，通过了1%的显著性水平检验，表明基础设施建设水平对能源需求的影响显著为正，即基础设施建设水平每提升1%会导致能源需求提升16.7%。

表 1-7 基于固定效应模型的 SFA 模型估计结果

项目	(1)	(2)	(3)	(4)	(5)
	lne	lnep1	lnep2	lnep3	lnce
Basic Regression					
lngdp	0.347*** (0.022)	0.689*** (0.195)	0.503* (0.293)	2.544*** (0.263)	1.040** (0.426)
(lngdp)^2		-0.041*** (0.009)	0.020 (0.014)	-0.134*** (0.012)	-0.035* (0.020)
lnpop	0.699*** (0.128)	0.506*** (0.128)	0.474** (0.193)	-0.194 (0.173)	0.274*** (0.016)
lnind	0.197*** (0.014)	0.088*** (0.015)	0.136*** (0.023)	0.175*** (0.020)	0.102*** (0.028)
lninf	0.167*** (0.024)	-0.129*** (0.026)	-0.075* (0.039)	-0.302*** (0.026)	0.048 (0.048)
ln$tran$		-0.086*** (0.024)	-0.161*** (0.036)	-0.221*** (0.032)	0.091** (0.039)
constant	2.941** (0.718)	3.889*** (1.294)	11.247*** (1.944)	2.737 (1.742)	-2.141 (0.537)

续表

项目	(1)	(2)	(3)	(4)	(5)
	lne	lnep1	lnep2	lnep3	lnce
Frontier					
constant	0.296***	0.364***	0.335***	0.609***	0.266
	(0.011)	(0.016)	(0.052)	(0.012)	(0.194)
Inefficiency and Error Term					
C_u	−1.942***	−1.559***	−1.731***	−0.480***	−2.197
	(0.067)	(0.084)	(0.310)	(0.038)	(1.455)
C_v	−2.525***	−2.103***	−0.950***	−2.167***	−1.157***
	(0.042)	(0.050)	(0.055)	(0.048)	(0.192)
Log likelihood	−1490.640	−2601.400	−4384.168	−3661.980	727.758

注：括号内为标准误差；$^{***}p < 0.01$，$^{**}p < 0.05$，$^{*}p < 0.1$；C_u 和 C_v 都是参数化方程中的无约束参数，对于这两个参数有：$\exp(C_u) = \sigma_u^2$，$\exp(C_v) = \sigma_v^2$。

从环境污染物排放维度来看，经济发展水平对 lnep2（地区工业烟粉尘排放）的影响显著为正，一个可能的原因是地区工业烟粉尘的测算存在一定程度的误差，但考虑到本章将综合三种污染物对环境污染物排放维度的绿色可持续发展水平进行评价，所以并未提出以地区工业烟粉尘排放测度的环境效率。此外，与能源需求维度比较来看，工业生产发展水平对能源需求与环境污染物排放的影响都显著为正。基础设施建设水平对能源需求的影响显著为正，而对环境污染物排放的影响显著为负，这是由于基础设施建设水平的提升会增加居民的日常出行与企业的生产活动，从而增加能源需求，但基础设施建设水平的提升同样会提升企业的资源调配和生产经营能力，从而提升企业效率，降低其污染排放。交通发展水平对环境污染物排放的影响也显著为负，即交通发展水平的提升会增强企业选址的机动性，企业可以将高污染部门转移到偏远地区以符合企业环保标准并降低成本，从而降低当地的污染物排放。

从碳排放维度来看，经济发展水平对 lnce 的影响显著为倒 U 形，同样符合 EKC 的规律。人口和工业生产发展水平对碳排放的影响都显著为正。交通发展水平对碳排放的影响显著为正，这与环境污染物排放维度的结果是相反的，可能的原因在于，交通运输部门自身会产生较多的碳排放，交通发展水平提高虽然能够降低工业部门的碳排放，但工业部门碳排放的降低不足以抵消交通运输部门发展导致的碳排放增加，所以总体来看碳排放是增加的。

五　城市绿色可持续发展水平测度结果

根据以上三个维度的随机前沿模型的回归结果，我们可以使用 KLH-SFA 模型（表1-1 中的模型5）分别测度每个维度对应的效率值，以此来衡量地级市层面的绿色可持续发展水平，全样本的城市绿色可持续发展水平描述性统计与相关性分析如表1-8 所示。

表1-8　全样本的城市绿色可持续发展水平描述性统计与相关性分析

Panel A：描述性统计

变量	样本数（个）	平均值	标准差	最小值	中位数	最大值
$ghqd\_energy$	3733	0.753	0.092	0.054	0.768	0.951
$rghqd\_energy$	3733	0.763	0.094	0.055	0.777	0.963
$pghqd\_energy$	3733	0.988	0.000	0.987	0.988	0.988
$ghqd\_environment_1$	4293	0.547	0.087	0.135	0.566	0.755
$rghqd\_environment_1$	4293	0.720	0.108	0.188	0.744	0.950
$pghqd\_environment_1$	4293	0.760	0.038	0.617	0.764	0.846
$ghqd\_environment_2$	4293	0.389	0.129	0.029	0.405	0.737
$rghqd\_environment_2$	4293	0.737	0.063	0.234	0.746	0.943
$pghqd\_environment_2$	4293	0.528	0.168	0.087	0.548	0.849
$ghqd\_environment_3$	4293	0.431	0.128	0.005	0.462	0.705
$rghqd\_environment_3$	4293	0.600	0.175	0.007	0.641	0.970
$pghqd\_environment_3$	4293	0.717	0.043	0.579	0.723	0.824
$ghqd\_carbon$	808	0.779	0.049	0.593	0.787	0.873
$rghqd\_carbon$	808	0.997	0.000	0.997	0.997	0.997
$pghqd\_carbon$	808	0.781	0.049	0.595	0.789	0.875

续表

Panel B：相关性分析

变量	$ghqd\_energy$	$ghqd\_environment_1$	$ghqd\_environment_2$	$ghqd\_environment_3$	$ghqd\_carbon$
$ghqd\_energy$	1	0.081^*	-0.000	0.035	-0.007
$ghqd\_environment_1$	0.110^*	1	0.157^*	0.335^*	0.087^*
$ghqd\_environment_2$	0.025	0.181^*	1	0.213^*	0.707^*
$ghqd\_environment_3$	0.044	0.379^*	0.287^*	1	0.133^*
$ghqd\_carbon$	0.000	0.079^*	0.690^*	0.165^*	1

注：$ghqd\_environment$ 下标的 1、2 和 3 分别表示以地区工业废水排放、地区工业烟粉尘排放和地区工业二氧化硫排放衡量的绿色可持续发展水平，$rghqd$ 和 $pghqd$ 分别表示绿色可持续发展水平的时变特征与时不变特征；* p<0.05；表中相关系数矩阵中对角线左下方三角区域报告的是 Pearson 相关系数，矩阵对角线右上方三角区域报告的是 Spearman 相关系数。

根据表 1-8 的描述性统计结果，全样本中能源需求维度的城市绿色可持续发展水平的平均值为 0.753，环境污染物排放维度下地区工业废水排放、地区工业烟粉尘排放和地区工业二氧化硫排放对应的城市绿色可持续发展水平的平均值分别为 0.547、0.389 和 0.431，碳排放维度的城市绿色可持续发展水平的平均值为 0.779。通过不同维度的对比可以看出碳排放维度和能源需求维度的城市绿色可持续发展水平略高于环境污染物排放维度的城市绿色可持续发展水平。

进一步分析不同维度的城市绿色可持续发展水平的相关程度，可以看出能源需求维度的城市绿色可持续发展水平与环境污染物排放维度（地区工业废水排放）的城市绿色可持续发展水平的 Pearson 相关系数为 0.110，通过了 5% 的显著性水平检验；而 3 种不同污染物对应的环境污染物排放维度的城市绿色可持续发展水平相关系数均为正，且通过了 5% 的显著性水平检验；碳排放维度的城市绿色可持续发展水平与环境污染物排放维度的城市绿色可持续发展水平相关系数均为正，且通过了 5% 的显著性水平检验。这表明不同维度测度的城市绿色可持续发展水平呈现一定的正相关关系，但相关系数普遍不高，即不同维度之间存在共同变化的趋势且能够相互补充，在一定程度上说明本章选取不同维度测度城市绿色可持续发展水平是可靠的。

十六大城市群的城市绿色可持续发展水平描述性统计与相关性分析如表1-9所示，能源需求维度的城市绿色可持续发展水平的平均值为0.755，环境污染物排放维度下地区工业废水排放、地区工业烟粉尘排放和地区工业二氧化硫排放对应的城市绿色可持续发展水平的平均值分别为0.559、0.405和0.438，碳排放维度的城市绿色可持续发展水平的平均值为0.780。通过不同维度的对比可以看出碳排放维度和能源需求维度的城市绿色可持续发展水平略高于环境污染物排放维度的绿色可持续发展水平。

表1-9　十六大城市群的城市绿色可持续发展水平
描述性统计与相关性分析

单位：个

Panel A：描述性统计

变量	样本数	平均值	标准差	最小值	中位数	最大值
$ghqd\_energy$	1898	0.755	0.081	0.235	0.768	0.951
$ghqd\_environment_1$	2177	0.559	0.078	0.143	0.566	0.755
$ghqd\_environment_2$	2177	0.405	0.116	0.079	0.405	0.710
$ghqd\_environment_3$	2177	0.438	0.126	0.009	0.462	0.705
$ghqd\_carbon$	411	0.780	0.042	0.655	0.787	0.872

Panel B：相关性分析

变量	$ghqd\_energy$	$ghqd\_environment_1$	$ghqd\_environment_2$	$ghqd\_environment_3$	$ghqd\_carbon$
$ghqd\_energy$	1	0.074	0.022	0.017	0.007
$ghqd\_environment_1$	0.067	1	0.130*	0.255*	0.085
$ghqd\_environment_2$	0.034	0.148*	1	0.209*	0.673*
$ghqd\_environment_3$	−0.005	0.280*	0.267*	1	0.138*
$ghqd\_carbon$	0.040	0.103*	0.679*	0.171*	1

注：$ghqd\_environment$ 下标的1、2和3分别表示以地区工业废水排放、地区工业烟粉尘排放和地区工业二氧化硫排放衡量的绿色可持续发展水平；* $p<0.05$；表中相关系数矩阵中对角线左下方三角区域报告的是 Pearson 相关系数，矩阵对角线右上方三角区域报告的是 Spearman 相关系数。

进一步分析不同维度的城市绿色可持续发展水平的相关程度，可以看出能源需求维度的城市绿色可持续发展水平与环境污染物排放维度（地区工业废水排放）的城市绿色可持续发展水平的相关系数为0.074，未通过显著性水平检验，这表明从不同维度测度的城市绿色可持续发展水平呈现一定的正相关关系，但相关系数普遍不高，即不同维度之间存在共同变化的趋势且能够相互补充，在一定程度上说明本章选取不同维度测度城市绿色可持续发展水平是可靠的。

第三节 城市群绿色可持续发展水平时空演变特征

根据第二节的测算，本章分别从能源需求、环境污染物排放和碳排放三个视角测度城市绿色可持续发展水平，本节将分别从这三个视角分析十六大城市群绿色可持续发展水平的时空演变特征。

一 绿色可持续发展水平横向对比分析

十六大城市群绿色可持续发展平均水平如表1-10所示。从能源需求维度来看，珠三角城市群和长三角城市群的绿色可持续发展平均水平最高（0.761），关中—天水城市群的绿色可持续发展平均水平最低（0.743），绿色可持续发展平均水平较高的城市群还有山东半岛城市群（0.760）和环长株潭城市群（0.760），而绿色可持续发展平均水平较低的城市群有成渝城市群（0.746）、北部湾城市群（0.748）和鄱阳湖城市群（0.749）。从环境污染物排放维度来看，地区工业废水排放指标（环境污染物排放维度1）下，长三角城市群的绿色可持续发展平均水平最高（0.590），太原城市群的绿色可持续发展平均水平最低（0.518）；地区工业烟粉尘排放指标（环境污染物排放维度2）下，太原城市群的绿色可持续发展平均水平最高（0.549），成渝城市群的绿色可持续发展平均水平最低（0.313）；地区工业二氧化硫排放指标（环境污染物排放维度3）下，山东半岛城市群的绿色可持续发展平均水平最高（0.459），北部湾城市群的绿色可持续发展平均水平最低（0.416）。综合以上3个指标，环境污染物排放总维度的绿色可持续发展平均水平最高的城市群为太原城市群（0.504），绿色可持续发展平均水平较高的城市群为辽中南城市群（0.498）、长三角城市群（0.496）与京津冀城市群（0.495），绿色可持续发展平均水平最低的城市群为成渝城市群（0.424），绿色可持续发展平均水平较低的城市群为关中—天水城市群（0.427）、海峡西岸城市群（0.437）与北部湾城市群（0.441）。从碳排放维度来看，太原城市群的绿色可持续发展平均水平最高（0.827），北部湾城市群的绿色可持续发展平均水平最低（0.719），绿色可持续发展平均水平较高的城市群还有京津冀城市群（0.809）、辽中南城市群（0.803）和长三角城市群（0.797），而绿色可持续发展平均水平较低的城市群有成渝城市群（0.744）、环长株潭城市群（0.760）和鄱阳湖城市群（0.754）。

表 1-10　十六大城市群绿色可持续发展平均水平

城市群	能源需求维度	排名	环境污染物排放维度1	排名	环境污染物排放维度2	排名
中原	0.757	8	0.560	7	0.414	7
京津冀	0.756	10	0.565	4	0.464	4
关中—天水	0.743	16	0.530	15	0.325	14
北部湾	0.748	14	0.549	12	0.357	12
哈长	0.753	12	0.548	13	0.491	3
太原	0.756	10	0.518	16	0.549	1
山东半岛	0.760	3	0.576	3	0.412	8
成渝	0.746	15	0.537	14	0.313	16
武汉	0.758	6	0.559	8	0.383	11
江淮	0.759	5	0.550	11	0.409	9
海峡西岸	0.757	8	0.561	6	0.319	15

续表

城市群	能源需求维度	排名	环境污染物排放维度1	排名	环境污染物排放维度2	排名
环长株潭	0.760	3	0.562	5	0.415	6
珠三角	0.761	1	0.589	2	0.347	13
鄱阳湖	0.749	13	0.555	10	0.385	10
辽中南	0.758	6	0.558	9	0.500	2
长三角	0.761	1	0.590	1	0.442	5

城市群	环境污染物排放维度3	排名	环境污染物排放总维度	排名	碳排放维度	排名
中原	0.442	7	0.472	8	0.795	5
京津冀	0.456	3	0.495	4	0.809	2
关中—天水	0.428	13	0.427	15	0.780	9
北部湾	0.416	16	0.441	13	0.719	16
哈长	0.435	9	0.491	5	0.787	8
太原	0.444	5	0.504	1	0.827	1
山东半岛	0.459	1	0.482	6	0.793	6
成渝	0.420	14	0.424	16	0.744	15
武汉	0.431	10	0.458	11	0.792	7
江淮	0.417	15	0.459	10	0.775	11
海峡西岸	0.430	11	0.437	14	0.779	10
环长株潭	0.443	6	0.473	7	0.760	13
珠三角	0.447	4	0.461	9	0.772	12
鄱阳湖	0.430	11	0.457	12	0.754	14
辽中南	0.437	8	0.498	2	0.803	3
长三角	0.457	2	0.496	3	0.797	4

注：环境污染物排放维度1、环境污染物排放维度2和环境污染物排放维度3分别表示以地区工业废水排放、地区工业烟粉尘排放和地区工业二氧化硫排放衡量的绿色可持续发展平均水平；由于能源需求维度的数据截至2016年，考虑到可比性，本章并未统计环境污染物排放维度2017年与2018年的数据。

考虑到不同维度的测度结果存在一定差异，为了进一步分析不同城市群绿色可持续发展平均水平的排名，本章将3个维度的测度结果综合进行评价。本章通过计算每个城市群在 3 个维度的平均排名来重新衡量其综合绿色可持续发展平均水平，结果见表 1-11。根据表 1-11 的十六大城市群绿色可持续发展水平综合排名可知，绿色可持续发展水平最高的为长三角城市群，最低的为成渝城市群。排名较为靠前的还有山东半岛城市群、京津冀城市群、辽中南城市群、太原城市群和珠三角城市群，而排名靠后的有北部湾城市群、关中—天水城市群、鄱阳湖城市群和海峡西岸城市群等。环长株潭城市群、中原城市群、哈长城市群、武汉城市群和江淮城市群处于中游水平。

表 1-11　十六大城市群绿色可持续发展水平综合排名

城市群	综合排名	城市群	综合排名
长三角	1	哈长	9
山东半岛	2	武汉	10
京津冀	3	江淮	11
辽中南	4	海峡西岸	12
太原	5	鄱阳湖	13
珠三角	6	关中—天水	14
环长株潭	7	北部湾	15
中原	8	成渝	16

根据以上排名，从横向对比的视角来看，即使是部分以重工业发展模式为主的城市群，其绿色可持续发展水平也相对较高，如京津冀城市群和辽中南城市群。这与一般的直观感受存在差异，主要的原因在于此类城市群虽然以重工业发展模式为主，消耗了大量能源并产生了较多污染物排放，但是也带来了快速的工业化发展和经济增长，并且在发展的过程中通过淘汰生产率低下的产业与提升自身资源利用效率来实现绿色发展，最终其单位能源消耗或环境污染带来的产出仍然较高。相比而言，虽然北部湾城市群和成渝城市群等也为重工业发展模式，但因其自身发展水平偏低，所以单位能源消耗或环境污染带来的产出仍较低。

二 绿色可持续发展水平时变趋势分析

通过横向对比，本章梳理了不同城市群绿色可持续发展水平的排名，为了进一步分析不同城市群绿色可持续发展水平的时间变化趋势，本章分别给出了3个维度下十六大城市群绿色可持续发展水平的时间变化趋势（见表1-12、表1-13和表1-14）。

表1-12　十六大城市群绿色可持续发展水平
时间变化趋势（能源需求维度）

城市群	2003 年	2004 年	2005 年	2006 年	2007 年	2008 年	2009 年
中原	0.699	0.711	0.696	0.718	0.758	0.775	0.805
京津冀	0.675	0.698	0.731	0.768	0.782	0.773	0.776
关中—天水	0.785	0.765	0.819	0.730	0.778	0.775	0.752
北部湾	0.607	0.642	0.750	0.736	0.772	0.739	0.734
哈长	0.695	0.749	0.789	0.809	0.805	0.779	0.774
太原	0.739	0.731	0.760	0.761	0.729	0.792	0.706
山东半岛	0.715	0.725	0.739	0.758	0.766	0.761	0.771
成渝	0.730	0.713	0.743	0.737	0.755	0.736	0.765
武汉	0.809	0.788	0.768	0.766	0.777	0.762	0.685
江淮	0.719	0.744	0.751	0.761	0.782	0.806	0.780
海峡西岸	0.720	0.749	0.804	0.802	0.813	0.774	0.768
环长株潭	0.737	0.777	0.765	0.785	0.741	0.753	0.749
珠三角	0.752	0.765	0.753	0.779	0.794	0.789	0.767
鄱阳湖	0.725	0.759	0.797	0.802	0.821	0.793	0.729
辽中南	0.777	0.766	0.769	0.764	0.758	0.737	0.738
长三角	0.726	0.742	0.755	0.761	0.770	0.763	0.720
城市群	2010 年	2011 年	2012 年	2013 年	2014 年	2015 年	2016 年
中原	0.817	0.794	0.792	0.787	0.775	0.748	0.721
京津冀	0.770	0.782	0.780	0.761	0.772	0.759	0.752
关中—天水	0.769	0.748	0.725	0.681	0.664	0.669	0.739
北部湾	0.672	0.788	0.800	0.817	0.824	0.763	0.823

续表

城市群	2010 年	2011 年	2012 年	2013 年	2014 年	2015 年	2016 年
哈长	0.777	0.740	0.743	0.727	0.730	0.702	0.713
太原	0.763	0.738	0.769	0.773	0.771	0.772	0.776
山东半岛	0.780	0.793	0.772	0.761	0.765	0.768	0.765
成渝	0.770	0.767	0.765	0.774	0.727	0.721	0.749
武汉	0.792	0.757	0.763	0.729	0.737	0.750	0.725
江淮	0.765	0.738	0.770	0.746	0.783	0.744	0.730
海峡西岸	0.734	0.739	0.739	0.714	0.731	0.754	0.759
环长株潭	0.757	0.757	0.751	0.754	0.773	0.757	0.781
珠三角	0.770	0.771	0.749	0.683	0.752	0.768	0.757
鄱阳湖	0.744	0.747	0.716	0.710	0.673	0.734	0.740
辽中南	0.731	0.731	0.734	0.738	0.758	0.783	0.816
长三角	0.774	0.773	0.758	0.765	0.782	0.780	0.781

表 1-13 十六大城市群绿色可持续发展水平时间
变化趋势（环境污染物排放维度）

城市群	2003 年	2004 年	2005 年	2006 年	2007 年	2008 年	2009 年	2010 年
中原	0.368	0.471	0.513	0.516	0.506	0.490	0.483	0.511
京津冀	0.463	0.458	0.459	0.459	0.445	0.436	0.431	0.434
关中—天水	0.334	0.339	0.339	0.337	0.327	0.317	0.323	0.313
北部湾	0.354	0.373	0.377	0.366	0.362	0.388	0.381	0.355
哈长	0.507	0.511	0.514	0.521	0.515	0.510	0.484	0.458
太原	0.555	0.557	0.570	0.572	0.550	0.534	0.511	0.510
山东半岛	0.401	0.413	0.416	0.400	0.399	0.394	0.410	0.389
成渝	0.336	0.337	0.332	0.325	0.308	0.303	0.292	0.300
武汉	0.378	0.372	0.381	0.391	0.384	0.382	0.376	0.364
江淮	0.393	0.390	0.399	0.395	0.393	0.398	0.392	0.384
海峡西岸	0.283	0.301	0.309	0.312	0.300	0.295	0.294	0.304
环长株潭	0.433	0.441	0.441	0.436	0.425	0.422	0.410	0.391
珠三角	0.322	0.330	0.339	0.344	0.354	0.364	0.336	0.358

续表

城市群	2003 年	2004 年	2005 年	2006 年	2007 年	2008 年	2009 年	2010 年
鄱阳湖	0.372	0.383	0.389	0.384	0.377	0.372	0.358	0.356
辽中南	0.476	0.469	0.502	0.498	0.488	0.496	0.486	0.462
长三角	0.435	0.449	0.451	0.450	0.442	0.437	0.436	0.431

城市群	2011 年	2012 年	2013 年	2014 年	2015 年	2016 年	2017 年	2018 年
中原	0.543	0.541	0.528	0.522	0.521	0.201	0.161	0.190
京津冀	0.495	0.488	0.495	0.503	0.500	0.469	0.446	0.447
关中—天水	0.356	0.337	0.330	0.340	0.341	0.300	0.282	0.282
北部湾	0.358	0.354	0.346	0.353	0.358	0.337	0.333	0.331
哈长	0.486	0.476	0.487	0.497	0.517	0.447	0.463	0.456
太原	0.585	0.567	0.591	0.577	0.573	0.549	0.509	0.467
山东半岛	0.434	0.423	0.421	0.442	0.440	0.425	0.398	0.380
成渝	0.321	0.309	0.306	0.319	0.322	0.323	0.292	0.288
武汉	0.398	0.385	0.394	0.403	0.402	0.393	0.368	0.352
江淮	0.434	0.431	0.424	0.450	0.443	0.414	0.407	0.401
海峡西岸	0.340	0.341	0.341	0.352	0.348	0.335	0.324	0.324
环长株潭	0.408	0.397	0.407	0.418	0.444	0.395	0.386	0.378
珠三角	0.351	0.353	0.356	0.359	0.352	0.356	0.341	0.334
鄱阳湖	0.399	0.395	0.395	0.408	0.409	0.405	0.386	0.376
辽中南	0.536	0.538	0.517	0.539	0.539	0.506	0.490	0.466
长三角	0.454	0.446	0.451	0.467	0.461	0.436	0.417	0.401

从表 1-12 可以看出，大部分城市群 2003~2016 年能源需求维度的绿色可持续发展水平得到了提升，其中北部湾城市群提升最快，从 0.607 提升到 0.823；其次是京津冀城市群，从 0.675 提升到 0.752。武汉城市群和关中—天水城市群的绿色可持续发展水平下降了，分别从 0.809 和 0.785 下降到 0.725 和 0.739。总体来看，在时间趋势上，各城市群能源需求维度的绿色可持续发展水平呈波动上升态势。

与能源需求维度的绿色可持续发展水平不同的是，环境污染物排放维度的绿色可持续发展水平从城市群整体来看大部分呈现先上升后下降的趋势,少数城市群呈现波动上升态势,如海峡西岸城市群从2003年的0.283上升到2018年的0.324,珠三角城市群从2003年的0.322上升到2018年的0.334。总体来看,在时间趋势上,城市群的环境污染物排放维度的绿色可持续发展水平2003~2016年呈现上升态势,2016~2018年呈现一定下降趋势。

表1-14 十六大城市群绿色可持续发展水平时间
变化趋势(碳排放维度)

城市群	2005 年	2010 年	2015 年
中原	79.486	79.486	79.486
京津冀	80.946	80.946	80.947
关中—天水	77.982	77.981	77.981
北部湾	71.910	71.910	71.912
哈长	78.720	78.718	78.719
太原	82.656	82.656	82.656
山东半岛	79.267	79.269	79.268
成渝	74.444	74.444	74.443
武汉	79.238	79.239	79.237
江淮	77.452	77.454	77.454
海峡西岸	77.877	77.877	77.877
环长株潭	76.017	76.015	76.014
珠三角	77.186	77.187	77.186
鄱阳湖	75.432	75.431	75.432
辽中南	80.268	80.268	80.269
长三角	79.715	79.715	79.715

注:由于碳排放维度的城市群层面的平均值3年内变化较小,本章将效率值乘100以反映其变化。

相比于能源需求维度与环境污染物排放维度的绿色可持续发展水平,各城市群2005~2015年碳排放维度的绿色可持续发展水平并未发生较大变化，部分城市群呈现略微上升态势，如北部湾城市群、京津冀城市群与江淮城市群等，少数城市群呈略微下降态势。总体来看，大部分城市群碳排放维度的绿色可持续发展水平的变化幅度相对低于能源需求维度和环境污染物排放维度。

三　绿色可持续发展水平空间分布情况分析

为了进一步探究城市群中心城市与外围城市的绿色可持续发展水平的变化差异，本章对比了基于 KLH-SFA 模型的十六大城市群中心城市与外围城市绿色可持续发展水平的测度结果，并分析了各城市群不同维度的绿色可持续发展水平的空间分布情况。结果表明，大多数城市群在不同维度的绿色可持续发展水平呈现中心城市较高、外围城市较低的分布特征，这意味着城市群内部存在较为明显的分化，且随着时间变化，此种不平等并没有降低的趋势。

第四节　本章小结

需要指出的是，尽管从单一指标的测度能更加直观地看出城市群总体绿色可持续发展水平变化趋势和中心城市与外围城市差距的扩大，但这一指标可能存在对绿色可持续发展水平的估计偏误。为了更加可靠地测度绿色可持续发展水平，本章综合比较指标合成法、DEA测度法和 SFA 测度方法，考虑到 SFA 模型具有样本内截面和时间维度的统一可比性，且测度结果能够用于后续的面板回归分析，虽然其在随机前沿模型选择上有一定主观性且只能考虑单一需求因素，本章仍然认为 KLH-SFA 模型是测度绿色可持续发展水平相对较合理的选择。根据前文对十六大城市群绿色可持续发展水平的测度，本章分别从三个维度分析了其时间变化趋势，可以看出大部分城市群的不同维度的绿色可持续发展水平的测度结果在前期都是上升的，只有部分城市群在后期呈现下降态势。从空间分布情况来看，不难发现 2005 年、2010 年和 2015 年各城市群的绿色可持续发展水平总体呈现中心城市高于外围城市的空间分布态势。

参考文献

［1］ Massimo Filippini, Lester C. Hunt, "Measurement of Energy Efficiency Based on Economic Foundations", *Energy Economics* 52（2015）.

［2］ Subal C. Kumbhakar, G. Lien and J. B. Hardaker, "Technical Efficiency in Competing Panel Data Models: A Study of Norwegian Grain Farming", *Journal of Productivity Analysis* 41（2014）.

［3］ Young Hoon Lee, "A Stochastic Production Frontier Model with Group-Specific Temporal Variation in Technical Efficiency", *European Journal of Operational Research* 174（2006）.

［4］ G. E. Battese, T. J. Coelli, "A Model for Technical Inefficiency Effects in a Stochastic Frontier Production Function for Panel Data", *Empirical Economics* 20（1995）.

［5］ Hung-Jen Wang, Chia-Wen Ho, "Estimating Fixed-Effect Panel Stochastic Frontier Models by Model Transformation", *Journal of Econometrics* 157（2010）.

［6］ Subal C. Kumbhakar, Almas Heshmati, "Efficiency Measurement in Swedish Dairy Farms: An Application of Rotating Panel Data, 1976–88", *American Journal of Agricultural Economics* 77（1995）.

［7］ J. Jondrow, C. James, "On the Estimation of Technical Inefficiency in the Stochastic Frontier Production Function Model", *Journal of Econometrics* 19（1982）.

［8］ Junming Zhu, Yichun Fan and Xinghua Deng, et al., "Low-Carbon Innovation Induced by Emissions Trading in China", *Nature Communications* 10（2019）.

［9］ Lei Chen, Linyu Xu and Zhifeng Yang, "Inequality of Industrial Carbon Emissions of the Urban Agglomeration and Its Peripheral Cities: A Case in the Pearl

River Delta, China", *Renewable and Sustainable Energy Reviews* 109 (2019).

[10] Soumyananda Dinda, "Environmental Kuznets Curve Hypothesis: A Survey", *Ecological Economics* 49 (2004).

[11] 张学良主编《2013 中国区域经济发展报告——中国城市群的崛起与协调发展》，人民出版社，2013。

| 第二章 |

区域产业分工与区域绿色协调发展

提高绿色可持续发展水平是实现能源保护、碳减排和可持续发展的基本途径。普遍存在的地区差异不利于我国整体层面绿色可持续发展水平的提高。尽管已有研究分析了区域绿色可持续发展差异的影响因素，但仍不清楚区域产业分工对区域绿色协调发展的影响。本章应用扩展随机前沿分析方法测度区域绿色可持续发展水平，结合"中心—外围"框架与拓展的 Theil 指数模型进一步计算了区域绿色协调发展水平，并使用 2003~2018 年十六大城市群的面板数据考察了区域产业分工对区域绿色协调发展的影响。

第一节 引言

中国持续高速的经济增长伴随着资源和能源消耗的急剧增加。2006 年以来，中国的能源消耗量和碳排放量在全球排名第一。能源消耗的增加给中国带来了严重的环境和气候挑战。提高能源效率，即推动绿色可持续发展，是中国应对这一挑战的最有效的政策工具之一。根据《BP 世界能源统计年鉴（2019）》的数据，2018 年中国的能源强度为 0.131 千克标准煤/元，远高于日本（0.079 千克标准煤/元）、英国（0.062 千克标准煤/元）等发达国家的水平。[①] 这些数据表明，中国的绿色可持续发展还有很大的改进空间。

从区域角度来看，Zou 等（2019）指出，中国不同城市之间的绿色可持续发展水平差距甚至达到了 6 倍以上。北京、上海、广州等中心城市的能源效率较高，而唐山、常州、惠州等外围城市的能源效率较低。因此，中国的绿色可持续发展水平呈现巨大的区域差距。在这种背景下，提高区域绿色可持续发展水平的重点应放在绿色可持续发展水平较低的外围城市的改进上。本章将区域绿色协调发展水平定义为中心城市和外围城市绿色可持续发展水平的差距。由于外围城市具有更大的改进潜力，推动外围城市提高绿色可持续发展水平，即实现区域绿色协调发展，有助于最大限度地提高整个区域的绿色可持续发展水平。实现区域绿色协调发展是提高区域绿色可持续发展水平的过程，可以优化该区域的能源保护和碳减排工作。缩小区域内各城市间投资、人力资本和交通方面的差距是实现区域绿色协调发展的重要手段（Cole 等，2020）。然而，针对实现区域绿色协调发展的实际政策，现有研究限制在较大的地理范围，如省级或国家级（Fisher-Vanden 等，2006），有必要进一步研究城市层面小范围地理区域内的绿色协调发展的实现路径。加强城市之间的合作，即所谓的"区域产业分工"，是缩小区域差距、促进经济发展的有效手段（Zhao 和 Lin，2019）。区域产业分工通过集聚效应和选择效应影响区域绿色协调发展。当区域产业分工处于初级阶段时，集聚效应强于选择效应，外围城市的绿色可持续发展水平得到较大提高，从而推动绿色协调发展（Qu 等，2020）。因此，本章将从区域产业分工的视角考察其对绿色协调发展的影响。

---

① 2018 年各国的能源强度以 2015 年人民币购买力来衡量。

第二节 模型、方法与数据

一 两部门模型理论分析

本部分将构建一个简单两部门模型以阐述区域产业分工对区域绿色协调发展的影响。

(一)生产函数

本章借鉴 Feder（1983）提出的经典两部门模型，将城市群看作一个整体，其内部存在两个部门，分别是负责生产性服务业的中心城市部门与负责制造业的外围城市部门，两部门的生产函数包含劳动与资源两种投入品，其生产函数如下：

$$Y_c(t) = A_c(t)E_c(t)^{\beta_c}L_c(t)^{1-\beta_c} \tag{1}$$

$$Y_p(t) = A_p(t)E_p(t)^{\beta_p}L_p(t)^{1-\beta_p} \tag{2}$$

其中，$Y_c(t)$ 和 $Y_p(t)$ 分别表示中心城市与外围城市的产出，$A_c(t)$ 和 $A_p(t)$ 分别表示为中心城市与外围城市的技术进步，$E_c(t)$ 和 $E_p(t)$ 分别表示中心城市与外围城市的资源投入，$L_c(t)$ 和 $L_p(t)$ 分别表示中心城市与外围城市的劳动投入，β_c 表示核心城市能源投入的弹性系数，β_p 表示外围城市能源投入的弹性系数。

本章假设中心城市的资源投入 $E_c(t)$ 与劳动投入 $L_c(t)$、外围城市的资源投入 $E_p(t)$ 与劳动投入 $L_p(t)$ 不受区域产业分工的影响，中心城市和外围城市的技术进步 $A_c(t)$ 和 $A_p(t)$ 受到区域产业分工的影响，且区域产业分工不会受到滞后期的影响，可得到如下公式：

$$A_c(t) = F_c(t)^{\theta}\mu_c(t) \tag{3}$$

$$A_p(t) = F_p(t)^{\theta}\mu_p(t) \tag{4}$$

其中，$A_c(t)$ 和 $A_p(t)$ 分别表示中心城市与外围城市的技术进步，

$F_c(t)$ 和 $F_p(t)$ 分别表示中心城市和外围城市生产性服务业与制造业从业人员的比值，θ 表示区域产业分工的弹性系数，核心城市与外围城市的弹性系数相同。根据第二章对区域产业分工的测度，$F_c(t)/F_p(t)$ 就是区域产业分工。

（二）效用函数

本章通过在模型中引入政府构建效用函数，原因在于政府在中国经济运行和资源配置过程中起到重要的作用，政府通过政策引导等手段干预劳动和资源的流向，进而影响城市群产业未来发展的态势。由于政府工作人员是政府背后实质性的个体，因此本章通过研究政府工作人员的行为来折射政府的行为。进一步来说，尽管政府工作人员的晋升考核机制日趋多样化，但是在当前绿色可持续发展的背景下，资源的产出效率在政府工作人员的晋升考核机制中仍占有重要地位。因此若某地区在同等的资源投入下实现了更高的产出，那么该地区政府工作人员预期的正效用更大，反之则相反。因为政府工作人员可以通过干预劳动和资源的流向影响地区产出，所以本章认为政府工作人员会通过干预劳动和资源的流向最大化自身效用。由此构建出政府工作人员的效用函数：

$$Max U = \ln Y_c(t) + \ln Y_p(t) \tag{5}$$

$$s.t.\, L_c(t) + L_p(t) = L(t) \tag{6}$$

$$E_c(t) + E_p(t) = E(t) \tag{7}$$

（三）均衡分析

本章假设中心城市和外围城市的生产率不同，但中心城市和外围城市的边际技术替代率相同，即 $MRTS_c(t) = MRTS_p(t)$，由式（1）和式（2）分别求导可得：

$$\frac{(1 - \beta_c) E_c(t)}{\beta_c L_c(t)} = \frac{(1 - \beta_p) E_p(t)}{\beta_p L_p(t)} \tag{8}$$

本章定义 $e_c(t) = E_c(t)/L_c(t)$、$e_p(t) = E_p(t)/L_p(t)$、$e(t) = E(t)/L(t)$、$\lambda(t) = L_c(t)/L_p(t) = L_c(t)/[L(t) - L_c(t)]$ 和 $e'(t) =$

$E_c(t)/E_p(t) = E_c(t)/[E(t) - E_c(t)]$，将其代入上述公式，可整理得到如下公式：

$$\frac{(1 - \beta_c)}{\beta_c}e_c(t) = \frac{(1 - \beta_p)}{\beta_p}e_p(t) \tag{9}$$

$$\frac{(1 - \beta_c)}{\beta_c}\lambda(t) = \frac{(1 - \beta_p)}{\beta_p}e'(t) \tag{10}$$

从式（6）、式（7）、式（9）和式（10）中可以看出，中心城市与外围城市的劳动投入与资源投入保持等比例增长，因此本章可以通过效用式（5）对 $L_c(t)$ 求导得到均衡条件，根据对拉格朗日函数求导的结果可以得到如下公式：

$$\frac{\partial U}{\partial L_c(t)} = \frac{1}{Y_c(t)}(1 - \beta_c)F_c(t)^\theta\mu_c(t)e_c(t)^{\beta_c} - \frac{1}{Y_p(t)}(1 - \beta_p)F_p(t)^\theta\mu_p(t)e_p(t)^{\beta_p} = 0 \tag{11}$$

$$\frac{Y_c(t)}{Y_p(t)} = \frac{(1 - \beta_c)}{(1 - \beta_p)}\left[\frac{F_c(t)}{F_p(t)}\right]^\theta\frac{\mu_c(t)}{\mu_p(t)}e_c(t)^{\beta_c - \beta_p}Q^{-\beta_c} \tag{12}$$

其中 $Q^{-\beta_c} = \frac{1 - \beta_c}{\beta_c}\frac{\beta_p}{1 - \beta_p}$，结合式（1）和式（2），可以得到如下公式：

$$e_p(t) = \frac{E_p(t)}{L_p(t)} = \frac{\beta_p(2 - \beta_c - \beta_p)}{(\beta_c + \beta_p)(1 - \beta_p)}e(t) = \Omega e(t) \tag{13}$$

其中，$\Omega = \frac{\beta_p(2 - \beta_c - \beta_p)}{(\beta_c + \beta_p)(1 - \beta_p)}$，说明中心与外围城市的资源投入与劳动投入不受区域产业分工的影响，将式（13）代入式（12）中，可以得到如下公式：

$$\frac{Y_c(t)}{Y_p(t)} = \frac{(1 - \beta_c)}{(1 - \beta_p)}\left[\frac{F_c(t)}{F_p(t)}\right]^\theta\frac{\mu_c(t)}{\mu_p(t)}e(t)^{\beta_c - \beta_p}\Omega^{\beta_c - \beta_p}Q^{-\beta_c} \tag{14}$$

根据本章对区域产业分工的界定，有 $FUS(t) = F_c(t)/F_p(t)$，其中，$FUS(t)$ 表示区域产业分工，$F_c(t)$ 和 $F_p(t)$ 分别表示中心城市与外围城市中生产性服务业与制造业从业人员的比值，通过以上公式可以看出资源投入不受区域产业分工的影响，所以可以通过上述公式对城市群空间功能分工求导，结果如下所示：

$$\frac{\partial \left[\frac{Y_c(t)}{Y_p(t)}\right]}{\partial \, FUS^\theta} = \frac{(1-\beta_c)}{(1-\beta_p)}\frac{\mu_c(t)}{\mu_p(t)}e(t)^{\beta_c-\beta_p}\Omega^{\beta_c-\beta_p}Q^{-\beta_c} \tag{15}$$

根据式（15）可以看出，中心城市与外围城市的绿色可持续发展水平差距与区域产业分工呈正相关关系，由此可以得出本章的假设。

研究假设：区域产业分工会抑制区域绿色协调发展。

二 计量模型构建

本章认为区域产业分工程度的提升会导致城市群绿色可持续发展不平等程度的加深，即扩大了中心城市与外围城市的绿色可持续发展水平差距，为了检验区域产业分工对绿色可持续发展不平等程度，即对区域绿色协调发展的影响，本章构建了如下实证模型：

$$ghqdi_{j,\,t} = \alpha + \beta_1 fus_{j,\,t} + \beta_2 rX_{j,\,t} + \varepsilon_{j,\,t} \tag{16}$$

其中，$ghqdi_{j,t}$ 表示城市群 j 在第 t 年的绿色可持续发展不平等程度，$fus_{j,t}$ 表示城市群 j 在第 t 年的空间功能分工程度，$rX_{j,t}$ 表示一系列控制变量的集合，β_1 表示空间功能分工对绿色可持续发展不平等程度的影响系数，β_2 表示控制变量的估计系数，$\varepsilon_{j,t}$ 表示回归方程的误差项，α 表示回归方程的截距项。

三 指标选取

（一）被解释变量

在本章的研究中，被解释变量为城市群中心城市与外围城市绿色可持续发展不平等程度。本章结合 Shorrocks（1980）、王少平和欧阳志刚

（2008）与 Chen 等（2019）的研究，使用如下拓展的 Theil 指数模型测度城市群绿色可持续发展不平等程度：

$$ghqdi_{m, r, t} = \sum_{i=1}^{n} p_{rp, i, t} \ln \frac{\overline{ghqd_{m, rc, t}}}{ghqd_{m, rp, i, t}} \tag{17}$$

其中，$p_{rp,i,t}$ 表示城市群 r 中外围城市 i 的权重，$\overline{ghqd_{m, rc, t}}$ 表示以维度 m 衡量的城市群 r 的中心城市第 t 年的绿色可持续发展平均水平[①]，而 $ghqd_{m,rp,i,t}$ 表示以维度 m 衡量的城市群 r 的外围城市 i 第 t 年的绿色可持续发展水平。对于环境污染物排放维度（$m=2$），考虑到本章使用 3 种污染物（工业废水、工业烟粉尘和工业二氧化硫）进行测度，我们使用这 3 种污染物测算结果的算数平均值作为做种结果来衡量环境污染物排放维度的绿色可持续发展不平等程度。关于绿色可持续发展不平等程度的具体计算过程与测度结果见本章第三节。考虑到不同城市行政级别与战略地位的差异，仅衡量其与平均水平的偏离程度无法体现个体间的差异。所以本章的绿色可持续发展不平等程度指标不同于一般的 Theil 指数，该指标衡量的是中心城市与外围城市的不平等程度，而非整个城市群中所有城市与平均水平的偏离程度。

（二）解释变量

本章的解释变量为区域产业分工，Duranton 和 Puga（2005）的研究表明，城市群或者大都市圈内部的分工正逐渐从部门专业化（Sector Urban Specialization）转变为功能专业化（Functional Urban Specialization），即城市群或者大都市圈内的城市将根据自身特点实现空间功能分工。根据"中心-外围"理论，城市群的空间功能分工将依据中心城市承担研发管理职能、外围城市承担生产加工职能的趋势不断发展与强化。大量证据表明，各大成熟的城市群均呈现以上空间功能分工特征，这意味着城市的产业集聚将依其在城市群中的定位来发展，即城市群

---

① m 的取值为 1 到 3，其中 $m=1$ 代表能源需求维度，$m=2$ 代表环境污染物排放维度，$m=3$ 代表碳排放维度。

中的生产性服务业（研发管理部门）在中心城市集聚，而广义上的制造业（生产加工部门）在外围城市集聚。为了描述三个维度城市群中的空间功能分工格局演变与产业集聚情况，笔者通过构建空间功能分工指数来衡量其演变特征，计算公式如下：

$$fus_{j,\ t} = \frac{\sum\limits_{i=1}^{nc} lsc_{it} / \sum\limits_{k=1}^{nc} lmc_{it}}{\sum\limits_{i=1}^{np} lsp_{it} / \sum\limits_{i=1}^{np} lmp_{it}} \quad (18)$$

其中，$fus_{j,\ t}$ 为城市群 j 在第 t 年的空间功能分工程度，该指标值越高表明区域产业分工程度越高，反之则意味着区域产业分工程度越低。i =1，2，…，n，c 表示城市群 j 的中心城市，p 表示城市群 j 的外围城市，lsc_{it} 为中心城市 i 在第 t 年的生产性服务业从业人员数量，lmc_{it} 为中心城市 i 在第 t 年的制造业从业人员数量，lsp_{it} 为外围城市 i 在第 t 年的生产性服务业从业人员数量，lmp_{it} 为外围城市 i 在第 t 年的制造业从业人员数量。

（三）控制变量

在实证检验区域产业分工对绿色可持续发展不平等程度的影响时，本章选取了如下控制变量。

平均港口距离（$alnpd$）。城市群的地理位置决定了工业、能源、贸易的发展基础，因此需要对这一变量进行控制。本章采用城市群中各城市与港口距离平均值的对数来衡量城市的区位特征。

产业结构差距（$ris2$ 和 $ris3$）。考虑到中心城市与外围城市间的产业结构存在差异，在分析区域产业分工对绿色可持续发展不平等程度的影响时，本章控制了中心城市与外围城市间的产业结构差距。本章使用中心城市与外围城市第二产业生产总值占 GDP 比重、第三产业生产总值占 GDP 比重来衡量产业结构差距。

创新能力差距（$rlninn$）。由于创新能力差距也会影响城市群绿色可持续发展不平等程度，在分析区域产业分工对绿色可持续发展不平等程度的影响时，本章控制了中心城市与外围城市间的创新能力差距。本章使用中心城市专利申请量平均值与外围城市专利申请量平均值的比值来衡量创新能力差距。

信息技术水平差距（rlnict）。信息技术水平差距同样会影响城市群绿色可持续发展不平等程度，在分析区域产业分工对绿色可持续发展不平等程度的影响时，本章控制了中心城市与外围城市间的信息技术水平差距。本章使用中心城市与外围城市每万人移动电话与互联网用户数平均值的比值来衡量信息技术水平差距。

工业化程度差距（rindu）。工业化程度差距同样会影响城市群绿色可持续发展不平等程度，在分析区域产业分工对绿色可持续发展不平等程度的影响时，本章控制了中心城市与外围城市间的工业化程度差距。本章使用中心城市与外围城市的规模以上工业企业增值税占GDP比重的比值来衡量工业化程度差距。变量说明如表2-1所示。

需要指出的是，由于本章的被解释变量为城市群中心城市与外围城市的绿色可持续发展不平等程度，所以选取的控制变量也均反映了中心城市与外围城市的差距，本章将通过如下公式将城市层面的变量处理为城市群层面的数据：

$$rX_{j,t} = \frac{1}{n}\sum_{i=1}^{n} X_{ci,j,t} \Big/ \frac{1}{m}\sum_{i=1}^{m} X_{pi,j,t} \tag{19}$$

其中，$X_{ci,j,t}$ 表示城市群 j 中的第 i 个中心城市在第 t 年的各控制变量，$X_{pi,j,t}$ 表示城市群 j 中的第 i 个外围城市在第 t 年的各控制变量，n 和 m 分别为城市群中的中心城市和外围城市的数量，最终通过城市层面各控制变量的加权平均可以得到城市群层面的控制变量 $rX_{j,t}$。

表 2-1　变量说明

变量分类	符号	变量定义	测度方式	数据来源
被解释变量	ghqdi	城市群中心城市与外围城市绿色可持续发展的不平等程度	基于拓展的 Theil 指数模型的测度	CNRDS 数据库与《中国城市统计年鉴》

续表

变量分类	符号	变量定义	测度方式	数据来源
解释变量	*fus*	区域产业分工	空间功能分工指数	CNRDS 数据库与《中国城市统计年鉴》
控制变量	*alnpd*	平均港口距离	各城市与港口距离平均值的对数	CNRDS 数据库与《中国城市统计年鉴》
	ris2	产业结构差距	中心城市与外围城市第二产业生产总值占GDP 比重差距	CNRDS 数据库与《中国城市统计年鉴》
	ris3	产业结构差距	中心城市与外围城市第三产业生产总值占GDP 比重差距	CNRDS 数据库与《中国城市统计年鉴》
	rlninn	创新能力差距	中心城市与外围城市专利申请量平均值的比值	CNRDS 数据库与《中国城市统计年鉴》
	rlnict	信息技术水平差距	中心城市与外围城市每万人移动电话与互联网用户数平均值的比值	CNRDS 数据库与《中国城市统计年鉴》
	rindu	工业化程度差距	中心城市与外围城市规模以上工业企业增值税占 GDP 比重的比值	CNRDS 数据库与《中国城市统计年鉴》

四 数据说明

本章以中国十六大城市群 2003~2018 年的面板数据为研究样本。数据来自《中国城市统计年鉴》（2004~2019 年）和《中国统计年鉴》（2004~2019 年）。本章选取的样本不包括严重缺乏数据和行政部门调整的城市，例如西藏的所有城市被排除在外。删除了缺失超过 3 年的数据。如果在 3 年内缺少城市数据，我们使用插值法补充数据。

第三节 实证检验结果

本节使用十六大城市群的面板数据检验区域产业分工对绿色可持

续发展不平等程度的影响。本节主要分为五个部分，分别是对各变量的描述性统计、相关性检验、多重共线性检验、豪斯曼检验与回归结果。

一 描述性统计

在对第二节构建的实证模型进行各类检验与分析前，首先需要对各变量的统计特征进行描述性分析，以确保各变量的取值不存在异常，进而排除数据异常导致的估计偏误。变量描述性统计结果如表2-2所示。

表 2-2 变量描述性统计结果

变量	样本数（个）	平均值	标准差	最小值	中位数	最大值
$ghqdi\_energy$	224	41.985	13.789	0	41.368	100
$ghqdi\_environment$	256	42.771	10.258	19.700	41.600	72.700
$ghqdi\_carbon$	48	37.811	17.220	0	36.399	100
fus	256	0.503	0.266	0.079	0.450	1.152
$alnpd$	256	1.321	0.070	1.165	1.334	1.417
$ris2$	256	0.838	0.132	0.530	0.826	1.219
$ris3$	256	1.347	0.193	0.961	1.336	1.866
$rlninn$	256	1.431	0.207	1.126	1.391	2.180
$rlnict$	256	2.048	0.675	0.771	2.01	4.008
$rindu$	256	4.392	3.32	0.642	3.204	17.169

资料来源：《中国城市统计年鉴》（2004～2019年）和《中国统计年鉴》（2004～2019年）。

根据表2-2的描述性统计分析可以看出除了环境污染物排放维度，其余各维度的绿色可持续发展不平等程度的取值范围都在0～100，这是因为环境污染物排放维度是三种污染物加权得到的结果。环境污染物排放维度的绿色可持续发展不平等程度的平均值最高，其次是能源需求维度，碳排放维度最低。此外，聚焦各控制变量，可以看出几乎所有控制变量的平均值都大于1，这代表中心城市的绿色可持续发展水平显著高于外围城市。只有第二产业生产总值占GDP比重是外围城市高于中心城市的，这进一步印证了特征事实部分的描述性分析，即制造业在外围城市集聚，而生产性服务业在中心城市集聚。

二　相关性检验

本章将在回归前建立解释变量与被解释变量的相关关系。在三个维度城市群特征事实的分析中，本书使用较为粗略的指标建立了区域产业分工与绿色可持续发展不平等程度的正相关关联，可以看出区域产业分工程度越高，则区域的绿色可持续发展不平等程度越高。但本章使用拓展的 Theil 指数模型测度绿色可持续发展不平等程度后，需要进一步使用相关性检验来分析变量间的相关性（见表2-3）。根据表2-3的结果，可以看出区域产业分工（fus）与能源需求维度的绿色可持续发展不平等程度（ghqdi_energy）的 Pearson 相关系数为0.103，区域产业分工与环境污染物排放维度的绿色可持续发展不平等程度（ghqdi_environment）的 Pearson 相关系数为0.294，区域产业分工与碳排放维度的绿色可持续发展不平等程度（ghqdi_carbon）的 Pearson 相关系数为0.103，分别通过了5%、1%和5%的显著性水平检验。区域产业分工与能源需求维度绿色可持续发展不平等程度的 Spearman 相关系数为0.108，区域产业分工与环境污染物排放维度的绿色可持续发展不平等程度的 Spearman 相关系数为0.203，区域产业分工与碳排放维度的绿色可持续发展不平等程度的 Spearman 相关系数为0.108，均通过了1%的显著性水平检验。这表明区域产业分工与三个维度的绿色可持续发展不平等程度均呈现显著正相关关系。

表 2-3　变量相关性分析

变量	ghqdi_energy	ghqdi_environment	ghqdi_carbon	fus
ghqdi_energy	1	0.222	1.000***	0.108***
ghqdi_environment	0.150	1	0.222	0.203***
ghqdi_carbon	1.000***	0.150	1	0.108***

续表

变量	ghqdi_energy	ghqdi_environment	ghqdi_carbon	fus
fus	0.103**	0.294***	0.103**	1
alnpd	−0.058	−0.430***	−0.058	0.291**
ris2	−0.147	−0.078	−0.147	−0.635***
ris3	0.142	−0.116	0.142	−0.290**
rlninn	−0.321**	−0.536***	−0.321**	−0.048
rlnict	−0.043	−0.123	−0.043	−0.144
rindu	−0.136	−0.337**	−0.136	0.185

变量	alnpd	ris2	ris3	rlninn	rlnict	rindu
ghqdi_energy	−0.132	−0.201	0.044	−0.318**	−0.010	−0.195
ghqdi_environment	−0.449***	−0.183	−0.119	−0.464***	−0.133	−0.370***
ghqdi_carbon	−0.132	−0.201	0.044	−0.318**	−0.010	−0.195
fus	−0.450***	−0.282*	−0.088	−0.030	0.282*	0.299**
alnpd	1	0.050	0.271*	0.475***	0.220	0.160
ris2	0.113	1	−0.770***	0.299**	0.097	0.343**
ris3	0.203	−0.825***	1	0.021	−0.083	−0.300**
rlninn	0.426***	0.229	0.047	1	0.441***	0.548***
rlnict	0.121	0.126	−0.092	0.456***	1	0.464***
rindu	0.061	0.136	−0.065	0.431***	0.475***	1

注：* $p<0.1$，** $p<0.05$，*** $p<0.01$；表中相关系数矩阵中对角线左下方三角区域报告的是 Pearson 相关系数，矩阵对角线右上方三角区域报告的是 Spearman 相关系数。

资料来源：《中国城市统计年鉴》（2004~2019 年）。

三 多重共线性检验

在进行实证检验前，需要首先保证模型中的各变量不存在严重的多重共线性，严重的多重共线性会影响模型估计的可靠性。为此，本章同样进行多重共线性检验，具体的做法为计算 *VIF* 方差膨胀因子，若回归模型中 *VIF* 的均值小于 10，一般可以认为不存在严重的多重共线性。多重共线性检验结果如表 2-4 所示。

表 2-4　多重共线性检验结果

变量	*ghqdi_energy*	变量	*ghqdi_environment*	变量	*ghqdi_carbon*
ris2	5.190	*ris2*	5.190	*ris2*	6.690
ris3	4.420	*ris3*	4.420	*ris3*	5.800
fus	2.150	*fus*	2.150	*fus*	3.190
rlninn	2.000	*rlninn*	2.000	*alnpd*	2.330
alnpd	1.780	*alnpd*	1.780	*rlninn*	1.930
rindu	1.420	*rindu*	1.420	*rindu*	1.800
rlnict	1.360	*rlnict*	1.360	*rlnict*	1.510
VIF	2.620	*VIF*	2.730	*VIF*	3.320

根据表 2-4 的检验结果，城市层面，能源需求维度、环境污染物排放维度与碳排放维度的绿色可持续发展不平等程度回归方程对应的 *VIF* 的均值分别为 2.620、2.730 和 3.320，都显著低于 10，这表明回归方程不存在明显的多重共线性，所以可以进行进一步的回归分析。

四　豪斯曼检验

在对构建的多元回归进行分析前，需要通过豪斯曼检验来确定是选取固定效应面板回归模型（FE Model）还是选取随机效应面板回归模型（RE Model），豪斯曼检验结果如表 2-5 所示。

表 2-5　豪斯曼检验结果

被解释变量	Chi 统计量	*p* 值	检验结果
ghqdi_energy	67.48	0.0000	固定效应
ghqdi_environment	21.05	0.0018	固定效应
ghqdi_carbon	8.55	0.2005	随机效应

根据表 2-5 的豪斯曼检验结果，可以看出对于被解释变量 *ghqdi_energy*，对应的 Chi 统计量为 67.48，对应的 *p* 值为 0.0000，通过了 1% 的显著性水平检验，显著拒绝了使用随机效应面板回归模型的原假

设，即应该使用固定效应面板回归模型估计。对于被解释变量 *ghqdi_ environment*，Chi 统计量为 21.05，对应的 *p* 值为 0.0018，通过了 1% 的显著性水平检验，显著拒绝了使用随机效应面板回归模型的原假设，即应该使用固定效应面板回归模型估计。对于被解释变量 *ghqdi_ carbon*，Chi 统计量为 8.55，对应的 *p* 值为 0.2005，未通过 10% 的显著性水平检验，未能显著拒绝使用随机效应面板回归模型的原假设，即应该使用随机效应面板回归模型估计。

五　回归结果

区域产业分工对绿色可持续发展不平等程度影响的实证检验结果如表 2-6 所示，其中（1）列为区域产业分工对能源需求维度绿色可持续发展不平等的影响结果，（2）列为区域产业分工对环境污染物排放维度绿色可持续发展不平等的影响结果，（3）列为区域产业分工对碳排放维度绿色可持续发展不平等的影响结果。

表 2-6　区域产业分工对绿色可持续发展不平等

程度影响的实证检验结果

变量	(1) *ghqdi_ energy*	(2) *ghqdi_ environment*	(3) *ghqdi_ carbon*
fus	4.270*** (3.010)	3.517*** (4.626)	10.744** (2.047)
alnpd	30.958* (1.951)	−15.358 (−0.678)	48.481 (0.928)
ris2	2.149 (0.151)	5.649 (0.589)	74.224 (1.544)
ris3	14.197 (1.570)	8.289 (1.359)	53.460* (1.806)
rlninn	−35.401*** (−6.385)	−17.345*** (−4.538)	−42.380*** (−2.634)
rlnict	1.489 (1.074)	−0.786 (−0.757)	3.844 (0.926)

续表

变量	（1） *ghqdi_energy*	（2） *ghqdi_environment*	（3） *ghqdi_carbon*
rindu	0.443 (1.444)	0.008 (0.033)	−0.773 (−0.845)
C	22.637 (0.793)	66.675** (2.084)	−119.684 (−1.165)
N	224	256	48
R^2	0.316	0.247	0.321
F	80.44	82.70	13.20

注：括号内标注的为 *t* 值。*$p<0.1$，**$p<0.05$，***$p<0.01$。

根据表2-6的回归结果，（1）列中区域产业分工的回归系数为4.270，对应的 *t* 值为3.010，通过了1%的显著性水平检验，表明区域产业分工程度的提升显著加剧了能源需求维度绿色可持续发展不平等。（2）列中区域产业分工的回归系数为3.517，对应的 *t* 值为4.626，通过了1%的显著性水平检验，表明区域产业分工程度的提升显著加剧了环境污染物排放维度绿色可持续发展不平等。（3）列中区域产业分工的回归系数为10.744，对应的 *t* 值为2.047，通过了5%的显著性水平检验，表明区域产业分工程度的提升显著加剧了碳排放维度绿色可持续发展不平等。

第四节　进一步分析

通过上一节的实证检验，本章发现区域产业分工会显著提升城市群绿色可持续发展不平等程度。同时，根据理论分析，其内在机制为区域产业分工对中心城市绿色可持续发展的影响大于外围城市，从而导致了绿色可持续发展不平等的加剧，所以本节将对区域产业分工与中心外围城市虚拟变量的交互项进行检验。

一 影响机制检验

区域产业分工对绿色可持续发展不平等程度影响的机制检验结果如表 2-7 所示，其中（1）列和（2）列为区域产业分工对能源需求维度绿色可持续发展不平等的检验结果，（3）列和（4）列为区域产业分工对环境污染物排放维度绿色可持续发展不平等的检验结果，（5）列和（6）列为区域产业分工对碳排放维度绿色可持续发展不平等的检验结果。根据表 2-7 的回归结果，（2）列中区域产业分工与中心外围城市虚拟变量的交互项回归系数为 0.020，对应的 t 值为 3.103，通过了 1% 的显著性水平检验，表明区域产业分工对中心城市能源需求维度绿色可持续发展的影响大于外围城市，从而提高了能源需求维度绿色可持续发展不平等程度。（4）列中区域产业分工与中心外围城市虚拟变量的交互项回归系数为 0.032，对应的 t 值为 6.444，通过了 1% 的显著性水平检验，表明区域产业分工对中心城市环境污染物排放维度绿色可持续发展的影响大于外围城市，从而提高了环境污染物排放维度绿色可持续发展不平等程度。（6）列中区域产业分工与中心外围城市虚拟变量的交互项回归系数为 0.012，对应的 t 值为 1.862，通过了 10% 的显著性水平检验，表明区域产业分工对中心城市碳排放维度绿色可持续发展的影响大于外围城市，从而提高了碳排放维度绿色可持续发展不平等程度。

表 2-7 区域产业分工对绿色可持续发展不平等程度影响的机制检验结果

变量	*ghqdi_energy*		*ghqdi_environment*		*ghqdi_carbon*	
Fixed effect	（1）	（2）	（3）	（4）	（5）	（6）
fus	0.012***	0.009***	0.018***	0.014***	0.006*	0.005
	（4.202）	（3.240）	（7.872）	（6.080）	（1.850）	（1.502）
cp	0.055***	0.019	0.144***	0.085***	0.015**	-0.007
	（7.398）	（1.441）	（23.678）	（7.704）	（1.968）	（-0.496）

续表

变量	ghqdi_energy		ghqdi_environment		ghqdi_carbon	
Fixed effect	(1)	(2)	(3)	(4)	(5)	(6)
fus×cp		0.020***		0.032***		0.012*
		(3.103)		(6.444)		(1.862)
alnpd	−0.068**	−0.068**	−0.185***	−0.184***	−0.069*	−0.069*
	(−2.007)	(−2.014)	(−6.589)	(−6.632)	(−1.926)	(−1.925)
ris2	0.081**	0.086**	0.428***	0.438***	0.269***	0.272***
	(2.052)	(2.176)	(12.560)	(12.963)	(7.094)	(7.187)
ris3	0.093**	0.094**	0.401***	0.403***	0.335***	0.333***
	(2.067)	(2.092)	(10.487)	(10.627)	(7.656)	(7.650)
gov	0.015***	0.014***	0.016***	0.014***	0.013**	0.012**
	(2.829)	(2.626)	(3.673)	(3.301)	(2.416)	(2.308)
rlninn	0.010***	0.011***	0.001	0.002*	0.004**	0.005**
	(6.801)	(7.056)	(1.153)	(1.663)	(2.123)	(2.437)
rlnict	0.011***	0.010***	0.011***	0.011***	0.014***	0.013***
	(13.153)	(13.177)	(16.058)	(16.201)	(3.411)	(3.171)
rindu	0.069***	0.049**	0.160***	0.125***	0.097***	0.080***
	(3.770)	(2.503)	(10.448)	(7.778)	(5.648)	(4.207)
Time effect	控制	控制	控制	控制	控制	控制
C	0.736***	0.738***	0.366***	0.366***	0.480***	0.478***
	(11.248)	(11.294)	(6.686)	(6.749)	(7.133)	(7.125)
N	1898	1898	2177	2177	411	411
LR	39.52***	41.21***	86.87***	99.39***	56.41***	56.02***

注：括号内标注的为 t 值；* $p<0.1$，** $p<0.05$，*** $p<0.01$；LR 检验表示 HLM 和 OLS 估计的比较。cp 表示中心外围城市虚拟变量，其中 $cp=1$ 为中心城市，$cp=0$ 为外围城市。

二　政府干预的调节效应分析

考虑到中心城市与外围城市的政府干预也会影响区域产业分工对城市群绿色可持续发展不平等程度的提升效果，所以本章进一步考察了政府干预的调节效应。政府干预调节效应的回归结果如表 2-8 所示，其中（1）列为能源需求维度的回归结果，（2）列为环境污染物排放维度的回归结果，（3）列为碳排放维度的回归结果。

表 2-8　政府干预调节效应的回归结果

变量	(1) ghqdi_energy	(2) ghqdi_environment	(3) ghqdi_carbon
fus	4.912* (1.782)	8.912*** (3.232)	15.702* (1.818)
agov	−2.088* (−1.850)	−2.288** (−2.027)	−7.403* (−1.871)
agov×fus	−1.226** (−2.102)	−1.426** (−2.444)	−4.338 (−1.309)
alnpd	13.136 (0.768)	13.136 (0.768)	22.533 (0.408)
ris2	−6.069 (−0.423)	−6.069 (−0.423)	56.352 (1.145)
ris3	14.012 (1.566)	14.012 (1.566)	53.172* (1.795)
rlninn	−32.973*** (−5.779)	−32.973*** (−5.779)	−37.867** (−2.256)
rlnict	0.747 (0.537)	0.747 (0.537)	3.328 (0.802)
rindu	0.280 (0.900)	0.280 (0.900)	−0.989 (−1.074)
C	53.389* (1.665)	53.389* (1.665)	−77.415 (−0.696)
N	224	256	48
R²	0.607	0.667	0.753
F	330.33	427.10	364.27

注：括号内标注的为 t 值；* $p<0.1$，** $p<0.05$，*** $p<0.01$；agov 表示政府干预程度。

　　根据表 2-8 的回归结果可知，（1）列中区域产业分工与政府干预的交互项回归系数为−1.226，对应的 t 值为−2.102，通过了 5%的显著性水平检验，表明政府干预程度的提升会减弱区域产业分工对能源需求维度绿色可持续发展不平等程度的提升效果。（2）列中区域产业分工与政府干预的交互项回归系数为-1.426，对应的 t 值为-2.444，通过了 5% 的显著性水平检验，表明政府干预程度的提升会减弱区域产业分工对环境污染物排放维度绿色可持续发展不平等程度的提升效果。（3）列中区域产业分工与政府干预的交互项回归系数为-4.338，对应的 t 值为-1.309，未通过显著性水平检验，表明政府干预程度的提升不会显著影响区域产业分工对碳排放维度绿色可持续发展不平等程度的提升效果。

根据以上实证检验结果，笔者发现政府干预能够显著遏制区域产业分工对能源需求维度和环境污染物排放维度绿色可持续发展不平等程度的正向影响，这意味着当政府拥有较为充足的预算时，更能够考虑与周边地区的协同发展，城市群内的城市更多的是合作共赢而非相互竞争。反之，对于政府预算不足的地区，中心城市与外围城市之间仍存在各类竞争，中心城市凭借其较高的行政级别能够获取更强的资源支配能力，从而会扩大与外围城市之间的差距。本章还发现，碳排放维度下，政府干预的调节效应不显著，一个可能的原因在于碳排放目前并未直接被纳入政府工作人员考核机制之内。而政府对能源需求和环境污染物排放指标更加关心，这导致其有动机在既定产出下控制本地的能源需求与环境污染物排放。

第五节　本章小结

本章使用中国十六大城市群 2003~2018 年的面板数据作为研究样本，实证检验了区域产业分工对区域绿色协调发展水平的影响，基准回归结果表明，不同维度下区域产业分工程度的提升会显著提升城市群绿色可持续发展的不平等程度。通过进一步分析，笔者发现区域产业分工程度的提升对中心城市绿色可持续发展的影响显著大于外围城市，这在一定程度上揭示了区域产业分工加剧城市群绿色可持续发展不平等的内在机制。随后，本章同时考察了政府干预的调节效应，实证结果表明，政府干预较强的城市群，区域产业分工对绿色可持续发展不平等程度的影响较弱。

参考文献

［1］ Yuli Shan, Dabo Guan and Jianghua Liu, et al., "Methodology and Applications of City Level CO_2 Emission Accounts in China", *Journal of Cleaner Production* 161（2017）.

［2］ Paolo Bertoldi, Rocco Mosconi, "Do Energy Efficiency Policies Save Energy? A New Approach Based on Energy Policy Indicators（in the EU Member States）", *Energy Policy* 139（2020）.

［3］ Yanfen Zou, Yuhai Lu and Yang Cheng, "The Impact of Polycentric Development on Regional Gap of Energy Efficiency: A Chinese Provincial Perspective", *Journal of Cleaner Production* 224（2019）.

［4］ Jincai Zhao, Guangxing Ji and Yanlin Yue, et al., "Spatio-Temporal Dynamics of Urban Residential CO_2 Emissions and Their Driving Forces in China Using the Integrated Two Nighttime Light Datasets", *Applied Energy* 235（2019）.

［5］ Matthew A. Cole, Robert James Elliott and Bowen Liu, "The Impact of the Wuhan Covid-19 Lockdown on Air Pollution and Health: A Machine Learning and Augmented Synthetic Control Approach", *Environmental and Resource Economics* 76（2020）.

［6］ Karen Fisher-Vanden, Gary H. Jefferson and Ma Jingkui, et al., "Technology Development and Energy Productivity in China", *Energy Economics* 28（2006）.

［7］ Hongli Zhao, Boqiang Lin, "Will Agglomeration Improve the Energy Efficiency in China's Textile Industry: Evidence and Policy Implications", *Applied Energy* 237（2019）.

［8］ Chen Qu, Jun Shao and Z. Jeffrey Shi, "Does Financial Agglomeration Promote the Increase of Energy Efficiency in China?", *Energy Policy* 146

（2020）．

[9] Gershon Feder，"On Exports and Economic Growth"，*Journal of Development Economics* 12（1983）．

[10] Anthony F. Shorrocks，"The Class of Additively Decomposable Inequality Measures"，*Econometrica* 48（1980）．

[11] Lei Chen，Linyu Xu and Zhifeng Yang，"Inequality of Industrial Carbon Emissions of the Urban Agglomeration and Its Peripheral Cities：A Case in the Pearl River Delta，China"，*Renewable and Sustainable Energy Reviews* 109（2019）．

[12] Gilles Duranton，Diego Puga，"From Sectoral to Functional Urban Specialisation"，*Journal of Urban Economics* 57（2005）．

[13] 王少平、欧阳志刚：《中国城乡收入差距对实际经济增长的阈值效应》，《中国社会科学》2008 年第 2 期。

第三章

能源效率与区域经济发展的互动关系

本章从经济转型的视角切入，利用 1995~2016 年的中国省级面板数据，建立了一个包含能源效率和区域经济发展水平的联立方程模型，探讨中国经济转型背景下能源效率与区域经济发展的互动关系。实证结果表明，以企业市场化和对外开放为代表的经济转型对能源效率提高和区域经济发展水平提升都起到了显著的推动作用。在高能效区和低能效区，能源效率与区域经济发展水平存在双向促进作用；而在中能效区，能源效率与区域经济发展水平却有着相互抑制的作用。这意味着在制定节能减排政策时要杜绝"一刀切"的硬性指标导向，在提高能源效率的同时也应考虑其对区域经济发展的冲击效应。

第一节　引言

改革开放以来，中国的经济发展取得了举世瞩目的成就，但部分学者认为中国经济高速发展的过程中出现了许多现有理论无法解释的现象，而能源消费与经济发展的"脱钩"现象就是其中之一。早期的国外学者认为，中国不可能在能源消费增速放缓的情况下实现高速的经济增长，即这种"脱钩"现象与经济增长的历史经验不符。针对这种质疑，史丹（2002）首次将能源效率的概念引入国内的能源经济学研究领域，她认为这种"脱钩"现象是由我国不断提升的能源利用效率导致的。事实上，能源效率的提升不仅能够增加能源带来的边际产出，也能够缓解经济快速发展带来的环境恶化问题。迄今已有大量学者对"如何提高能源效率"和"能源效率的影响有多大"两类问题进行研究，此类研究大多假设能源效率与技术进步一样外生于经济系统，而 Arrow（1962）提出的"干中学"（Learning By Doing）模型则认为技术进步并非外生于经济系统。邵帅等（2013）进一步将该模型应用在能源回弹效应测算的过程中，提出了能源效率内生于能源消费的观点。笔者认为，能源效率同样会内生于经济系统，能源效率可以通过技术进步效应促进区域经济发展，区域经济发展同样可以刺激能源消费，在"干中学"的过程中提升能源效率。

由此，本章提出了以下研究问题：我国能源效率与区域经济发展间是否存在互动激励效应？我国的改革开放是否会给能源效率和区域经济发展的互动激励效应带来外部影响？这些都是在经济转型和深化改革过程中亟须关注的问题。因此，笔者认为，探讨能源效率与区域经济发展二者的互动关系，在中国稳增长、调结构、促转型的时代背景下是具有深远的现实意义和政策指导价值的。

本章构建了一个区域经济发展水平与能源效率的"内生化"模型，并在该模型中考虑能源回弹效应；尝试使用联立方程模型对能源效率与区域经济发展的互动作用机制进行讨论，由于简单按地理位置（或经济发展水平）将全国划分为东部、中部、西部三大地区，进而进行回归的传统做法得到的结果较差，本章按照能源效率高低将全国划分为高能效区、中能效区、低能效区三大区域进行计量建模研究，较好地改善了模型的拟合效果。本章通过变换联立方程的估计方法和制度变量对实证结果展开稳健性检验，以保证结果的可靠性。另外，本章在实证中还对重庆的历史数据进行了深度挖掘，计算了重庆和四川 1952 年以来的资本存量，避免了由于重庆历史数据缺失而进行近似估计可能导致的误差。本章的内容安排如下：第一节是引言，第二节是文献综述，第三节是模型与数据，第四节是实证结果分析，第五节是稳健性检验，第六节是结论和建议。

第二节　文献综述

工业化的快速发展使我国生态环境面临严峻的挑战，其中能源消耗产生的污染物被列为"罪魁祸首"。如何使用更少的能源实现更多的产出成为人们关注的重点，这就是能源效率在广泛意义上的概念。但是关于能源效率的具体定义，学术界尚未达成共识。史丹（2002）指出，能源效率包含能源技术进步效率和能源经济效率两部分。廖华和魏一鸣（2010）总结了 7 种能源效率测度方法，分别是能源宏观效率、能源实物效率、能源物理效率、能源要素利用效率、能源要素配置效率、能源价值效率和能源经济效率。Allcott 和 Greenstone（2012）的研究也认为能源效率可以从生产效率（技术进步效率）和消费效率（经济效率）的角度进行测度和分析。现有关于能源效率的测算研究大多集中在能源技术进步效率的测算上。国内学者使用 SFA 或者数据包络分析（DEA）方法对能源技术进步效率进行测算，事实上，这种全要素生产率的测算并不能很好地反映能源技术进步对产出的边际贡献，因为其测算出来的效率实际上包含了其他要素的边际贡献。此外，现有研究大多使用基于投入—产出法的生产函数对能源技术进步效率进行测算，通过这种方式测算出来的能源技术进步效率显然无法作为能源效率的代理变量进行实证分析。所以，本章将使用能源实物效率来衡量能源技术进步效率。考虑到指标数据的可获得性和代表性，本章将选取单位发电煤耗作为能源效率的代理变量，并以此衡量能源技术的进步程度。

目前，除了能源效率的测算研究，对中国能源效率的研究聚焦两类问题，一类是能源效率的区域差异性和影响因素分析，另一类是能源效率对经济与环境系统的影响研究。

对于第一类问题中的能源效率区域差异性分析，现有文献主要是使用收敛分析的方法，例如，师博和张良悦（2008）运用经典的收敛回归模型分析中国的区域能源效率差异问题，研究发现，中部的能源效率向东部水平收敛，具有 β 收敛的特征，而西部能源效率则呈现发散的状态。因此，研究认为西部需要进一步推进市场化进程，减少政府对市场的干预以提高能源效率。冯蕾（2009）运用规模收益不变模型（CRS）测算了 2005~2007 年我国各省份的能源效率，但是并未发现样本期间各省份能源效率有收敛迹象。李国璋和霍宗杰（2009）运用 Tobit 模型讨论了产业结构、国有经济比重、对外开放程度等 7 个因素对能源效率的影响，并指出全国和东部、中部地区的能源效率呈现稳定的收敛趋势。对于第一类问题中能源效率影响因素的分析，史丹（2002）认为影响能源效率的主要因素有产业结构、对外开放和经济体制改革。Fisher-Vanden 等（2006）通过对中国 2500 家中等规模以上的高能耗企业能源效率的研究，发现能源价格、产业结构、研发支出和企业类型对微观层面的能源效率产生重要影响。Fan 等（2007）指出中国的市场化进程对能源效率的提高有明显的促进作用。魏楚和沈满洪（2008）基于 DEA 方法测算了各地区能源效率，指出第三产业比重、政府财政支出比重和进出口占比对能源效率会产生不同程度的影响。

对于第二类问题，尽管近年来关于能源效率的研究吸引了大量学者的关注，但现有研究普遍把能源效率作为因变量，较少有文献讨论能源效率对宏观经济和环境的影响。事实上，邵帅等（2013）的研究指出能源效率是影响能源消费的重要因素，而大量研究表明能源消费能够显著影响经济发展。如 Hannesson（2002）研究了 1950~1997 年世界各国能源消费与经济增长之间的关系，结果表明，第一次石油危机以后，经济增长与能源消费之间的相关性逐渐减弱，而 1986 年以后，二者的相关性又逐渐增强。

此外，从技术进步的角度来看，能源效率的提升属于技术进步的结果，能够在一定程度上促进经济发展。所以，能源效率的提升不仅是经济发展的结果，也能够在一定程度上为经济发展提供动力。可以看出，现有的大量研究是在能源效率外生的基础上开展的，即认为能源效率提升与否不取决于宏观经济环境的好坏。但事实上大量学者的研究已经表明，经济增长会对能源消费产生显著的影响。能源消费会在一定程度上受到经济发展的影响，Markandya 等（2006）根据经典经济收敛模型，研究了欧盟扩张以后各成员国能源禀赋的差异对其经济的影响，结果表明，随着经济发展，欧盟新老成员国之间的能源效率会趋于收敛。国内文献的主要研究思路与国外类似，随着国家提出要建立资源节约型、环境友好型社会，国内对能源效率与经济增长或者经济发展水平关系的研究也越来越受到重视。史丹（2002）指出，经济发展水平和经济结构、价格水平等一些其他因素共同影响能源的经济效率。齐绍洲等（2009）使用滞后调整的面板数据模型进行实证分析，认为随着不同地区人均 GDP 差异的收敛，各地区的能源效率差异也会收敛，但是其收敛的速度会慢于人均 GDP 差异的收敛速度。曾胜和黄登仕（2009）建立了一个包含能源消费的经济增长模型，通过实证分析得出了能源消费对经济增长的贡献程度，由此运用 DEA 方法测算了中国历年的能源效率，并将其细分为纯技术效率和纯规模效率。何小钢和张耀辉（2012）从成本角度研究中国经济转型时期的特征与增长动力，重点考察了能源要素在低碳增长转型中的作用，其研究使用了刻画企业所有制结构变动和对外开放的变量，结论指出中国的行业发展表现出了明显的转型特征。

在研究能源效率与区域经济发展的关系时，能源回弹效应（Rebound Effect）是不能忽略的一个话题。能源回弹效应指的是能源效率的提高能够通过降低能源销售价格下降，从而增加能源消费量（Berkhout 等，2000）。现有的关于能源回弹效应的研究主要集中在两个方面，一是对能源回弹效应的作用机制的研究，二是对能源回弹效应的测算研究。事实上，能源回弹效应不仅会影响节能减排的效果，也会对经济发展水平产生一定的影响。现有研究普遍认为能源消费与经济发展存在相互依赖的关系，而在能源回弹效应作用下，能源效率的提升显然会引起能源消费的变动，从而对经济发展水平产生影响。

具体到中国的实际情况，在研究能源效率与区域经济发展的互动影响机制时，必须考虑中国的改革开放进程。对外开放已经被证实对中国的区域经济发展和能源效率提升有着重要的推动作用。史丹等（2011）认为影响能源效率的主要因素有产业结构、对外开放和经济体制改革。在市场经济条件下，市场机制的调节作用不仅可以促进企业关注成本、收益和技术创新问题，避免内部的各种浪费，从而促进企业内部能源利用效率的提高，而且有助于打破资源在不同地区和产业间流动的壁垒，降低政府干预产生的无效性，促进资源流动和资源合理配置，从整体上提高能源利用效率，因而市场化程度的提升将会提高能源效率。在对外开放对能源效率的影响方面，史丹等（2011）认为对外开放有助于能源效率的提高，商品和生产要素的国际流动可以调节国内资源要素禀赋状况和供求关系，影响国内生产和贸易结构，同时，代表先进技术和管理经验的国外资本以外商直接投资的形式进行投资，会对国内企业产生技术溢出效应，从而提高能源利用效率。

综上所述，在能源效率与区域经济发展关系的研究上，现有文献多集中于单向的影响机制研究，很少涉及能源效率与区域经济发展互动影响机制的讨论。首先，对于这样一个较为复杂的经济系统而言，使用单一方程模型进行描述是不全面的。其次，现有文献在研究能源效率与区域经济发展的关系时，较少考虑能源效率提升导致的能源回弹效应。本章认为能源回弹效应不仅会影响节能减排的效果，而且会对经济发展产生影响，所以在研究能源效率与区域经济发展的关系时，应考虑能源回弹效应的存在。最后，现有文献在研究我国能源效率与区域经济发展的关系时，并未考虑对外开放进程的外部效应，而对外开放是影响我国经济发展的重要因素之一。笔者认为，将衡量我国对外开放的制度变量纳入能源效率对区域经济发展的影响是非常必要的。所以，在现有研究基础上，本章将构建一个考虑能源回弹效应的能源效率与经济发展互动影响的理论框架，并在该理论框架中引入对外开放变量，构建联立方程模型进行实证分析。

第三节　模型与数据

一　能源效率与区域经济发展的互动影响机制

鉴于现有文献未考虑能源效率的内生性问题以及能源回弹效应对经济发展的影响，本章将构建一个能源效率与区域经济发展的联立方程模型，并在模型中考虑能源回弹效应的存在。在能源效率外生的假设下，Saunders（2008）使用 8 种生产函数形式研究能源效率对能源消费的影响，并在此基础上测算能源回弹效应。邵帅等（2013）进一步放宽能源效率外生的假设，基于内生增长模型构建了一个能源回弹效应的内生化模型。但是其研究聚焦我国能源回弹效应的测算，并未进一步分析能源效率和能源回弹效应对区域经济发展的影响。此外，现有理论模型并未考虑能源使用量的内生性，而现有研究表明，能源消费会促进经济发展，经济发展水平也会对能源消费产生影响，即二者存在双向因果关系。所以，本章进一步放宽假设，认为能源消费内生于经济发展水平，并构建相应的理论模型。虽然 Saunders（2008）的研究表明不同类型的能源回弹效应可以使用不同的生产函数形式进行测算，但 C-D 生产函数仍然是使用最为广泛的生产函数形式，大部分对能源回弹效应和能源效率的研究基于这种基础的生产函数形式。本章也将沿用现有理论框架中设定的 C-D 生产函数形式进一步探索能源效率与区域经济发展的互动影响机制，具体模型如下：

$$Y = aK^{\alpha}L^{\beta}(\tau E)^{1-\alpha-\beta} \tag{1}$$

式（1）中，Y、K、L 和 E 分别表示产出（区域经济发展）、资本存量、劳动供给（劳动力）和能源消费；τ 表示能源技术进步，即能源效率，α、β 和 $1-\alpha-\beta$ 分别表示资本、劳动和能源的产出弹性；a 表示生产效率参数。根据新古典经济增长模型的观点，如果不存在外生的技术创新，那么资本积累带来的边际收益将会递减，从而使产出增长会在长期停止。学界普遍认为技术创新能够在一定程度上抵消资本积累带来的边际收益递减，但是部分学者认为技术创新并非完全外生，Arrow（1962）将技术创新看作资本积累的副产品，构建了内生经济增长模型。这种将技术创新内生化的方式同样适用于能源投入，邵帅等（2013）在此基础上认为能源效率和能源消费存在如下关系：

$$\tau = GE^{\gamma} \tag{2}$$

式（2）中，τ 表示能源技术进步，即能源效率；E 表示能源消费，即能源的投入使用量；G 表示能效提高的效率参数。式（2）反映了能源使用过程中的"干中学"思想，即随着能源使用量逐渐增加，能源生产部门会通过增加研发投入等方式提高能源效率。根据上述模型，能源效率内生于能源消费 E。但事实上，能源消费 E 也并不是完全外生的，研究表明能源消费量与经济发展间存在双向的因果关系（曾胜和黄登仕，2009）。此外，由于能源回弹效应的存在，能源效率也会对能源消费产生影响。本章将分别论述一次能源和二次能源对能源消费的影响。一次能源指的是在自然界现成存在的能源，例如煤炭、天然气等，它们在社会中的流动方式是"自然→生产商→各级消费者"，自然是供给方，而各大生产商是最直接的消费者。因此，能源效率的提高对供给方的供给函数并不产生影响，而对于作为消费者的生产商，能源效率的提高意味着生产过程中实际需要的能源减少，需求曲线左移，二者均衡点会变化，能源的市场价格和消费量都会降低。能源回弹效应示例如图 3-1 所示。能源价格的降低可能导致消费者产生额外的能源需求，需求曲线右移，二者均衡点移动，前后两次移动的距离 D1 可理解为预期节能量的减少，即能源回弹效应。

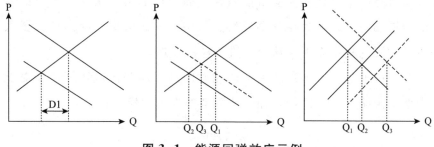

图 3-1 能源回弹效应示例

注：横轴为能源消费量，纵轴为能源价格，Q1、Q2 和 Q3 代表不同经济约束下能源供给与需求平衡是均衡点的能源消费量。

由图 3-1 可知，能源回弹效应可存在 5 种情形：第一，Q3-Q2>Q1-Q2，即逆反效应，实际节能量为负，表示能源效率的提高反而增加了能源消费；第二，Q3-Q2＝Q1-Q2，即完全回弹，实际节能量为0，表示能源效率的提高对能源消费无影响；第三，0<Q3-Q2<Q1-Q2，实际节能量小于预期节能量，表示能源效率的提高降低了能源消费，但由于能源回弹效应的存在，只实现了部分节能效果；第四，Q3-Q2＝0，即零回弹，实际节能量等于预期节能量，表示预期节能效果完全实现；第五，Q3-Q2<0，即超级节能，预期节能量小于实际节能量，节能任务超额完成，这是能源效率提高的最理想结果。

二次能源是指由一次能源直接或间接转换成其他种类和形式的能量资源，例如电力、蒸汽、煤气等，它们在社会中的流动方式是"生产商→各级消费者"，此时，供给方为能源生产商，需求方则是各级消费者。因此，能源效率的提高并不直接影响消费者的需求函数，但会使生产商的成本降低，导致供给曲线右移和均衡点移动。这表明在等量一次能源消耗的情况下，生产商能提供更多的二次能源。且由于能源回弹效应的存在，能源成本和价格降低，生产商和消费者会在心理上产生额外的能源生产需求和消费需求，供给曲线和需求曲线右移，能源消费进一步增加。曲线的第一次移动导致的能源消费增加，是指在一次能源消费量不变的情况下，可消耗的二次能源增加，即能源转化过程中能源损耗的降低，若社会需求量不变，此时的实际二次能源消费降低，呈现积极的节能效果。而曲线的第二次移动导致的能源消费增加，可理解为在社会发展过程中，能源效率的提高扩大了人们对于能源的根本需求，从而促进了经济发展。

基于以上分析，本章认为考虑能源回弹效应和区域经济发展对能源消费的影响后，可以构建如下能源消费内生化模型：

$$E = c\tau^{\eta}Y^{\rho} \tag{3}$$

式（3）中，E 和 Y 分别表示能源消费和区域经济发展；τ 表示能源技术进步，即能源效率；η 表示能源回弹效应的参数；ρ 表示区域经济发展对能源消费的影响参数。

由于本章的研究聚焦能源效率与区域经济发展水平的互动关系，可以参考邵帅等（2013）的做法，将式（3）代入式（1）和式（2）中，从而得到以下模型：

$$Y = C_1 K^{\frac{\alpha}{1-\rho(1-\alpha-\beta)}} L^{\frac{\beta}{1-\rho(1-\alpha-\beta)}} \tau^{\frac{\eta(1-\alpha-\beta)}{1-\rho(1-\alpha-\beta)}} \tag{4}$$

$$\tau = C_2 Y^{\frac{\gamma\rho}{1-\eta\gamma}} \tag{5}$$

从上述模型可以看出，能源效率与区域经济发展水平存在互动影响的关系，其中，参数 $\dfrac{\eta(1-\alpha-\beta)}{1-\rho(1-\alpha-\beta)}$ 反映了能源效率对区域经济发展水平的影响程度，参数 $\dfrac{\gamma\rho}{1-\eta\gamma}$ 反映了区域经济发展水平对能源效率的影响程度。C_1 和 C_2 为效率参数，其中 $C_1 = c^{\frac{1-\alpha-\beta}{1-\rho(1-\alpha-\beta)}} a^{\frac{1}{1-\rho(1-\alpha-\beta)}}$，$C_2 = (cG)^{\frac{1}{1-\eta\gamma}}$。

在影响能源效率的其他控制变量的选择上，本章引入了产业结构变量。本章使用第二产业比重作为产业结构的代理变量，原因在于第二产业是经济发展中的主要高耗能产业，对能源效率的提升会有很大的抑制作用。本章并未控制技术进步和能源价格这两个因素，主要是出于以下原因。首先，国内外极少有关于技术进步对能源效率影响的相关理论分析和实证研究。究其原因，主要是能源回弹效应的存在，Khazzoom（1980）认为，"技术进步因提高能源效率而节约了能源，但技术进步又因促进经济的快速增长而对能源产生新的需求，这部分地抵消了所节约的能源"。能源回弹效应的存在使衡量技术进步对能源效率、能源消费和经济增长的比值的影响变得复杂了。其次，技术进步有狭义和广义之分，狭义的技术进步仅指科技创新；广义的技术进步除了包括科技创新，还包括管理创新、制度创新等"软技术"进步。近年来国内学者对能源回弹效应、技术进步和能源效率的研究有一些进展（潘雄锋等，2017），但是仍有两个主要问题未能解决。其一，理论机制的讨论仍然欠缺，并缺乏较为一致的结论；其二，研究方法基本上以工业行业的 Malmquist 生产率分解方法为主，测算得到的各生产率指数是相对值，容易因定义、全要素生产率测算方法等不同而有较大差异。最后，传统的影响因素研究文献大多以研发经费投入或者专利授权数量来衡量技术进步，未考虑经济发展水平的提高本身引致的研发经费投入或者专利授权数量的自然增加。

根据前文的机制讨论与分析，鉴于联立方程模型适用于研究经济变量间的联立依存关系，符合本章的研究需要，所以本章建立了一个能源效率与区域经济发展水平的基准联立方程模型，具体模型如下：

$$\ln EF_{i,t} = \alpha_0 + \alpha_1 \ln Y_{i,t} + \alpha_2 IS_{i,t} + \mu_{i,t} \qquad (6)$$

$$\ln Y_{i,t} = \beta_0 + \beta_1 \ln EF_{i,t} + \beta_2 \ln K_{i,t} + \beta_3 \ln L_{i,t} + \varepsilon_{i,t} \qquad (7)$$

其中，下标 i，t 表示第 i 个省份第 t 年的相应变量，$\ln EF_{i,t}$ 和 $\ln Y_{i,t}$ 代表能源效率与经济发展水平，$IS_{i,t}$ 表示产业结构，$\ln K_{i,t}$ 和 $\ln L_{i,t}$ 表示资本存量和劳动力水平，α 和 β 表示回归的截距项，$\mu_{i,t}$ 和 $\varepsilon_{i,t}$ 表示回归的误差项。

此外，本章还考虑了对外开放对能源效率和区域经济发展水平的影响。从对外开放的内涵来看，一方面，笔者认为中国的改革开放在一定程度上推动了企业创新和技术进步；另一方面，区域间的技术进步较难找到合适的指标作为代理变量。所以，本章并未选取技术进步作为控制变量。能源价格作为调节能源供需的重要因素，影响不同能源的需求量以及各种能源要素的使用比例，但是中国的能源价格大多处于被管制状态，并未真正放开，在调节市场供需方面并未起到很好的杠杆作用，所以，本章未将能源价格作为影响能源效率的控制变量。

在对外开放对经济增长或区域经济发展水平的影响方面，制度经济学认为资本积累和技术进步都是经济增长本身，而不是经济增长的原因，经济增长的真正原因是市场化，完整的经济增长理论应当将制度变量引入经济增长模型。徐现祥和李郇（2005）的实证研究结论都支持对外开放在经济增长过程中的重要作用，对外开放在解释中国经济增长规律上具有重要的理论价值和现实意义。基于以上分析，本章考虑在基准模型内纳入对外开放程度，并从外商直接投资和对外直接投资两个角度进行衡量，具体情况将在变量处理部分给出详细说明。

$$\ln EF_{i,t} = \alpha_0 + \alpha_1 \ln Y_{i,t} + \alpha_2 IS_{i,t} + \alpha_3 FDI_{i,t}/OFDI_{i,t} +$$
$$\alpha_4 FDI_{i,t}/OFDI_{i,t} \times \ln Y_{i,t} + \mu_{i,t} \tag{8}$$
$$\ln Y_{i,t} = \beta_0 + \beta_1 \ln EF_{i,t} + \beta_2 FDI_{i,t}/OFDI_{i,t} + \beta_3 FDI_{i,t}/OFDI_{i,t} \times \ln EF_{i,t}$$
$$+ \beta_4 \ln K_{i,t} + \beta_5 \ln L_{i,t} + \varepsilon_{i,t} \tag{9}$$

其中，下标 i、t 表示第 i 个省份第 t 年的相应变量，α 和 β 表示回归的截距项，$\mu_{i,t}$ 和 $\varepsilon_{i,t}$ 表示回归的误差项。FDI 表示外商直接投资开放程度，$OFDI$ 表示对外直接投资开放程度，IS 表示产业结构（第二产业比重），Y 表示用各地区 GDP 衡量的区域经济发展水平，K 表示资本存量，L 表示劳动力。按照经济增长模型中相关变量的传统处理方法，本章对 Y、K、L 进行自然对数处理。

在估计方法的选择上，根据现有研究，面板数据联立方程模型采用的估计方法主要有两阶段最小二乘法（2SLS）和三阶段最小二乘法（3SLS）（靳云汇和金赛男等，2011），这两种方法都需要设置工具变量，设置的原则是将方程中的所有先决变量（包括外生变量和内生滞后变量）都设置成工具变量，常数项也默认为工具变量。本章采用的是3SLS，原因在于3SLS在2SLS的基础上在第三阶段使用了广义最小二乘法（FGLS）对方程进行估计，且 3SLS 是一种系统估计方法，在回归过程中考虑了方程的联立性，提高了估计结果的可靠性。

二　数据来源及处理

区域经济发展水平：用地区实际 GDP（单位：亿元）来衡量。为消除物价因素的影响，本章以 1990 年为基期，根据 GDP 指数计算得到各地区 1995~2016 年的实际 GDP，数据来源于历年的《中国统计年鉴》。

能源效率：用各地区发电标准煤耗来衡量。数据来源于历年的《中国电力年鉴》。标准煤耗越高，表示能源效率越低，反之则表示能源效率越高。

外商直接投资开放程度和对外直接投资开放程度：对外开放为中国经济发展的重要组成部分，大量学者将其纳入中国经济转型过程，使用定量指标来测算全国和分地区的对外开放程度。其中，最具代表性的是樊纲指数，樊纲指数的优势是其用于刻画经济转型的指标体系最为全面，不足之处在于部分调查指标未能逐年更新，并且指数样本期（1997~2009 年）较短，不能完全满足本章的研究需要，不过，这并不妨碍笔者将樊纲指数作为实证结果稳健性检验的替代变量。本章以樊纲指数为基础，借鉴汪锋等（2006）的研究思路，选择外商直接投资占经济总量的比重作为制度变量对能源效率和区域经济发展的外部效应进行研究。除了外商直接投资，对外直接投资在中国的对外开放进程中也扮演着越来越重要的角色，所以本章也采用对外直接投资占经济总量的比重来衡量中国的对外开放程度。这种处理方式的优势在于所有数据均来自年鉴和文献数据，指标构成相对精练，样本期能够涵盖 1978 年改革开放以来的整个转型进程。

此外，笔者在研究中还对原有的数据做了修订和完善，对于重庆早期缺失的部分数据，按照《重庆统计历史资料（1949-1996）》公布的数据进行了补充。对补充完善后的各分指标重新进行标准化评分和主成分分析，最终得到 1978～2016 年各地区对外开放程度的数据，根据研究需要，本章选取了 1995～2016 年的数据。基础数据来源于《新中国六十年统计资料汇编》、历年《中国统计年鉴》以及各地区统计年鉴、Wind 资讯等。

产业结构：本章采用第二产业产值占三次产业产值总和的比重（单位:%）来表示。数据来源于历年的《中国统计年鉴》。

资本存量：目前学术界大都采用永续盘存法计算资本存量（K），但在折旧率和投资价格指数的确定上仍然存在争议。现有文献多直接使用张军等（2004）或单豪杰（2008）的估算结果。本章采用单豪杰（2008）的方法对各地区的资本存量进行补充。笔者在研究中发现，现有研究在对中国省际物质资本存量进行估算时，都未对重庆和四川的资本存量进行单独测算，这也是目前很多文献计算资本存量时普遍存在的问题。随着改革的进一步深化，将重庆并入四川计算这一简化处理方式已经不能满足当前区域经济增长或区域经济发展水平研究的需要，本章基于对重庆经济数据资料的深入分析，对两者进行了补充计算，具体说明如下。

首先，重庆和四川固定资本形成总额（I）的确定，关键在于得到重庆 1952 年至重庆成为直辖市附近年份的固定资本形成总额，现有的文献大多采用估算的方法，准确性不高。通过数据分析，我们发现《中国国内生产总值核算历史资料 1952-2004》公布了"老四川"（含重庆在内）的固定资本形成总额数据，而《新中国六十年统计资料汇编》中公布了"新四川"（不含重庆）的固定资本形成总额，通过两者的差值可以得到重庆 1952～1995 年的固定资本形成总额。1995 年以后重庆和四川固定资本形成总额在历年《重庆统计年鉴》和《四川统计年鉴》中已公布。这样就得到了重庆和四川 1952～2014 年完整的投资序列数据。另外，1953～1957 年重庆和四川的投资平均增长率来源于《中国国内生产总值核算历史资料 1995-2004》，因此，以 1952 年为基期的资本存量就可以通过式（10）计算得到：

$$K_{1952} = I_{1953} / (10.96\% + 1953 \sim 1957 \text{年的投资平均增长率}) \tag{10}$$

其次，关于投资价格指数，1994 年以前重庆的投资价格指数，本章采用"老四川"的固定资本形成价格指数来替代；1994 年以后重庆的投资价格指数，本章采用历年统计年鉴和 Wind 资讯公布的固定资产投资价格指数来替代。这样，就可以通过各年份的投资价格指数计算出以 1952 年为基期的投资价格平减指数（P）。

最后，折旧率（δ）仍然采用单豪杰（2008）文中的固定折旧率（10.96%），这样，就可以通过式（11）对重庆和四川的历年资本存量进行单独测算。

$$K_{it} = I_{it} / P_{it} + (1 - \delta) K_{i, t-1} \tag{11}$$

其中，K_{it} 表示地区 i 在第 t 年的资本存量，$K_{i,t-1}$ 表示地区 i 在第 $t-1$ 年的资本存量，I_{it} 表示固定资产投资，P_{it} 表示资产折旧系数。

劳动力：采用各地区每年底的就业人数（单位：万人）来表示。数据来源于各地区的历年统计年鉴。个别缺失的数据采用插值法补全。鉴于西藏能源消费数据的缺失，本章以中国内陆除西藏以外的 30 个省（自治区、直辖市）为研究对象。变量的描述性统计分析如表 3-1 所示。

表 3-1　变量的描述性统计分析

变量名称	样本数（个）	平均值	标准差	最小值	最大值
能源效率（lnEF）	660	5.830	0.123	5.328	6.219
区域经济发展水平（ln$Y$）	660	7.828	1.112	4.563	10.275
外商直接投资开放程度（FDI）	660	56.134	14.202	16.907	80.641
对外直接投资开放程度（$OFDI$）	413	0.315	0.658	0.000	6.652
产业结构（IS）	660	45.885	7.733	19.262	61.500
资本存量（ln$K$）	660	7.829	1.341	4.244	10.687
劳动力（ln$L$）	660	7.505	0.833	5.421	8.821

资料来源：《中国统计年鉴》（2004~2019 年）。

第四节　实证结果分析

一　联立性检验

在对联立方程进行估计之前，需要判断联立方程的识别性，这是参数估计的前提，不被识别的模型是不能进行参数估计的。根据联立方程的秩条件和阶条件，可以判断基准模型中两个方程均是可识别的。此外，还需要对方程进行联立性检验。检验的方法为豪斯曼误差检验方法，其本质就是检验一个内生解释变量是否与误差项相关。若它们之间是相关的，则存在联立性。本章的具体做法是，以基准联立方程模型式（6）的被解释变量 $\ln EF$ 对所有外生变量进行简单回归，得到残差 ε，然后用式（7）的被解释变量对 $\ln EF$、$\ln K$、$\ln L$ 和 ε 进行简单回归（见表3-2）。从表3-2的回归结果可以看出，在基准联立方程模型、外商直接投资开放程度的调节效应模型和对外直接投资开放程度的调节效应模型中，残差项 ε 的系数均显著不为0，表明 $\ln Y$ 与 ε 相关，方程存在联立性，所以上述三个模型均存在联立性，可以使用联立方程模型进行估计。

表 3-2　方程联立性检验

单位：个

变量	基准模型		FDI		OFDI	
	OLS	OLS	OLS	OLS	OLS	OLS
	$\ln EF$	$\ln Y$	$\ln EF$	$\ln Y$	$\ln EF$	$\ln Y$
$\ln Y$	-0.072^{***} (-19.75)		-0.081^{***} (-16.73)		-0.050^{***} (-10.63)	
IS	0.003^{***} (5.97)		0.003^{***} (5.94)		0.003^{***} (5.72)	

续表

变量	基准模型		FDI		OFDI	
	OLS	OLS	OLS	OLS	OLS	OLS
	$\ln EF$	$\ln Y$	$\ln EF$	$\ln Y$	$\ln EF$	$\ln Y$
ε		7.735***		5.719***		3.962***
		(23.17)		(18.76)		(7.25)
$\ln EF$		-8.206***		-6.566***		-4.994***
		(-28.23)		(-23.98)		(-10.32)
FDI/OFDI			-0.072***	0.093	-0.270***	-3.979***
			(-3.65)	(0.25)	(-4.04)	(-3.86)
$\ln Y \times FDI/OFDI$			0.008***		0.026***	
			(3.56)		(3.41)	
$\ln EF \times FDI/OFDI$				-0.008		0.680***
				(-0.13)		(3.70)
$\ln K$		0.236***		0.241***		0.308***
		(17.57)		(18.76)		(16.57)
$\ln L$		0.315***		0.452***		0.604***
		(15.18)		(22.92)		(21.30)
C	6.248***	51.458*	6.330***	40.760***	6.047***	29.963***
	(205.71)	(27.66)	(160.45)	(23.47)	(137.79)	(10.12)
样本数	660	660	660	660	413	413
RMSE	0.0972	0.2509	0.0963	0.2432	0.0805	0.2982
R^2	0.3713	0.9491	0.3823	0.9521	0.3829	0.9066
F 统计量	195.58	3070.59	102.96	2185.71	64.90	667.69
Prob（F-statics）	0.000	0.000	0.000	0.000	0.000	0.000

注：括号内标注的为 t 值；*** $p<0.01$。

二　实证检验结果

本章对基准回归模型的联立方程进行 3SLS 估计（见表 3-3）。

表 3-3 基准回归分析

变量	(1) 3SLS		(2) 3SLS		(3) 3SLS		(4) 3SLS	
	$\ln EF$	$\ln Y$	$\ln EF$	$\ln Y$	$\ln EF$	$\ln Y$	$\ln EF$	$\ln Y$
$\ln Y$	-0.066*** (-16.89)		-0.062*** (-14.82)		-0.063*** (-14.91)		-0.034*** (-6.79)	
IS	0.003*** (5.35)		0.003*** (5.29)		0.003*** (5.26)		0.003*** (6.07)	
$\ln EF$		1.743* (1.72)		-1.170*** (-2.83)		-1.211*** (-2.99)		0.699 (1.50)
FDI					0.007** (2.04)	0.041*** (4.28)		
$OFDI$							-0.042*** (-6.16)	0.124*** (4.10)
$\ln K$		0.585*** (7.79)		0.397*** (12.95)		0.380*** (12.18)		0.328*** (12.94)
$\ln L$		0.650*** (13.50)		0.643*** (26.17)		0.660*** (26.46)		0.717*** (29.74)
C	6.215*** (198.20)	-11.785* (-1.91)	6.161*** (175.12)	6.957*** (2.78)	6.136*** (168.70)	7.074*** (2.90)	5.885*** (128.15)	-3.672 (-1.32)
中能效区			0.040*** (3.68)		0.063*** (4.13)		0.020 (1.75)	
低能效区			0.032*** (3.11)		0.057*** (3.62)		0.020 (1.79)	
中部				-0.302*** (-9.85)		-0.203*** (-5.29)		-0.405*** (-11.72)
西部				-0.433*** (-13.75)		-0.333*** (-7.99)		-0.587*** (-16.17)
N	660	660	660	660	660	660	413	413
Parms	2	3	4	5	5	6	5	4
RMSE	0.097	0.483	0.096	0.296	0.096	0.291	0.081	0.292
R^2	0.371	0.811	0.382	0.929	0.386	0.932	0.374	0.911

续表

变量	(1)		(2)		(3)		(4)	
	3SLS		3SLS		3SLS		3SLS	
	lnEF	ln$Y$	lnEF	ln$Y$	lnEF	ln$Y$	lnEF	ln$Y$
Chi2	286.100	3280.730	326.130	8496.610	329.590	8848.880	221.430	4879.700
Prob(Chi2)	0.000	0.000	0.000	0.000	0.000	0.000	0.000	0.000

注：括号内标准的为 t 值；* $p<0.1$，** $p<0.05$，*** $p<0.01$。

从联立方程组（1）和联立方程组（2）的回归结果来看，经济发展对发电标准煤耗（g/kW·h）的影响系数分别为-0.066和-0.062，都在1%的水平上显著为负，表明经济发展能够显著降低发电标准煤耗，从而提升能源效率。从发电标准煤耗对经济发展的影响来看，联立方程组（1）结果表明，其系数在10%水平上显著为正，这与能源效率提升为经济发展提供动力的基本预期不符。考虑到该结果是在未控制区域异质性的情况下得到的，本章进一步在联立方程组（2）的两个方程中控制区域异质性，结果表明发电标准煤耗对经济发展的影响系数为-1.170，在1%的水平上显著为负，即发电标准煤耗的降低能够显著推动经济发展。需要注意的是，为了更加有效地控制联立方程组两个方程中的区域异质性，本章在能源效率方程中使用高、中、低能效区控制区域异质性，在经济发展方程中使用东部、中部、西部虚拟变量控制区域异质性。传统的区域划分方法始于1986年第六届全国人民代表大会第四次会议的"七五"计划，划分依据地理位置和经济发展水平。这种划分方式能够较好地控制经济发展方程中的区域异质性，但是并不能较好地控制能源效率方程中的区域异质性，因为能源效率的地区差异与经济发展程度的地区差异并不是完全一致的。基于本章的研究目的，本章采用了李方一和刘卫东（2014）在讨论能源强度与区域经济发展时的区域划分方法，这样做的理由是，这种划分方法考虑了能源在生产、消费和利用方面的区域特征，在研究能源效率和能源经济政策时具有一定的优势。为了研究方便，本章对文中能源效率相近的区域进行了合并处理，具体做法是：将"都市消费型"和"轻型出口型"合并为"高能效区"，包括北京、上海、天津、广东、浙江、江苏、福建7个省份，这类地区的特征是经济较为发达，能源效率相对较高；将"重型出口型"和"低能耗型"合并为"中能效区"，包括辽宁、山东、河南、云南、安徽、广西、江西、海南8个省份，这类地区的特征是人均能源消耗少，能源效率处于中等水平；将"能源基地型"和"中等能耗型"合并为"低能效区"，包括宁夏、青海、山西、贵州、新疆、内蒙古、甘肃、河北、黑龙江、吉林、重庆、湖北、湖南、四川、陕西15个省份，这类地区大多是能源产地和能源输出省份，能源效率相对较低。在本章的研究中，该划分方法确实较传统东部、中部、西部的划分方法改进了模型的估计结果。为了进一步说明本章划分方法的有效性，本章将在异质性检验部分同时报告东部、中部、西部地区和高、中、低能效区的结果。

由于联立方程组（2）在控制区域异质性后得到了更加可靠的结果，本章将分别在纳入外商直接投资开放程度和对外直接投资开放程度的联立方程组（3）和联立方程组（4）中使用同样方式控制区域异质性。从联立方程组（3）的回归结果来看，外商直接投资开放程度对发电标准煤耗的影响系数为0.007，在5%的水平上显著，即外商直接投资开放程度阻碍了能源效率的提升。同时，从联立方程组（4）的回归结果来看，对外直接投资开放程度对发电标准煤耗的影响系数为−0.042，在1%的水平上显著为负，表明对外直接投资开放程度的提升促进了能源效率的提升。笔者认为这种结果的产生与中国近年来特别是金融危机以后的国际投资和贸易环境有关。实证结果显示，外商直接投资开放程度和对外直接投资开放程度对经济发展的影响系数分别为0.041和0.124，都在1%的水平上显著为正，表明上述两个方面的对外开放促进了我国的经济发展。

上述分析表明，能源效率与区域经济发展水平互相促进的影响关系显著存在，且外商直接投资和对外直接投资两个方面的对外开放都能够直接影响能源效率，但作为在中国经济发展中扮演重要角色的改革开放，其对能源效率和区域经济发展的影响渠道需要进一步探究，本章在此基础上，使用调节效应模型考察上述两个方面的对外开放程度如何调节能源效率对区域经济发展的影响。在对衡量调节效应的交互项进行检验时，部分文献仅构造一个包含低次项（解释变量和调节变量）和高次项（交互项）的模型进行回归，通过判断低次项和高次项的显著性，来确定调节效应是否存在。事实上，在只包含低次项的回归模型中加入高次项会改变低次项的显著性。由于加入高次项的基本前提是高次项包含的低次项会显著影响被解释变量，所以需要对高次项中包含的低次项进行回归分析，来判断其系数是否显著，再加入高次项并只观察高次项对被解释变量回归系数的显著性即可。根据以上步骤，从表 3-3 的（2）列来看交互项中的能源效率（$\ln EF$）和区域经济发展水平（$\ln Y$）均通过了 1% 的显著性水平检验，为了进一步通过交互项检验调节效应的存在，需要先考察对外直接投资开放程度和外商直接投资开放程度如何影响能源效率和区域经济发展水平，再加入交互项并观察交互项的显著性和符号（见表 3-4）。

表 3-4　对外开放程度的调节效应研究

变量	FDI				OFDI			
	3SLS		3SLS		3SLS		3SLS	
	$\ln EF$	$\ln Y$	$\ln EF$	$\ln Y$	$\ln EF$	$\ln Y$	$\ln EF$	$\ln Y$
$\ln Y$			-0.088***				-0.053***	
			(-15.5)				(-9.47)	
$\ln EF$				-0.073***				-0.236***
				(-4.63)				(-10.19)
FDI/ OFDI	0.007**	0.038***	-0.103***	4.042***	-0.048***	0.092***	-0.188***	-2.693***
	(2.09)	(3.88)	(-2.71)	(5.06)	(-6.57)	(4.29)	(-4.31)	(-4.98)
$\ln Y \times FDI/$ OFDI			0.119***				0.163***	
			(3.11)				(3.70)	

变量	FDI				OFDI			
	3SLS		3SLS		3SLS		3SLS	
	lnEF	ln$Y$	lnEF	ln$Y$	lnEF	ln$Y$	lnEF	ln$Y$
lnEF×FDI/ OFDI			-3.959*** (-4.97)					2.695*** (5.00)
Control	YES	YES	YES	YES	YES	YES	YES	YES
C	6.126*** (170.34)	-0.401*** (-3.11)	5.643*** (217.00)	-0.001 (-0.01)	5.626*** (190.84)	0.735*** (5.46)	5.627*** (205.12)	0.748*** (5.81)
N	660	660	660	660	413	413	413	413
Parms	5	5	6	7	4	5	6	7
RMSE	0.096	0.331	0.095	0.307	0.087	0.267	0.079	0.238
R^2	0.386	0.911	0.399	0.923	0.269	0.925	0.399	0.941
Chi2	341.500	7002.960	429.380	7967.990	158.230	5459.150	276.310	6544.200
Prob(Chi2)	0.0000	0.0000	0.000	0.000	0.000	0.000	0.000	0.000

注：括号内标注的为 t 值；** $p<0.05$，*** $p<0.01$。

由表 3-4 可知，当仅加入对外直接投资开放程度和外商直接投资开放程度时，外商直接投资开放程度在能源效率方程中的系数为 0.007，通过了 5% 的显著性水平检验；其在区域经济发展水平方程中的系数为 0.038，通过了 1% 的显著性水平检验。这意味着外商直接投资开放程度的提升会显著地提升发电标准煤耗，即降低能源效率，但会促进区域经济发展水平的提升。对外直接投资开放程度在能源效率方程中的系数为 -0.048，通过了 1% 的显著性水平检验；其在区域经济发展水平方程中的系数为 0.092，通过了 1% 的显著性水平检验。这意味着对外直接投资开放程度的提升会显著地降低发电标准煤耗，即提升能源效率，同时也会促进区域经济发展水平的提升。可以看出模型中所有的低次项均通过了 1% 的显著性水平检验，可以进一步加入交互项，检验调节效应的存在。表 3-4 的回归结果表明，外商直接投资开放程度与能源效率的交互项系数为 -3.959，外商直接投资开放程度与区域经济发展水平的交互项系数为 0.119，均通过了 1% 的显著性水平检验，即外商直接投资开放程度的提升会显著改善能源效率对区域经济发展水平的激励效应，同时会抑制区域经济发展水平对能源效率的激励效应。[①] 而对外直接投资开放程度与能源效率的交互项系数为 2.695，对外直接投资开放程度与区域经济发展水平的交互项系数为 0.163，均通过了 1% 的显著性水平检验，即对外直接投资开放程度的提升会显著抑制能源效率对区域经济发展水平的激励效应，同时会抑制区域经济发展水平对能源效率的激励效应。

三 分地区回归结果分析

根据前文的实证检验结果，我国地区间的能源效率与区域经济发展水平之间存在互动激励关系，且以对外直接投资和外商直接投资衡量的对外开放程度能够对能源效率与区域经济发展水平的互动关系产生外部效应。但由于我国地区间的能源使用情况、经济发展水平存在较大差异，应进一步对不同类型的地区样本进行再检验，以分析能源效率与区域经济发展水平的互动关系以及对外开放程度的外部效应在不同地区的差异。无论从东部、中部、西部地区还是从高、中、低能效区来看，区域经济发展水平与能源效率的互动激励都存在显著的异质性。从东部、中部、西部地区的划分来看，东部和西部地区存在显著的能源效率对经济发展的单向激励；中部地区经济发展对能源效率有促进作用，能源效率对经济发展的影响显著为负。从高、中、低能效区的划分来看，区域经济发展水平与能源效率的互动激励在高能效区和中能效区都显著存在，而低能效区的结果与中部地区类似（见表3-5）。

[①] 由于本章使用各地区发电标准煤耗来衡量能源效率，$\ln EF$ 的数值越高，则代表能源效率越低，所以外商直接投资开放程度与能源效率的交互项系数为负，反而表明外商直接投资开放程度的提升改善了能源效率对区域经济发展水平的激励效应。

表 3-5　区域经济发展水平与能源效率互动影响的异质性分析

分组	变量	$\ln Y$	$\ln EF$	Control	C	R^2
东部地区	$\ln EF$	-0.066^{***} (-12.40)		Yes	5.916^{***} (99.32)	0.536
	$\ln Y$		-0.154 (-0.21)	Yes	-0.146 (-0.76)	0.908
中部地区	$\ln EF$	-0.112^{***} (-11.87)		Yes	6.523^{***} (71.50)	0.536
	$\ln Y$		9.172^{**} (2.07)	Yes	-0.446 (-1.39)	-0.707
西部地区	$\ln EF$	-0.053^{***} (-8.09)		Yes	6.490^{***} (135.73)	0.404
	$\ln Y$		-1.697 (-1.42)	Yes	-0.213 (-1.54)	0.888
高能效区	$\ln EF$	-0.060^{***} (-9.86)		Yes	6.016^{***} (156.20)	0.599
	$\ln Y$		-1.821^{***} (-5.12)	Yes	-0.486^{**} (-2.51)	0.941
中能效区	$\ln EF$	-0.122^{***} (-8.25)		Yes	6.698^{***} (88.05)	0.428
	$\ln Y$		-46.385^{***} (-6.73)	Yes	-59.098^{**} (-2.13)	0.245
低能效区	$\ln EF$	-0.060^{***} (-11.41)		Yes	6.633^{***} (104.28)	0.359
	$\ln Y$		170.459^{***} (2.92)	Yes	9.924 (1.33)	0.398

注：括号内标注的为 t 值；$^{***}p<0.01$，$^{**}p<0.05$。

对外开放调节效应的异质性分析如表 3-6 所示。由表 3-6 可知，外商直接投资开放程度与区域经济发展水平的交互项在高能效区和中能效区的系数分别为 0.212 和 0.743，均通过了 1% 的显著性水平检验；外商直接投资开放程度与能源效率的交互项在高能效区和中能效区的系数分别为 -3.944 和 -29.622，也都通过了 1% 的显著性水平检验。而外商直接投资开放程度与区域经济发展水平和能源效率的交互项在低能效区的系数均未通过 10% 的显著性水平检验。这表明外商直接投资开放程度的提升会显著减弱高能效区和中能效区经济发展对能源效率的激励效应，但是会显著增强节高能效区和中能效区能源效率对经济发展的激励效应。

表 3-6 对外开放调节效应的异质性分析

分组	变量	$\ln Y \times FDI$	$\ln EF \times FDI$	Control	C	R^2
高能效区 FDI	$\ln EF$	0.212*** (3.90)		Yes	5.427*** (189.19)	0.655
	$\ln Y$		−3.944*** (−4.17)	Yes	−0.021 (−0.11)	0.955
中能效区 FDI	$\ln EF$	0.743*** (5.25)		Yes	5.514*** (112.9)	0.509
	$\ln Y$		−29.622*** (−11.95)	Yes	−0.067 (−0.32)	0.930
低能效区 FDI	$\ln EF$	0.009 (0.03)		Yes	6.105*** (113.47)	0.374
	$\ln Y$		−2.302 (−0.57)	Yes	−0.274* (−1.83)	0.945
分组	变量	$\ln Y \times OFDI$	$\ln EF \times OFDI$	Control	C	R^2
高能效区 OFDI	$\ln EF$	−0.101*** (−2.77)		Yes	5.425*** (268.38)	0.608
	$\ln Y$		2.129*** (7.15)	Yes	0.879*** (3.62)	0.918
中能效区 OFDI	$\ln EF$	−0.040*** (−2.75)		Yes	5.564*** (89.79)	0.337
	$\ln Y$		22.264*** (3.31)	Yes	0.830** (2.27)	0.872
低能效区 OFDI	$\ln EF$	−0.298* (−1.94)		Yes	5.851*** (114.2)	0.294
	$\ln Y$		2.420 (0.60)	Yes	−0.640*** (−3.55)	0.932

注：括号内标准的为 t 值；* $p<0.1$，** $p<0.05$，*** $p<0.01$。

对外直接投资开放程度与区域经济发展水平的交互项在高能效区和中能效区的系数分别为 -0.101 和 -0.040，均通过了 1% 的显著性水平检验；对外直接投资开放程度与能源效率的交互项在高能效区和中能效区的系数分别为 2.129 和 22.264，也都通过了 1% 的显著性水平检验。外商直接投资开放程度与能源效率的交互项在低能效区的系数未通过 10% 的显著性水平检验；对外直接投资开放程度与区域经济发展水平的交互项在低能效区的系数为 -0.298，通过了 10% 的显著性水平检验。这表明对外直接投资开放程度的提升会显著增强高、中、低能效区经济发展对能源效率的激励效应，但是会显著减弱高能效区和中能效区能源效率对经济发展的激励效应。

第五节　稳健性检验

为了验证实证检验结果的可靠性，本章对模型的估计结果进行了稳健性检验（见表 3-7）。首先，本章选用樊纲指数中的近似对应指标替代前文使用的对外开放指标进行稳健性检验。具体做法是：选用樊纲指数的第四个方面指数中的 4b1 分指标（引进外资的程度）替代对外开放指标，这样做的理由是该方面指数与本章中使用的外商直接投资开放程度具有相近的内涵，数据来源于《中国市场化指数——各地区市场化相对进程 2011 年报告》。其次，本章同时考虑使用进出口贸易额占 GDP 比重（IE）来衡量对外开放程度。

表 3-7　基于樊纲指数和贸易开放程度的稳健性检验

变量	引进外资的程度		引进外资的程度		IE		IE	
	3SLS		GMM		3SLS		GMM	
	$\ln EF$	$\ln Y$	$\ln EF$	$\ln Y$	$\ln EF$	$\ln Y$	$\ln EF$	$\ln Y$
$\ln Y$	-0.037*** (-7.71)		-0.052*** (-10.80)		-0.084*** (-15.53)		-0.054*** (-12.74)	0.014*** (3.28)

续表

变量	引进外资的程度		引进外资的程度		IE		IE	
	3SLS		GMM		3SLS		GMM	
	$\ln EF$	$\ln Y$	$\ln EF$	$\ln Y$	$\ln EF$	$\ln Y$	$\ln EF$	$\ln Y$
$\ln EF$		−3.614*** (−5.97)		−0.018 (−1.16)		−0.040*** (−2.51)		
$Open/IE$	−0.005*** (−2.90)	0.365*** (24.26)	−0.006*** (−2.99)	8.303*** (10.40)	−0.060** (−2.35)	7.150*** (8.95)	−0.279*** (8.96)	10.125*** (34.02)
$\ln Y \times Open/IE$				−8.181*** (−10.30)	0.067** (2.50)		0.210*** (6.90)	
$\ln EF \times Open/IE$						−7.119*** (−8.96)		−10.189*** (−34.43)
Control	Yes	Yes	Yes	Yes	Yes	Yes	Yes	Yes
C	6.152*** (168.96)	20.968*** (5.76)	6.173*** (169.75)	−0.081 (−0.61)	5.664*** (220.44)	−0.101 (−0.79)	5.597*** (396.62)	−0.669*** (−15.00)
N	390	390	390	390	660	660	660	660
Parms	5	6	5	7	7	6	7	6
RMSE	0.091	0.335	0.089	0.291	0.096	0.299	0.098	0.302
R^2	0.309	0.901	0.326	0.925	0.391	0.928	0.345	0.942
Chi2	212.010	6100.33	249.190	6688.56	420.91	8461.61	405.81	7542.61
Prob(Chi2)	0.000	0.000	0.000	0.000	0.000	0.000	0.000	0.000

注：括号内数值为 t 值；** $p<0.05$，*** $p<0.01$。

　　由于本章的调节效应模型中指数采用百分制计分，而樊纲指数采用十分制计分，为了直观地进行比较，本章将樊纲指数分指标调整为百分制计分。通过使用樊纲指数引进外资的程度指标进行再检验，笔者发现与同时期外商直接投资占比得到的结果相比，樊纲指数对能源效率和区域经济发展水平的影响系数值与外商直接投资开放程度的结果处于同一数量级，这可能与两种指数的构造有关，系数显著性一致，检验结果没有影响到本章的基本结论。

第六节　结论和建议

本章利用 1995～2016 年中国内陆除西藏外的 30 个省（自治区、直辖市）的面板数据，研究了改革开放大背景下能源效率与区域经济发展的互动关系，我们的研究结果表明：随着中国改革的进一步深化，制度因素在能源效率提升和区域经济发展方面起到了很好的促进作用，从全国范围来看，能源效率和区域经济发展之间存在系统的相互促进作用。

不同于以往的文献，我们更加关注经济体制市场化转型的不同方面对能源效率提升和区域经济发展起到的作用及其传导机制，而不是使用单个指标衡量的制度因素来讨论其对能源效率的影响。因此，本章构建了一个包含制度因素的能源效率与区域经济发展互动影响的联立方程模型，并引入区域经济发展与能源效率的交互项来检验经济转型的调节效应，通过实证结果可以看出：制度因素在能源效率的提升和区域经济发展方面都起到了显著的推动作用，经济转型作为制度变量，对能源效率与区域经济发展的关系有显著的调节效应。从全国范围来看，中国的区域经济发展和能源效率存在良性的互动作用，区域经济发展能够促进能源效率的提高，能源效率的提升也能促进区域经济发展。分区域来看，东部地区和西部地区存在显著的能源效率对经济发展的单向激励；中部地区经济发展对能源效率有促进作用，但能源效率对经济发展的影响显著为负。从高能、中能、低能效区的划分来看，区域经济发展水平与能源效率的互动激励在高能效区和中能效区都显著存在，而低能效区的结果与中部地区类似。

基于上述实证结果，本章认为由于区域间异质性的存在，在制定节能减排政策的时候，需要考虑不同区域间能源效率与区域经济发展水平的互动关系，对于高能效区和中能效区，要考虑能源效率提升给区域经济发展带来的促进作用；而在低能效区，就需要考虑能源效率提升是否损害了当地的产业结构和支柱行业，能源效率的提升是否会给区域经济发展带来一定的"抵减"效应。根据以上论述，本书给出如下政策建议。

一是适应党和国家事业发展新要求，落实党的十八大提出的全面深化改革开放的战略任务。进一步加强非国有经济的发展，提高对外开放的程度，加快构建高水平社会主义市场经济体制，加快建设高标准市场体系，从体制上改变原有的经济运行模式，更多地发挥市场的决定性作用。

二是在总的方针政策上，稳步推动产业结构升级，提高清洁能源的使用比重，努力提高能源效率，但也需要考虑这个过程给经济带来的冲击，尤其是低能效区，制定节能减排政策不宜操之过急，需因地制宜，考虑当地的产业结构和经济发展水平。

参考文献

[1] Kenneth J. Arrow, "The Economic Implications of Learning by Doing", *The Review of Economic Studies* 29 (1962).

[2] Hunt Allcott, Michael Greenstone, "Is There an Energy Efficiency Gap?" *Journal of Economic Perspectives* 26 (2012).

[3] Karen Fisher-Vanden, Gary H. Jefferson and Ma Jingkui, et al., "Technology Development and Energy Productivity in China", *Energy Economics* 28 (2006).

[4] Ying Fan, Hua Liao and Yi-Ming Wei, "Can Market Oriented Economy Reforms Contribute to Energy Efficiency Improvement? Evidence from China", *Energy Policy* 35 (2007).

[5] Rögnvaldur Hannesson, "Energy Use and GDP Growth, 1950–97", *OPEC Review* 26 (2002).

[6] Anil Markandya, Suzette Pedroso-Galinato and D. Štreimikienė, "Energy Intensity in Transition Economies: Is There Convergence towards the EU Aver-

age?" *Energy Economics* 28（2006）.

［7］Peter H. G. Berkhout，Jos C. Muskens and Jan W. Velthuijsen，"Defining the Rebound Effect"，*Energy Policy* 28（2000）.

［8］Harry D. Saunders，"Fuel Conserving（and Using）Production Functions"，*Energy Economics* 30（2008）.

［9］J. Daniel Khazzoom，"Economic Implications of Mandated Efficiency in Standards for Household Appliances"，*The Energy Journal* 1（1980）.

［10］史丹等：《中国能源利用效率问题研究》，经济管理出版社，2011。

［11］史丹：《我国经济增长过程中能源利用效率的改进》，《经济研究》2002年第9期。

［12］邵帅、杨莉莉、黄涛：《能源回弹效应的理论模型与中国经验》，《经济研究》2013年第2期。

［13］廖华、魏一鸣：《世界能源消费的差异性与不平衡性及其变化研究》，《中国软科学》2010年第10期。

［14］师博、张良悦：《我国区域能源效率收敛性分析》，《当代财经》2008年第2期。

［15］冯蕾：《2005-2007年我国省际能源效率研究——基于DEA方法非意愿变量CRS模型的测度》，《统计研究》2009年第11期。

［16］李国璋、霍宗杰：《中国全要素能源效率、收敛性及其影响因素——基于1995-2006年省际面板数据的实证分析》，《经济评论》2009年第6期。

［17］魏楚、沈满洪：《结构调整能否改善能源效率：基于中国省级数据的研究》，《世界经济》2008年第11期。

［18］齐绍洲、云波、李锴：《中国经济增长与能源消费强度差异的收敛性及机理分析》，《经济研究》2009年第4期。

［19］曾胜、黄登仕：《中国能源消费、经济增长与能源效率——基于1980~2007年的实证分析》，《数量经济技术经济研究》2009年第8期。

［20］何小钢、张耀辉：《技术进步、节能减排与发展方式转型——基于中国工业36个行业的实证考察》，《数量经济技术经济研究》2012年第3期。

［21］潘雄锋、彭晓雪、李斌：《市场扭曲、技术进步与能源效率：基于省际异

质性的政策选择》，《世界经济》2017 年第 1 期。

［22］徐现祥、李郇：《中国省区经济差距的内生制度根源》，《经济学》（季刊）2005 年第 S1 期。

［23］靳云汇、金赛男等编著《高级计量经济学（下册）》，北京大学出版社，2011。

［24］汪锋、张宗益、康继军：《企业市场化、对外开放与中国经济增长条件收敛》，《世界经济》2006 年第 6 期。

［25］张军、吴桂英、张吉鹏：《中国省际物质资本存量估算：1952—2000》，《经济研究》2004 年第 10 期。

［26］单豪杰：《中国资本存量 K 的再估算：1952～2006 年》，《数量经济技术经济研究》2008 年第 10 期。

［27］李方一、刘卫东：《"十二五"能源强度指标对我国区域经济发展的影响》，《中国软科学》2014 年第 2 期。

［28］樊纲、王小鲁、朱恒鹏：《中国市场化指数——各地区市场化相对进程2011 年报告》，经济科学出版社，2011。

| 第四章 |

环境规制的空气污染治理效应

　　使用清洁能源是否能够减少空气污染是学者们争论的焦点，但目前还没有一致的结论。本章旨在探讨中国的"煤改气"① 政策对空气污染的净效应。本章利用 2003～2016 年的地级市数据，采用 PSM-DID 方法来估计该政策的净影响。此外，本章还考察了"煤改气"政策的动态效应及其对空气污染的影响机制。结果表明：第一，"煤改气"政策对工业二氧化硫（SO_2）、工业烟尘和空气质量指数（AQI）的平均减排效果分别为 31.3%、36.0% 和 33.1%。在消除 PM2.5 对周边地区的扩散干扰后，该政策对 PM2.5 浓度的降低效果为 7%。第二，"煤改气"政策在 2012 年和 2013 年，即政策实施后的第二年和第三年影响对降低空气污染物排放显著。随后，该政策对空气污染的减排效果开始减弱。第三，"煤改气"政策导致第三产业比重上升，工业化程度下降。第三产业的发展和工业化程度的降低也导致了空气污染的减少，因此"煤改气"政策可以通过产业结构升级效应和去工业化效应减少空气污染。稳健性检验结果支持上述结论。在此基础上，本章提出了中国减少空气污染的切实可行的政策，这些政策也适用于其他资源稀缺、空气污染严重的发展中国家。

---

　　① "煤改气"即将煤炭转化为天然气和电力，指的是用清洁能源替代煤炭消费的过程。

第一节　引言

随着经济的发展，人们逐渐重视居住环境。近年来，日益严重的室外空气污染引起了公众舆论和政府的关注。空气污染会诱发呼吸系统疾病、肺部疾病、心脏病，并提高死亡率（Deflorio-Barker 等，2020）。通过有效措施减少空气污染是政策制定者关注的重点，也是 PM2.5 年均浓度高于世界卫生组织目标（$10\mu g/m^3$）的国家的关注重点。2019 年，中国的 PM2.5 年均浓度为 $39.110\mu g/m^3$，居全球第 11 位（Yu 等，2023）。因此，中国仍然是世界上空气污染最严重的国家之一。中国的 PM2.5 年均浓度不仅高于大多数发达国家，如美国（$9.01\mu g/m^3$）、英国（$16.6\mu g/m^3$）和日本（$11.36\mu g/m^3$），也高于一些发展中国家，如巴西（$15.77\mu g/m^3$）、马来西亚（$19.36\mu g/m^3$）和俄罗斯（$9.85\mu g/m^3$）（IQAir，2020）。面对空气污染带来的健康威胁，探索切实可行的方法来改善中国等高污染国家的空气质量是全球学者关注的焦点。

研究表明，煤炭燃烧是导致空气污染的关键因素之一（Zhang 等，2020）。一些国家和地区试图利用清洁能源替代煤炭，即利用能源转型来减少空气污染。然而，学界对能源转型对空气污染的影响尚未达成共识。有观点认为，能源转型可以显著减少工业二氧化硫和氮氧化物排放（Scott 和 Scarrott，2011）。"煤改气"政策使 PM2.5 浓度下降了 8.8%，二氧化硫排放下降了 42.2%，二氧化碳排放下降了 10.5%。相反的观点认为，能源转型并没有改善空气质量。"煤改气"政策使氮氧化物浓度提高了 51.8%（Zhao 等，2020）。Lin 和 Zhu（2021）认为，能源转型政策对 PM2.5 的减排效果并不明显。可见，对能源转型政策带来的空气污染净效应的研究存在空白。对政策效果的不可靠评估无法指导进一步的政策制定。为了填补这一空白，本书研究利用准自然实验，即 2010 年中国实施的"煤改气"政策，通过 PSM-DID 方法探讨其对空气污染的净影响。此外，现有研究缺乏对 PM2.5 区域扩散的考虑，这可能导致估计结果不可靠。因此，本章进一步将空间滞后模型（SLM）和双重差分法（DID）相结合，重新估计"煤改气"政策对 PM2.5 的影响。作为 PSM-DID 方法的扩展分析，SLM-DID 方法通过在模型中加入空间滞后项来减少 PM2.5 的扩散干扰。

中国以煤炭为基础的能源结构降低了生产成本，导致了严峻的环境挑战（Zhang 等，2020），其中最引人注目的是京津冀城市群的严重空气污染。为缓解空气污染，政府鼓励企业和个人使用清洁能源（天然气和电力）替代煤炭，即"煤改气"政策。2010 年，我国有 7 座城市实施了"煤改气"政策，包括北京、天津、石家庄、济南、青岛、太原和大同。该政策的措施主要针对工业企业，包括整治燃煤小锅炉、推进集中供暖和生产设备改造。生产设备改造是指对发电、供热、冶炼等企业的燃煤锅炉进行改造和削减。该政策主要通过财政补贴的方式推进，即政府为企业分担部分成本，这表明在没有政策的情况下，企业没有动力实施"煤改气"。尚未实施"煤改气"政策的城市，不会考虑积极推进"煤改气"。因此，本章中处理组（实施政策的城市）和控制组的识别相对清晰，在一定程度上保证了研究的可靠性。该政策为分析能源转型对空气污染的影响提供了一个准自然实验。

本章利用 274 个城市的面板数据，分析"煤改气"政策对城市空气污染的影响。本章研究有以下贡献：首先，现有文献大多直接比较政策实施前后的空气污染状况。这种方法无法充分识别政策对空气污染的净影响。本章研究倾向通过得分匹配（PSM）将处理组与相应的控制组样本进行匹配，然后使用 DID 估计"煤改气"政策的净效应。其次，很少有文献评估"煤改气"政策是否能带来空气污染的持续减少。本章将"煤改气"政策对空气污染的持续减排效应定义为动态效应。如果"煤改气"政策实施后每年的减排效果呈增强趋势，则表明"煤改气"政策能够为空气污染减排提供持续动力。否则表明该政策对空气污染的减排效果不具有可持续性。本章通过构建每年政策实施的虚拟变量和虚拟变量之间的交互项来衡量动态效应。最后，很少有文献讨论"煤改气"政策减少城市空气污染的渠道。"煤改气"政策影响空气污染的内部机制值得进一步研究。本章考察了"煤改气"政策减少空气污染的四个渠道，即环境治理、投资、产业结构升级和去工业化。

本章揭示了"煤改气"政策对空气污染的净效应、动态效应和内部机制，这对于制定环境政策至关重要。本章研究结果表明，政府在使用能源转型政策时应谨慎，因为该政策对空气污染的减排效果有限。

第二节　文献综述与研究假设

空气污染是指在人类或自然活动过程中，某些物质进入大气并达到绝对浓度而危害人类健康的现象。衡量空气污染最常用的污染物指标有 PM2.5、SO_2、氮氧化物、烟尘和臭氧等（Brunekreef 和 Holgate，2002）。近年来，许多学者对影响空气污染的因素进行了分析。空气污染的主要来源是工业生产、人类生活和交通。我们可以通过改善上述因素来缓解空气污染，越来越多的国家正在为此而努力，探索减少空气污染的有效途径。

有一个关键因素被很多发展中国家政府忽视，那就是能源转型。对从非清洁能源（煤炭和石油等）转向相对清洁的能源（天然气和电力等）能否减少空气污染目前还没有一致的结论。一些关于能源转型减少空气污染的研究主要产生于发达国家，如美国和新西兰（Scott 和 Scarrott，2011）。此外，中国的冬季清洁取暖试点项目被认为可减少农村地区的空气污染。对于东欧和中欧等其他碳密集型地区，Sapkota 等（2013）指出减少煤炭等固体燃料的使用是减少空气污染的重要手

段。然而，也有研究认为能源转型政策无法有效减少空气污染。Zhao
等（2020）利用气象数据分析了"煤改气"政策对京津冀城市群空气
污染的影响。他们发现，"煤改气"政策仅降低了某些月份的污染物
浓度。

考虑到目前的实际能源结构，中国不可能依靠企业和个人自发进
行"煤改气"，因此，"煤改气"主要通过前期财政补贴、银行低息贷
款、企业减税等措施来实现。这些措施可以弥补企业或个人因能源转
型而增加的成本。通过使用天然气和电力等清洁能源，城市空气污染
将得到有效遏制。因此，我们可以得出研究假设 1。

H1："煤改气"政策将显著减少城市空气污染。

在政策评估中，仅评估政策实施年份的效果可能会导致错误的估
计。中国的环境治理政策，如"煤改气"政策，是一项自上而下的政
策。"自上而下"的政策是指由中央政府负责制定和评估，由地方政
府实施的政策，政策实施的动力在于中央政府对地方政府的绩效考
核。中央政府对地方政府工作人员的考核期约为 4 年，这意味着地方
政府倾向于选择短期有效的措施，最有效的短期措施是直接补贴企
业。然而，以补贴为主的"煤改气"政策并不具有可持续性，因为政
府不会永久地为企业提供能源转型成本补贴。随着政策补贴的减少，
无力承担能源转型成本的企业和个人将退出"煤改气"，使"煤改气"
政策的空气污染减排长期效果减弱，现有研究也证明了这一观点。因
此，我们提出假设 2。

**H2："煤改气"政策对空气污染的短期减排效果强于长期减排
效果。**

"煤改气"政策在通过能源替代的直接效应减少空气污染的同时，
还可以通过其他间接机制减少空气污染。在"煤改气"政策实施过程
中，地方政府将加强区域环境治理、加大清洁能源投资，这意味着
"煤改气"政策可以通过环境治理效应和投资效应减少空气污染。此
外，"煤改气"政策的实施将间接带动一些高污染制造业的转型，这

意味着"煤改气"政策还将通过产业结构升级效应和去工业化效应减少空气污染。因此，我们提出假设3。

H3："煤改气"政策将通过环境治理效应、投资效应、产业结构升级效应和去工业化效应来减少空气污染。

第三节　模型、方法与数据

一　计量模型构建

为了检验假设1，本章构建了以下模型来估计"煤改气"政策对空气污染的净效应：

$$Air_{it} = \beta_0 + \beta_1 du_{it} + \beta_2 dt_{it} + \beta_3 du_{it} \times dt_{it} + \sum \beta_x \times Control_{it} + \varepsilon_{it} \qquad (1)$$

其中，Air_{it} 表示空气污染，i 和 t 分别表示城市 i 和第 t 年，du 表示分组虚拟变量，dt 表示政策实施虚拟变量，交互项 $du_{it} \times dt_{it}$ 表示"煤改气"政策是否已经实施，$Control_{it}$ 表示控制变量，ε_{it} 表示随机扰动项。

本章将"煤改气"政策对空气污染的持续减排效应定义为动态效应。第二节中的假设2中国"煤改气"政策对空气污染的短期减排效应果强于长期减排效果，意味着上述动态效应随时间的推移而减弱或不显著。为了评估"煤改气"政策是否能够导致空气污染持续减少，即"煤改气"政策对空气污染的动态影响，本章通过在政策实施虚拟变量和各年虚拟变量之间加入交互项，构建了如下实证模型：

$$Air_{it} = \beta_0 + \beta_1 du_{it} + \beta_2 dt_{it} + \sum \beta_k du_{it} \times dt_{it}^{k} + \sum \beta_x \times Control_{it} + \varepsilon_{it} \qquad (2)$$

其中，交互项 $du_{it} \times dt_{it}^{k}$ 表示城市实施"煤改气"政策后第 k 年的虚拟变量。例如，北京市于2010年起实施"煤改气"政策，则2011

年和其他年份的 $du_{it} \times dt_{it}^k$ 分别等于 1 和 0。β_k 表示 "煤改气" 政策实施后第 k 年对空气污染的净效应。$Control_{it}$ 表示控制变量。ε_{it} 表示随机扰动项。为了检验假设 3，即估计 "煤改气" 政策是否通过影响了其他控制变量进而影响空气污染，我们构建了以下模型：

$$Control_{it} = \beta_0 + \beta_1 du_{it} + \beta_2 dt_{it} + \beta_3 du_{it} \times dt_{it} + \varepsilon_{it} \tag{3}$$

其中，$Control_{it}$ 表示式（1）中的控制变量，i 和 t 表示城市 i 和第 t 年，du 表示分组虚拟变量，dt 表示政策实施虚拟变量，$du_{it} \times dt_{it}$ 表示 "煤改气" 政策是否已经实施，ε_{it} 表示随机扰动项。

二 变量选取

（一）因变量

空气污染是本章的因变量。本章采用 PM2.5 浓度（$\mu g/m^3$）来反映空气污染状况，该指标被广泛应用于空气污染相关研究（Lin 和 Zhu，2021；Zhao 等，2020）。中国空气质量在线检测分析平台（https://www.aqistudy.cn/）仅报告了 2013 年之前的 PM2.5 数据。2003~2016 年地级市 PM2.5 面板数据[①]来源于中国研究数据服务平台（CNRDS）中的中国环境数据库（CEDS）。考虑到数据的可获得性，本章还对另外两种常见污染物，即工业二氧化硫和工业烟尘进行比较分析。工业二氧化硫是指企业在燃料燃烧和生产过程中向大气排放的二氧化硫量。工业烟尘是指企业厂区在燃料燃烧和生产过程中排放到大气中的含污染物的粉尘，包括各种金属、非金属细颗粒物和二氧化硫、氮氧化物、碳氢化合物等有害气体，粉尘颗粒直径小于 0.19mm。上述两项指标均来源于中国环境监测总站。PM10、一氧化碳（CO）、二氧化氮（NO_2）、臭氧（O_3）等也被一些研究用来衡量空气污染，但中国空气质量在线检测分析平台仅报告了 2013 年以后上述指标的

[①] 该数据是利用哥伦比亚大学社会经济数据和应用中心发布的基于卫星监测的全球 PM2.5 浓度平均值网格数据计算得出的。

年度面板数据，因此，本章无法分析"煤改气"政策对PM10、CO、NO$_2$和O$_3$的减排效果。虽然这些指标没有单独报告，但中国空气质量在线检测分析平台报告了2003年到2016年的空气质量指数，该指数包含了PM2.5、PM10、SO$_2$、CO、NO$_2$和O$_3$六项指标。因此，本章使用空气质量指数进行二次分析，以确保结果的可靠性。我们对所有污染物指标取对数值。上述指标的数值越高，表示空气污染程度越严重。

（二）自变量

"煤改气"政策是本章的自变量。需要指出的是，政策实施虚拟变量并不是因变量，本章构建的DID交互项即$du \times dt$是因变量。对于实施"煤改气"政策的城市，du的值为1，否则为0；在实施"煤改气"政策之前（2010年之前），dt的值为0，否则为1。$du \times dt$系数反映了"煤改气"政策对空气污染的净效应。

（三）控制变量

本章选择了一系列影响空气污染程度的重要因素作为控制变量。

经济发展（$rgdp$）。根据环境库兹涅茨曲线（EKC），经济发展水平与空气污染之间存在倒U形关系。因此，本章采用经济发展的主项和平方项来构建模型。根据Dinda（2004）的研究，本章采用人均GDP的对数来衡量经济发展水平，地级市面板数据来源于中国城市统计数据库（CCSD）。

环境规制（eg）。本章采用废水、废气、固体废物去除率的均值来衡量环境规制水平，数据来源于CEDS。该指标值越高，说明区域环境规制水平越高。

外商直接投资（fdi）。外商直接投资可以为改善空气污染带来先进的技术和经验。本章采用当年实际使用的外资金额来衡量外商直接投资，数据来自CCSD。

产业结构（is）。产业结构是影响城市空气污染程度的重要因素，在探讨"煤改气"政策对空气污染的影响时，需要考虑产业结构。本章采用第二产业占 GDP 的比重来衡量产业结构，数据来源于CCSD。

交通（tran）。本章使用人均铺装道路面积来衡量交通状况，数据来源于 CCSD。该指标值越高，说明城市交通越便利。

人口密度（pop）。现有研究认为人口密度对空气质量有负面影响，因此，本章在控制变量中纳入人口密度，采用城市单位面积人口来衡量人口密度，数据来源于 CCSD。

公共交通（bus）。推广公共交通可以减少空气污染，因此，本章在控制变量中纳入城市公共交通，采用每万人公交车数量来衡量城市公共交通，数据来源于 CCSD。该指标值越高，说明城市公共交通越发达。

工业化（ind）。城市的工业发展是导致空气污染的因素之一。为了获得"煤改气"政策对空气污染的可靠估算结果，需要在模型中控制该变量。本章采用工业总产值占 GDP 比重来衡量城市工业化水平，数据来源于 CCSD。该指标值越高，说明城市工业化水平越高。

自然气候条件。自然气候条件是影响空气污染的因素，包括年平均温度（tem）、年平均湿度（hum）、年平均降水量（pre）和年平均日照时间（sun），因此，本章将这四个变量纳入控制变量，数据来源于国家气象科学数据中心（http://data.cma.cn/）。

汽车尾气排放（car）。汽车尾气排放是加剧空气污染的重要原因，这意味着汽车数量的增加将导致空气污染。因此，本章采用私家车数量作为控制变量，数据来源于《中国城市统计年鉴》。

变量描述性统计如表 4-1 所示。从表 4-1 可以看出，工业二氧化硫排放量、工业烟尘（smoke）排放量、PM2.5 浓度和空气质量指数（AQI）的平均值分别为 60589.64 吨、33741.2 吨、37.95μg/m³ 和 84.198。这表明中国的整体污染水平较高，例如 PM2.5 年均浓度远高于世界卫生组织的标准（10μg/m³）。工业二氧化硫排放量的最大值和最小值分别为 683162.00 吨和 2.00 吨。工业烟尘排放量的最大值和最小值分别为 5168814.00 吨和 34.00 吨。PM2.5 浓度的最大值和最小值分别为 91.16μg/m³ 和 4.52μg/m³。空气质量指数的最大值和最小值分别为 324.857 和 24.000。由此可见，我国空气污染有明显的区域差异。"煤改气"政策实施前后处理组和控制组的空气污染情况如表 4-2 所示。结果表明，"煤改气"政策实施后，处理组的工业二氧化硫排放量、工业烟尘排放量、PM2.5 浓度和 AQI 分别下降了 55.71%、40.10%、0.45% 和 1.72%。控制组的工业二氧化硫排放量和工业烟尘排放量分别下降了 18.48% 和 16.28%，下降幅度小于处理组；控制组的PM2.5 浓度下降了 2.27%，下降幅度大于处理组；控制组的空气质量指数反而上升了 10.25%。

表 4-1 变量描述性统计

变量		变量描述	样本数（个）	平均值	最小值	中位数	最大值	标准差
因变量	SO_2	工业二氧化硫排放量（吨）	3424	60589.64	2.00	45392.00	683162.00	60960.09
	$smoke$	工业烟尘排放量（吨）	3424	33741.20	34.00	19889.18	5168814.00	125833.50
	$PM2.5$	PM2.5 浓度（μg/m³）	3424	37.95	4.52	35.56	91.16	16.10
	AQI	空气质量指数	1330	84.198	24.000	75.606	324.857	28.766
自变量	du	分组虚拟变量	3424	0.027	0	0	1.000	0.163
	dt	政策实施虚拟变量	3424	0.493	0	0	1.000	0.500
控制变量（协变量）	$rgdp$	人均 GDP（元）	3424	35596.38	3506.87	22902.95	506301.50	42367.66
	eg	环境规制（%）	3424	65.248	25.673	66.883	97.124	15.879
	fdi	外商直接投资（万元）	3424	69191.73	179.00	15247.50	3082563.00	174476.10
	is	产业结构（%）	3424	48.93	22.25	49.43	85.64	10.38
	$tran$	人均铺装道路面积（平方米）	3424	10.842	0.310	9.180	128.130	8.623

续表

变量		变量描述	样本数（个）	平均值	最小值	中位数	最大值	标准差
控制变量（协变量）	*pop*	城市单位面积人口（人/平方千米）	3424	451.286	57.78	383.15	3392	315.178
	bus	每万人公交车数量（辆）	3424	7.054	0.24	5.88	115	7.12
	ind	工业总产值占GDP比重（%）	3424	6.50	4.22	6.43	9.841	1.147
	tem	年平均温度（℃）	3424	15.243	-2.2	16	27	4.913
	hum	年平均湿度（%）	3424	68.450	37.000	7.000	91.000	9.192
	pre	年平均降水量（毫米）	3424	1012.884	41.800	931.3	2959.3	537.386
	sun	年平均日照时间（小时）	3424	1936.267	446.800	1906.100	3408.200	503.354
	car	私家车数量（千辆）	3424	341.906	6.810	168.243	5484.000	525.811

注：协变量是指 PSM 中使用的匹配变量，本章选取所有控制变量作为协变量。本章使用对数对不同单位的变量，包括 SO_2、*smoke*、*PM2.5*、*AQI*、*rgdp*、*fdi*、*tran*、*pop*、*bus*、*tem*、*pre*、*sun* 和 *car* 进行标准化处理。对于 *eg*、*is*、*ind* 和 *hum*，本章没有进行对数处理，因为它们是百分比指标。

表 4-2　"煤改气"政策实施前后处理组和控制组的空气污染情况

变量	处理组			控制组		
	政策实施前	政策实施后	变化（%）	政策实施前	政策实施后	变化（%）
SO_2（吨）	141312.437	62581.586	-55.71	64216.164	52349.714	-18.48
smoke（吨）	50752.183	30400.749	-40.10	36227.307	30328.968	-16.28
$PM2.5(\mu g/m^3)$	49.012	48.793	-0.45	37.917	37.057	-2.27
AQI	99.081	97.375	-1.72	71.457	78.784	10.25

三　数据说明

本章选取 2003~2016 年 274 个城市的面板数据作为研究样本。由于中国的"煤改气"政策于 2010 年开始实施，因此本章选取数据涵盖了"煤改气"政策前后共 13 年的时间，足以进行政策评估。空气污染指标中，AQI 和 PM2.5 浓度数据来自中国空气质量在线检测分析平台，该平台仅提供每月数据。因此，本章采用月平均值来计算年度 AQI 和 PM2.5 浓度。由于 2013 年以前只有部分城市报告了 AQI，因此本章获得了 1330 个 AQI 观测值。另外两个空气污染指标，即工业二氧化硫排放量和工业烟尘排放量的数据来自 CNRDS 中的 CCSD。其他市级指标数据来自 CNRDS 平台中的 CCSD 和 CEDS。本章删除指标缺失超过 2 年的样本。

第四节　实证检验结果

一　PSM 结果分析

基于 PSM（PM2.5）的匹配结果如图 4-1 所示。本章使用比值为 1∶4 的匹配方法（每个处理组样本匹配 4 个控制组样本），匹配半径为 0.05。

图 4-1 上方的图表示匹配成功的情况。结果显示，几乎所有样本

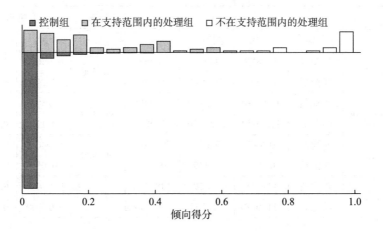

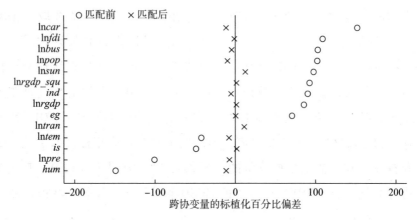

图 4-1 基于 PSM（PM2.5）的匹配结果

注：*rgdp_squ* 指经济发展的二次项。

都支持匹配成功。图 4-1 下方的图表示处理组和控制组在匹配前后协变量的差异。图 4-1 报告了匹配前处理组与控制组协变量的差异（用×表示）以及匹配后处理组与控制组协变量的差异（用 o 表示）。可以看出，匹配后各变量的差异均大大缩小，这说明 PSM 使处理组与处理过的样品更具有可比性。

匹配前后的协变量差异（PM2.5）如表 4-3 所示。表 4-3 的结果表明，处理组与控制组所有协变量的差异匹配前均在 1% 的水平上显著。

表 4-3 匹配前后的协变量差异（PM2.5）

变量		均值			差异减少	T 检验	
	样本	处理组	控制组	%	%	t	p>|t|
lnrgdp	匹配前	10.808	9.996	85.600	98.500	6.950***	0.000
	匹配后	10.595	10.583	1.300		0.110	0.909
lnrgdp_squ	匹配前	117.330	101.180	92.600	98.400	8.150***	0.000
	匹配后	112.670	112.420	1.400		0.110	0.913
eg	匹配前	0.747	0.650	70.700	99.500	5.940***	0.000
	匹配后	0.739	0.739	0.400		0.020	0.981
lnfdi	匹配前	11.668	9.329	108.700	98.800	9.270***	0.000
	匹配后	11.078	11.105	-1.300		-0.100	0.922

续表

变量	样本	均值			差异减少	T 检验	
		处理组	控制组	%	%	t	p>｜t｜
is	匹配前	0.443	0.492	-48.800	96.500	-4.510***	0.000
	匹配后	0.473	0.471	1.700		0.160	0.872
ln*tran*	匹配前	2.481	2.174	58.500	81.200	4.640***	0.000
	匹配后	2.547	2.489	11.000		0.820	0.415
ln*pop*	匹配前	6.506	5.885	102.100	90.400	8.480***	0.000
	匹配后	6.338	6.398	-9.800		-0.670	0.501
ln*bus*	匹配前	2.324	1.660	102.700	95.500	8.430***	0.000
	匹配后	2.212	2.241	-4.600		-0.330	0.744
ind	匹配前	0.075	0.065	90.300	94.000	8.720***	0.000
	匹配后	0.072	0.073	-5.400		-0.350	0.729
ln*tem*	匹配前	2.513	2.657	-42.200	81.200	-3.250***	0.001
	匹配后	2.481	2.508	-7.900		-0.560	0.577
hum	匹配前	0.570	0.688	-149.100	92.300	-12.540***	0.000
	匹配后	0.585	0.594	-11.500		-0.750	0.456
ln*pre*	匹配前	6.286	6.773	-100.700	92.600	-7.700***	0.000
	匹配后	6.296	6.333	-7.500		-0.500	0.617
ln*sun*	匹配前	7.735	7.525	97.500	87.300	7.200***	0.000
	匹配后	7.729	7.703	12.400		0.900	0.368
ln*car*	匹配前	6.714	5.096	151.600	92.400	13.570***	0.000
	匹配后	6.339	6.462	-11.500		-0.890	0.376

注：*** $p<0.01$。ln*rgdp*、ln*fdi*、ln*tran*、ln*pop*、ln*bus*、ln*tem*、ln*pre*、ln*sun* 和 ln*car* 是这些指标的对数；对于 *eg*、*is*、*ind* 和 *hum*，本章没有进行对数处理，因为它们是百分比指标。*rgdp_squ* 指经济发展的二次项。

匹配前后样本倾向得分的核密度曲线（PM2.5）如图 4-2 所示。图 4-2 左侧图像显示，匹配前处理组与控制组样本倾向得分的分布存在巨大差异。图 4-2 右侧图像显示，匹配后处理组与控制组样本倾向得分分布高度一致。这些差异表明 PSM 可以显著提高处理组和控制组的可比性。因此，基于 PSM 的回归结果更可靠。

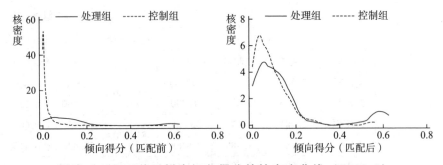

图 4-2 匹配前后样本倾向得分的核密度曲线（PM2.5）

二 "煤改气"政策对空气污染的平均影响

为了评估"煤改气"政策对空气污染的影响，我们应用 PSM-DID 方法来消除样本选择偏差的干扰。基于 PSM-DID 方法的"煤改气"政策对空气污染的减排效果如表 4-4 所示。根据表 4-4 的结果，"煤改气"政策对 $\ln SO_2$、$\ln smoke$ 和 $\ln PM2.5$ 的系数分别为 -0.548、-0.427 和 -0.045。在考虑回归中的控制变量后，$\ln SO_2$、$\ln smoke$ 和 $\ln PM2.5$ 的相应系数分别为 -0.313、-0.360 和 -0.003。基于对数线性模型，本章计算了"煤改气"政策的实际效果。考虑控制变量的结果表明，"煤改气"政策导致工业二氧化硫排放量下降了 31.3%，工业烟尘排放量下降了 36.0%，PM2.5 浓度下降了 0.3%。无论是否考虑控制变量，"煤改气"政策对 PM2.5 浓度的系数均未通过 10% 的显著性检验。这一结果表明，"煤改气"政策对工业二氧化硫和工业烟尘的减排效果显著，但对 PM2.5 浓度的降低效果有限。

表 4-4 基于 PSM-DID 方法的"煤改气"政策对空气污染的减排效果

变量	(1)	(2)	(3)	(4)	(5)	(6)
	$\ln SO_2$	$\ln smoke$	$\ln PM2.5$	$\ln SO_2$	$\ln smoke$	$\ln PM2.5$
du	0.957***	0.757*	0.258	0.310	0.090	0.115
	(0.356)	(0.415)	(0.249)	(0.292)	(0.284)	(0.156)
	[0.260, 1.654]	[-0.056, 1.571]	[-0.231, 0.747]	[-0.262, 0.883]	[-0.465, 0.646]	[-0.190, 0.421]

续表

变量	(1)	(2)	(3)	(4)	(5)	(6)
	$\ln SO_2$	$\ln smoke$	$\ln PM2.5$	$\ln SO_2$	$\ln smoke$	$\ln PM2.5$
dt	-0.256***	0.067	0.017	-0.004	-0.004	-0.019
	(0.088)	(0.090)	(0.021)	(0.097)	(0.118)	(0.033)
	[-0.428,	[-0.110,	[-0.025,	[-0.195,	[-0.235,	[-0.084,
	-0.084]	0.244]	0.058]	0.187]	0.228]	0.045]
$du \times dt$	-0.548***	-0.427***	-0.045	-0.313***	-0.360**	-0.003
	(0.142)	(0.151)	(0.035)	(0.115)	(0.148)	(0.034)
	[-0.827,	[-0.722,	[-0.113,	[-0.539,	[-0.651,	[-0.071,
	-0.269]	-0.132]	0.022]	-0.087]	-0.069]	0.064]
$\ln rgdp$				1.692*	-3.488***	1.041**
				(1.006)	(1.259)	(0.417)
				[-0.280,	[-5.956,	[0.224,
				3.663]	-1.020]	1.858]
$\ln rgdp\_squ$				-0.082*	0.182***	-0.047**
				(0.046)	(0.058)	(0.019)
				[-0.172,	[0.068,	[-0.084,
				0.007]	0.296]	-0.010]
eg				-2.174***	-2.118***	0.078
				(0.307)	(0.391)	(0.113)
				[-2.776,	[-2.884,	[-0.144,
				-1.573]	-1.352]	0.300]
$\ln fdi$				0.081**	-0.074	-0.012
				(0.037)	(0.049)	(0.016)
				[0.010,	[-0.169,	[-0.043,
				0.153]	0.022]	0.019]
is				4.014***	4.090***	0.057
				(0.581)	(0.740)	(0.270)
				[2.875,	[2.641,	[-0.472,
				5.154]	5.540]	0.585]

变量	(1)	(2)	(3)	(4)	(5)	(6)
	$\ln SO_2$	lnsmoke	lnPM2.5	$\ln SO_2$	lnsmoke	lnPM2.5
lntran				-0.191**	0.131	0.037
				(0.097)	(0.105)	(0.043)
				[-0.381, -0.002]	[-0.074, 0.336]	[-0.046, 0.121]
lnpop				0.367***	1.009***	0.402***
				(0.134)	(0.162)	(0.104)
				[0.104, 0.629]	[0.690, 1.327]	[0.199, 0.606]
lnbus				0.023	0.125	-0.077**
				(0.093)	(0.115)	(0.033)
				[-0.159, 0.206]	[-0.102, 0.351]	[-0.142, -0.012]
ind				16.533***	-5.418	10.859***
				(6.225)	(8.246)	(3.468)
				[4.332, 28.734]	[-21.58, 10.74]	[4.061, 17.656]
lntem				-0.301	-0.414**	0.318***
				(0.201)	(0.161)	(0.099)
				[-0.695, 0.093]	[-0.729, -0.098]	[0.123, 0.512]
hum				-0.540	-0.616	1.063***
				(0.782)	(0.901)	(0.294)
				[-2.071, 0.992]	[-2.382, 1.151]	[0.487, 1.640]
lnpre				-0.280**	-0.252*	-0.029
				(0.110)	(0.132)	(0.031)
				[-0.497, -0.064]	[-0.510, 0.006]	[-0.088, 0.031]

续表

变量	（1）	（2）	（3）	（4）	（5）	（6）
	$\ln SO_2$	$\ln smoke$	$\ln PM2.5$	$\ln SO_2$	$\ln smoke$	$\ln PM2.5$
$\ln sun$				0.122	0.025	−0.132
				(0.191)	(0.228)	(0.109)
				[−0.252, 0.496]	[−0.422, 0.471]	[−0.347, 0.082]
$\ln car$						0.105***
						(0.007)
						[0.091, 0.118]
C	10.855***	9.949***	3.553***	0.155	23.584***	−5.442**
	(0.107)	(0.120)	(0.072)	(5.858)	(7.158)	(2.668)
	[10.645, 11.064]	[9.713, 10.185]	[3.413, 3.694]	[−11.33, 11.640]	[9.554, 37.614]	[−10.670, −0.210]
R^2	0.053	0.016	0.014	0.447	0.572	0.595
N	347	347	252	347	347	252

注：小括号内为标准误差，中括号内为95%置信区间。* $p<0.1$，** $p<0.05$，*** $p<0.01$。考虑到环境库兹涅茨曲线（EKC）的存在，即经济发展与环境污染之间存在倒 U 形关系（Dinda，2004），本章将 $rgdp$ 和 $rgdp\_squ$ 同时作为控制变量。

从煤炭到天然气的能源转型在减少工业空气污染物排放方面具有有效性。本章的结论与现有研究一致，充分肯定了中国"煤改气"政策的有效性。然而，本章研究结果表明，"煤改气"政策并未显著降低 PM2.5 浓度，出现这一结果的原因可能有两个，首先，Zhao 等（2020）的研究表明，"煤改气"政策显著降低了 SO_2 浓度，但提升了 NO_3^- 前提气体 NO_x 浓度，其浓度提升将导致 PM2.5 浓度上升。其次，PM2.5 浓度具有很强的空间扩散性，"煤改气"政策的实际效果可能会被周边地区 PM2.5 的扩散所掩盖。本章无法将 NO_x 浓度上升导致的 PM2.5 浓度上升效应隔离开来，但空间计量经济模型可以在一定程度上降低空间扩散的干扰。为消除空间扩散的干扰，本章构建了空间滞后模型（SLM），进一步分析"煤改气"政策对 PM2.5 浓度的影响。

具体实证模型如下：

$$\ln PM_{2.5,\ it} = \beta_0 + \beta_1 W\_\ln PM_{2.5,\ it} + \beta_2 du_{it} + \beta_3 dt_{it} + \beta_4 du_{it} \times dt_{it} +$$

$$\sum \beta_X \times Control_{it} + \varepsilon_{it} \tag{4}$$

其中，$\ln PM_{2.5,\ it}$ 是因变量，表示第 t 年城市 i 的 PM2.5 浓度的对数；$W\_\ln PM_{2.5,\ it}$ 表示 $\ln PM_{2.5,\ it}$ 的空间滞后期，反映周边城市的 PM2.5 浓度对城市 i 的扩散效应；W 表示空间权重矩阵；du 表示分组虚拟变量；dt 表示政策实施虚拟变量；$du_{it} \times dt_{it}$ 表示是否实施了"煤改气"政策；$Control_{it}$ 表示控制变量；ε_{it} 表示随机扰动项。

本章利用城市间的地理距离构建矩阵。数据来自地理监测云平台（http://www.dsac.cn）的全国 1：1000000 数据库。SLM 要求样本是平衡的面板数据，而 PSM 过滤的样本是不平衡的面板数据，但这并不妨碍我们使用 SLM-DID 方法分析作为 PSM-DID 结果的扩展。在本章中，由于工业二氧化硫和工业烟尘是基于生产排放计算的，不会受到空间扩散的影响，因此 SLM-DID 方法分析不涉及这两种污染物。基于空间 DID 的再估计结果如表 4-5 所示。

表 4-5　基于空间 DID 的再估计结果

变量	(1)			(2)		
	系数	标准误	95%置信区间	系数	标准误	95%置信区间
du	0.290*	0.160	[-0.023, 0.602]	0.252*	0.147	[-0.037, 0.540]
dt	0.104***	0.015	[0.075, 0.132]	0.082***	0.014	[0.056, 0.109]
$du \times dt$	-0.059**	0.029	[-0.116, -0.002]	-0.070**	0.029	[-0.126, -0.013]
Control	No			Yes		
C	1.328***	0.087	[1.158, 1.498]	1.475	0.131	[1.218, 1.732]
$W\_\ln PM2.5$	0.559***	0.034	[0.492, 0.626]	0.636***	0.028	[0.581, 0.691]
R^2	0.022			0.221		
N	3360			3360		

注：* $p<0.1$、** $p<0.05$ 和 ** $p<0.01$。$W\_\ln PM2.5$ 表示周边城市 PM2.5 浓度对本地城市的扩散效应。

表4-5中,(1)列 $du×dt$ 的系数为-0.059,(2)列 $du×dt$ 的系数为-0.070,均通过5%的显著性水平检验。考虑控制变量的结果,$W\_lnPM2.5$ 的系数为0.636,表明周边地区PM2.5浓度每提升1%导致本地PM2.5浓度提升约63.6%。"煤改气"政策对工业二氧化硫、工业烟尘、PM2.5三种污染物的减排效果如图4-3所示。即使降低空间扩散的干扰,"煤改气"政策对PM2.5的减排效果也仅为7%,明显弱于工业二氧化硫(31.3%)和工业烟尘(36%)的减排效果,这些结果与现有研究一致。然而,本章对"煤改气"政策减排效果的估计结果低于现有研究。例如,Zhao等(2020)认为"煤改气"政策使PM2.5浓度和 SO_2 排放量分别降低了8.8%和42.2%。Zhang等(2020)将"煤改气"项目作为外生影响,采用DID估计其对污染物的减排效果。他们发现,"煤改气"项目使空气质量指数(AQI)下降了20.4%,PM2.5浓度降低了18.59%,SO_2 排放量下降了68.4%。本章减排估计效果较弱的原因是采用了污染物的年均浓度。污染物浓度的年均值差异低于Zhang等(2020)研究中使用的日均值和月均值差异。因此,本章估计的减排效果弱于现有研究。然而,本章计算得出的"煤改气"政策实施前后污染物排放量变化的相对差异似乎与现有研究一致,即"煤改气"政策对 SO_2 的减排效果强于对PM2.5的减排效果。

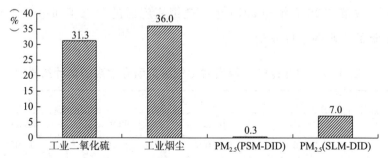

**图4-3 "煤改气"政策对工业二氧化硫、工业烟尘、PM2.5
三种污染物的减排效果**

上述分析结果表明,中国的"煤改气"政策改善了城市空气质量,但主要集中在工业污染物减排方面政策对PM2.5浓度降低的平均效果不够明显。PM2.5 不仅来自工业生产，还来自汽车尾气排放和农村取暖等。过去一段时期，中国政府环境评估的重中之重是工业污染物排放量，因此，"煤改气"政策的实施侧重于工业生产领域，无法有效控制其他 PM2.5 污染源，导致"煤改气"政策对 PM2.5 浓度的降低效果并不理想。上述结果揭示了中国"煤改气"政策对空气污染的净效应。政府可以通过实施此类能源转型政策来抑制工业污染物的排放，但政府不能期望仅通过这些政策大幅降低 PM2.5 浓度。

三 "煤改气"政策对空气污染的动态效应

上节分析表明，"煤改气"政策将显著降低工业二氧化硫和工业烟尘排放量，但不会显著降低 PM2.5 浓度。在此基础上，本章进一步评估了该政策对空气污染的动态效应（见表 4-6）。综合考虑控制变量的回归结果，$du×dt^2$（$\beta = -0.445$）和 $du×dt^3$（$\beta = -0.411$）对 $\ln SO_2$ 的影响系数均通过了 5% 的显著性检验。$du×dt^4$ 和 $du×dt^5$ 的系数分别在 10% 和 5% 的水平上显著。这表明"煤改气"政策在 2012 年和 2013 年（政策实施后的第二年和第三年）显著降低了工业二氧化硫排放量。对于 $\ln smoke$，综合考虑控制变量的回归结果，$du×dt^2$ 和 $du×dt^3$ 的系数分别为 -0.420 和 -0.417，均在 10% 的水平上显著。这表明"煤改气"政策在 2012 年和 2013 年（政策实施后的第二年和第三年）显著降低了工业烟尘排放量。

表 4-6 "煤改气"政策对空气污染动态效应的估计结果

变量	(1) $\ln SO_2$	(2) $\ln smoke$	(3) $\ln SO_2$	(4) $\ln smoke$
du	0.710** (0.352) [0.020, 1.401]	0.607 (0.412) [-0.202, 1.415]	0.197 (0.294) [-0.380, 0.773]	0.017 (0.280) [-0.532, 0.566]
dt	-0.436*** (0.079) [-0.591, -0.281]	-0.039 (0.082) [-0.200, 0.122]	-0.085 (0.090) [-0.260, 0.091]	-0.060 (0.113) [-0.281, 0.162]

续表

变量	（1）	（2）	（3）	（4）
	$\ln SO_2$	lnsmoke	$\ln SO_2$	lnsmoke
$du \times dt^1$	0.338	0.033	0.129	-0.220
	(0.226)	(0.244)	(0.169)	(0.234)
	[-0.105, 0.781]	[-0.444, 0.510]	[-0.202, 0.460]	[-0.678, 0.238]
$du \times dt^2$	-0.448*	-0.322	-0.445**	-0.420*
	(0.246)	(0.265)	(0.180)	(0.251)
	[-0.929, 0.034]	[-0.840, 0.197]	[-0.798, -0.093]	[-0.911, 0.071]
$du \times dt^3$	-0.502**	-0.385	-0.411**	-0.417*
	(0.226)	(0.244)	(0.167)	(0.233)
	[-0.946, -0.059]	[-0.863, 0.092]	[-0.738, -0.084]	[-0.873, 0.038]
$du \times dt^4$	0.103	-0.020	0.341*	0.007
	(0.245)	(0.264)	(0.183)	(0.254)
	[-0.377, 0.584]	[-0.538, 0.498]	[-0.017, 0.699]	[-0.492, 0.505]
$du \times dt^5$	-0.026	-0.228	0.386**	-0.070
	(0.245)	(0.264)	(0.185)	(0.258)
	[-0.506, 0.455]	[-0.746, 0.290]	[0.022, 0.749]	[-0.575, 0.435]
Control	No	No	Yes	Yes
C	10.981***	10.023***	-1.899	22.160***
	(0.104)	(0.118)	(5.735)	(7.191)
	[10.778, 11.185]	[9.791, 10.254]	[-13.140, 9.342]	[8.067, 36.254]
R^2	0.052	0.013	0.443	0.572
N	347	347	347	347

注：小括号内为标准误差，中括号内为 95% 置信区间。* $p<0.1$，** $p<0.05$，*** $p<0.01$。

2011~2015 年即"煤改气"政策实施后第一年至第五年，"煤改气"政策对工业二氧化硫和工业烟尘排放量的动态影响如图 4-4 所示。"煤改气"政策使工业二氧化硫排放量分别下降了 -13%、45%、41%、-34% 和 39%；"煤改气"政策使工业烟尘排放量分别下降了 22%、42%、42%、-0.67%、7%。基于以上分析，笔者发现中国的"煤改气"政策在政策实施后第二年至第三年减少了空气污染。随着时间的推移，该政策对空气污染减少的效果减弱甚至逆转。这符合中国当前的社会经济发展实际，"煤改气"政策的实施依赖于财政补贴和其他激励措施，以补贴和激励措施来弥补企业因使用清洁能源而增加的成本。然而，这种补贴的持续时间相对较短，在补贴减少后，企业可能会重新提高工业生产中的煤炭使用比例，这导致"煤改气"政策的空气污染的长期减排效果减弱。因此，中国政府需要从短期的财政补贴过渡到长期的企业研发补贴，以鼓励企业通过增加自身利润来弥补不断增加的能源成本。

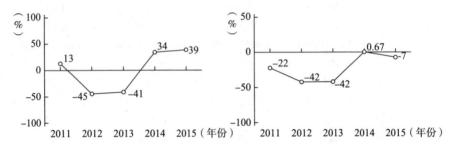

图4-4　2011~2015年"煤改气"政策对工业二氧化硫和工业烟尘排放量的动态影响

注：左图为"煤改气"政策对工业二氧化硫排放量的动态影响，右图为"煤改气"政策对工业烟尘排放量的动态影响。

四　"煤改气"政策减少空气污染的机制分析

本部分进一步分析"煤改气"政策减少空气污染的具体机制，验证假设3。"煤改气"政策减少大气污染的机制分析结果如表4-7所示。根据表4-7的结果，$du×dt$ 对 $lnrgdp$、eg 和 $lnfdi$ 的系数分别为 -0.126（$p>0.1$）、-0.022（$p>0.1$）和 -0.033（$p>0.1$），说明"煤改气"政策对这三个因素的影响不显著。重点分析"煤改气"政策对产业结构和工业化因素的影响，发现 $du×dt$ 对 is 和 ind 的系数分别为 -0.081（$p<0.01$）和 -0.006（$p<0.01$），说明产业结构升级效应和去工业化效应显著。基于以上分析可以发现，"煤改气"政策主要通过产业结构升级效应和去工业化效应减少空气污染。

表 4-7　"煤改气"政策减少大气污染的机制分析结果

变量	(1)	(2)	(3)	(4)	(5)
	lnrgdp	eg	lnfdi	is	ind
du	0.857**	0.113**	2.372***	-0.006	0.013***
	(0.353)	(0.045)	(0.826)	(0.036)	(0.004)
	[0.165, 1.549]	[0.025, 0.200]	[0.753, 3.990]	[-0.076, 0.064]	[0.005, 0.021]
dt	0.986***	0.127***	1.009***	0.023***	0.004***
	(0.018)	(0.004)	(0.040)	(0.002)	(0.000)
	[0.951, 1.020]	[0.120, 0.134]	[0.931, 1.088]	[0.020, 0.027]	[0.004, 0.004]
du×dt	-0.126	-0.022	-0.033	-0.081***	-0.006***
	(0.107)	(0.021)	(0.241)	(0.011)	(0.001)
	[-0.336, 0.084]	[-0.064, 0.020]	[-0.505, 0.439]	[-0.102, -0.061]	[-0.007, -0.004]
C	9.516***	0.584***	8.773***	0.478***	0.062***
	(0.057)	(0.007)	(0.133)	(0.006)	(0.001)
	[9.404, 9.627]	[0.570, 0.598]	[8.512, 9.034]	[0.467, 0.490]	[0.061, 0.064]
R^2	0.052	0.046	0.036	0.021	0.038
N	3424	3424	3424	3424	3424

注：小括号内为标准误差，中括号内为 95% 的置信区间。** $p<0.1$，*** $p<0.01$。（1）列到（5）列分别表示因变量为经济发展（rgdp）、环境规制（eg）、外商直接投资（fdi）、产业结构（is）和工业化（ind）的结果。

五　稳健性检验

（一）"煤改气"政策对空气质量指数的影响

本章在初步评估了"煤改气"政策对工业二氧化硫、工业烟尘和 PM2.5 的政策效果后，进一步分析"煤改气"政策对空气质量指数（AQI）的影响，以进行稳健性分析（见表 4-8）。考虑控制变量的回归表明，"煤改气"政策对空气质量指数的平均减排效应为 33.1%。从 2011 年到 2015 年，即政策实施后的五年，其减排效果分别为 23.2%、30.2%、66.9%、1.5% 和 20.4%，该政策减少空气污染的作用在 2014 年后明显减弱。基于空气质量指数的二次分析结果与工业二氧化硫和工业烟尘的结果一致，证明了前文分析的稳健性。然而，即使排除空间扩散干扰后，"煤改气"政策对 PM2.5 浓度的降低效果

（7%）也明显弱于对空气质量指数的平均减排效应（33.1%），这是PM2.5、空气质量指数的来源不同造成的。虽然农村的煤炭燃烧及汽车尾气的排放等因素会导致 PM2.5 浓度升高。本章中的"煤改气"政策侧重于工业生产中的能源转型，其对降低空气质量指数的效果更为明显。

表 4-8 "煤改气"政策对空气质量指数平均减排效应
和动态效应的估计结果

变量	平均减排效应		动态效应	
	（1）	（2）	（3）	（4）
	lnAQI	lnAQI	lnAQI	lnAQI
du	0.194*	0.177*	0.172	0.121
	(0.108)	(0.100)	(0.107)	(0.098)
	[−0.017, 0.406]	[−0.019, 0.373]	[−0.038, 0.382]	[−0.070, 0.313]
dt	0.173***	0.079	0.154***	0.032
	(0.049)	(0.066)	(0.039)	(0.057)
	[0.077, 0.270]	[−0.050, 0.208]	[0.077, 0.231]	[−0.080, 0.145]
$du \times dt$	−0.275***	−0.331***		
	(0.077)	(0.072)		
	[−0.427, −0.123]	[−0.473, −0.189]		
$du \times dt^1$			−0.307***	−0.232**
			(0.106)	(0.097)
			[−0.515, −0.098]	[−0.421, −0.042]
$du \times dt^2$			−0.329***	−0.302***
			(0.107)	(0.096)
			[−0.539, −0.119]	[−0.489, −0.114]
$du \times dt^3$			−0.691***	−0.669***
			(0.099)	(0.089)
			[−0.885, −0.498]	[−0.843, −0.494]
$du \times dt^4$			0.017	−0.015
			(0.117)	(0.106)
			[−0.212, 0.247]	[−0.222, 0.193]

续表

变量	平均减排效应		动态效应	
	（1）	（2）	（3）	（4）
	lnAQI	lnAQI	lnAQI	lnAQI
$du×dt^5$			−0.121	−0.204*
			（0.117）	（0.108）
			［−0.351，0.109］	［−0.417，0.008］
Control	No	Yes	No	Yes
C	4.377***	3.308	4.395***	5.029
	（0.053）	（5.202）	（0.049）	（4.886）
	［4.274，4.481］	［−6.887，13.503］	［4.300，4.491］	［−4.547，14.605］
R²	0.039	0.267	0.038	0.246
N	211	211	211	211

注：小括号内为标准误差，中括号内为 95% 的置信区间；* $p<0.1$, ** $p<0.05$, *** $p<0.01$。

（二）基于不同 PSM 匹配方法的结果

基于 PSM-DID 方法的重新估计结果如表 4-9 所示。采用最近邻匹配法的估计结果表明，"煤改气"政策导致工业二氧化硫排放量下降 53.0%、工业烟尘排放量下降 50.3%、PM2.5 浓度降低 2.9%、空气质量指数下降 19.4%。采用 LLR 匹配法的估计结果表明，"煤改气"政策对工业二氧化硫排放的减排效果为 23.6%，对工业烟尘排放的减排效果为 28.1%，对 PM2.5 浓度的降低效果为 1.1%，对空气质量指数的减排效果为 28.9%。这与前文的结论基本一致，只是系数的大小略有不同，因此，前文的分析是稳健的。

表 4-9　基于 PSM-DID 方法的重新估计结果

变量	最近邻匹配法				LLR 匹配法			
	（1）	（2）	（3）	（4）	（5）	（6）	（7）	（8）
	lnSO₂	lnsmoke	lnPM2.5	lnAQI	lnSO₂	lnsmoke	lnPM2.5	lnAQI
du	0.279	0.222	0.175	0.06	0.261	−0.027	0.158	0.158
	（0.293）	（0.273）	（0.165）	（0.174）	（0.283）	（0.269）	（0.156）	（0.114）

续表

变量	最近邻匹配法				LLR 匹配法			
	（1）	（2）	（3）	（4）	（5）	（6）	（7）	（8）
	$\ln SO_2$	lnsmoke	$\ln PM2.5$	$\ln AQI$	$\ln SO_2$	lnsmoke	$\ln PM2.5$	$\ln AQI$
dt	0.016	0.322*	0.012	-0.012	-0.095	-0.074	-0.029	0.061
	（0.149）	（0.196）	（0.044）	（0.115）	（0.107）	（0.134）	（0.036）	（0.073）
$du×dt$	-0.530***	-0.503**	-0.029	-0.194*	-0.236*	-0.281*	-0.011	-0.289***
	（0.161）	（0.205）	（0.043）	（0.111）	（0.123）	（0.153）	（0.037）	（0.075）
Control	Yes	Yes	Yes	Yes	Yes	Yes	Yes	Yes
C	-2.454	36.098***	-6.980**	12.855	2.665	30.305***	-6.692**	2.828
	（9.533）	（11.935）	（3.381）	（9.181）	（6.709）	（7.694）	（2.861）	（6.100）
R^2	0.559	0.525	0.638	0.265	0.409	0.594	0.646	0.446
N	162	157	179	116	291	290	219	186

注：括号内为标准误差；* $p<0.1$，** $p<0.05$，*** $p<0.01$。

（三）平行趋势检验

除"煤改气"政策的影响外，其他政策或非政策因素也可能造成城市空气污染的差异，这种差异的出现与"煤改气"政策无关，最终会导致本章研究的结论无效。为消除这一潜在干扰，本章假设处理组提前 m 年进行"煤改气"政策转型，以进行反事实平行趋势检验。具体来说，本章将"煤改气"政策开始实施的时间提前分别到 2009 年、2008 年和 2007 年。随后，我们重复 PSM-DID 回归。假设"煤改气"政策提前 m 年实施，平行趋势检验结果如表 4-10 所示。

表 4-10　平行趋势检验结果

变量	（1）	（2）	（3）	（4）	（5）	（6）
	$\ln SO_2$	lnsmoke	$\ln AQI$	$\ln SO_2$	lnsmoke	$\ln AQI$
$Before^3$	-0.150	-0.285	-0.038	-0.032	-0.127	0.045
	（0.096）	（0.176）	（0.098）	（0.134）	（0.160）	（0.075）
	[-0.338, 0.039]	[-0.630, 0.061]	[-0.229, 0.154]	[-0.295, 0.231]	[-0.441, 0.186]	[-0.102, 0.193]

续表

变量	（1）$\ln SO_2$	（2）$\ln smoke$	（3）$\ln AQI$	（4）$\ln SO_2$	（5）$\ln smoke$	（6）$\ln AQI$
$Before^2$	−0.132 (0.083) [−0.295, 0.032]	−0.052 (0.100) [−0.249, 0.145]	−0.072 (0.087) [−0.243, 0.098]	−0.086 (0.123) [−0.327, 0.155]	−0.166 (0.150) [−0.459, 0.128]	0.040 (0.073) [−0.104, 0.184]
$Before^1$	0.151 (0.116) [−0.076, 0.379]	−0.034 (0.094) [−0.220, 0.151]	−0.109 (0.082) [−0.269, 0.051]	−0.144 (0.119) [−0.377, 0.090]	−0.168 (0.146) [−0.454, 0.119]	−0.022 (0.073) [−0.165, 0.121]
$Current$	−0.548*** (0.142) [−0.827, −0.269]	−0.427*** (0.151) [−0.722, −0.132]	−0.275*** (0.077) [−0.427, −0.123]	−0.313*** (0.115) [−0.539, −0.087]	−0.360** (0.148) [−0.651, −0.069]	−0.331*** (0.072) [−0.473, −0.189]
$After^1$	−0.482*** (0.140) [−0.756, −0.208]	−0.676*** (0.147) [−0.965, −0.387]	−0.358*** (0.075) [−0.506, −0.211]	−0.259** (0.114) [−0.483, −0.035]	−0.596*** (0.145) [−0.880, −0.312]	−0.407*** (0.070) [−0.543, −0.270]
$After^2$	−0.511*** (0.134) [−0.774, −0.248]	−0.658*** (0.152) [−0.956, −0.360]	−0.389*** (0.076) [−0.537, −0.241]	−0.338*** (0.116) [−0.566, −0.110]	−0.600*** (0.149) [−0.893, −0.307]	−0.400*** (0.072) [−0.542, −0.258]
$After^3$	−0.346** (0.142) [−0.623, −0.068]	−0.626*** (0.161) [−0.942, −0.310]	−0.457*** (0.074) [−0.602, −0.312]	−0.166** (0.083) [−0.330, −0.003]	−0.513*** (0.158) [−0.823, −0.203]	−0.438*** (0.074) [−0.584, −0.293]
Control	No	No	No	Yes	Yes	Yes

注：括号内为标准误差，方括号内为 95% 的置信区间。** $p<0.5$，*** $p<0.01$。

无论假设"煤改气"政策提前一年、两年还是三年，$Before^m$ 的系数都不显著。一方面，这表明城市空气污染的减少来自"煤改气"政策的实施，而不是其他政策或非政策因素；另一方面，这说明在"煤改气"政策实施前，处理组与控制组的空气污染状况没有显著差异，即满足平行趋势假设。这意味着本章研究中得到的 DID 估计系数是无偏的。在实施"煤改气"政策后，$After^m$ 的系数显著为负，这说明"煤改气"政策的实施对减少城市空气污染有明显的效果，即满足平行趋势检验这一假设。因此，前文中基于 PSM-DID 方法的结果是稳健的。

（四）基于冬季集中供暖城市的再检验

此外，本章还通过改变样本选取范围进行了稳健性检验。在前文的研究中，通过 PSM-DID 方法得出的结论是基于中国 274 个城市的结果得出的。然而，冬季供暖会加重区域空气污染。南北方冬季集中供暖的差异可能导致对"煤改气"政策减少空气污染效果的评估不可靠。考虑到稳健性，本章以秦岭—淮河边界为基准，选取北方城市作为样本重复进行 PSM-DID 分析。集中供暖区城市"煤改气"政策对空气污染影响的估算结果如表 4-11 所示。

表 4-11　集中供暖区城市"煤改气"政策对空气
污染影响的估算结果

变量	（1） $\ln SO_2$	（2） $\ln smoke$	（3） $\ln PM2.5$	（4） $\ln AQI$
du	0.490** （0.242） [0.016, 0.965]	0.207 （0.326） [-0.431, 0.845]	-0.059 （0.136） [-0.325, 0.207]	0.059 （0.099） [-0.136, 0.254]
dt	0.074 （0.111） [-0.143, 0.291]	0.543*** （0.147） [0.256, 0.831]	-0.054 （0.035） [-0.123, 0.015]	0.014 （0.090） [-0.162, 0.190]
du×dt	-0.552*** （0.116） [-0.779, -0.325]	-0.581*** （0.151） [-0.876, -0.286]	0.042 （0.036） [-0.028, 0.111]	-0.279*** （0.085） [-0.446, -0.112]
Control	Yes	Yes	Yes	Yes
C	-9.031 （7.479） [-23.691, 5.628]	15.721 （10.261） [-4.391, 35.833]	-8.500*** （2.770） [-13.930, -3.071]	8.257 （6.897） [-5.260, 21.774]

续表

变量	（1）	（2）	（3）	（4）
	$\ln SO_2$	$\ln smoke$	$\ln PM2.5$	$\ln AQI$
R^2	0.441	0.332	0.428	0.439
N	253	255	225	171

注：小括号内为标准误差，中括号内为 95% 的置信区间；$^{**}p<0.05$，$^{***}p<0.01$。

由 4-11 可知，$du×dt$ 对 $\ln AQI$、$\ln SO_2$、$\ln smoke$ 和 $\ln PM2.5$ 的系数分别为 -0.279（$p<0.01$）、-0.552（$p<0.01$）、-0.581（$p<0.01$）和 0.042（$p>0.1$），这表明用北方集中供暖区城市作为样本进行重新估计，本章得到了与前文一致的结论，说明前文的分析结果是稳健的。

（五）区域异质性分析

考虑到不同地区产业类型的差异，本章进一步按产业类型对地区进行分类，并重新估算"煤改气"政策对空气污染的减排效果。本章将处理组中的 7 个城市分为 3 类地区，即城市消费型地区、大型工业出口型地区和资源密集型地区。城市消费型地区包括产业以服务业和高端制造业为主的发达大都市。大型工业出口型地区主要包括以汽车制造等为主导产业的大型工业城市。资源密集型地区包括依靠当地自然资源发展的城市，其主要产业为采矿业等。由于这三类地区也包括控制组的城市，因此本章不需要使用 PSM 进行样本筛选，三类地区"煤改气"政策空气污染估算结果如表 4-12 所示。

表 4-12　三类地区"煤改气"政策空气污染估算结果

类型	变量	du	dt	$du×dt$	Control	C	R^2	N
城市消费型地区	$\ln SO_2$	-0.782 (0.928) [-2.60, 1.04]	-0.743^{***} (0.217) [-1.17, -0.32]	-0.736^{***} (0.151) [-1.03, -0.44]	Yes	12.047^{***} (0.092) [11.861, 12.232]	0.466	42

类型	变量	du	dt	$du×dt$	Control	C	R^2	N
城市消费型地区	ln$smoke$	−0.169 (1.032) [−2.19, 1.85]	0.551*** (0.191) [0.18, 0.93]	−0.436*** (0.147) [−0.73, −0.14]	Yes	10.690*** (0.078) [10.533, 10.847]	0.295	42
	ln$PM2.5$	0.046 (0.391) [−0.72, 0.81]	−0.046 (0.049) [−0.14, 0.05]	0.010 (0.035) [−0.06, 0.08]	Yes	4.020*** (0.018) [3.983, 4.057]	0.504	42
	lnAQI	0.341** (0.14) [0.07, 0.62]	0.040 (0.119) [−0.19, 0.28]	0.069 (0.083) [−0.10, 0.24]	Yes	4.480*** (0.045) [4.388, 4.572]	0.335	42
大型工业出口型地区	lnSO_2	0.191 (0.205) [−0.21, 0.59]	−0.055 (0.076) [−0.20, 0.09]	−0.730*** (0.148) [−1.02, −0.44]	Yes	17.229*** (3.035) [11.281, 23.178]	0.415	376
	ln$smoke$	−0.006 (0.270) [−0.53, 0.52]	0.302*** (0.101) [0.105, 0.500]	−0.517*** (0.197) [−0.90, −0.13]	Yes	18.202*** (4.032) [10.299, 26.105]	0.396	376
	ln$PM2.5$	0.031 (0.139) [−0.24, 0.30]	−0.076*** (0.024) [−0.12, −0.03]	−0.010 (0.042) [−0.09, 0.07]	Yes	4.237*** (0.968) [2.341, 6.134]	0.670	376
	lnAQI	−0.107 (0.202) [−0.50, 0.29]	−0.146** (0.065) [−0.27, −0.02]	−0.142* (0.073) [−0.29, 0.01]	Yes	7.475*** (2.758) [2.070, 12.880]	0.429	178
资源密集型地区	lnSO_2	0.572 (0.454) [−0.32, 1.46]	−0.056 (0.064) [−0.18, 0.07]	−0.894*** (0.174) [−1.25, −0.54]	Yes	12.935*** (2.614) [7.812, 18.058]	0.388	550

续表

类型	变量	du	dt	du×dt	Control	C	R²	N
资源密集型地区	ln*smoke*	0.835*	0.517***	−0.954***	Yes	5.550*	0.407	550
		(0.462)	(0.087)	(0.208)		(3.301)		
		[−0.07, 1.74]	[0.347, 0.687]	[−1.36, −0.55]		[−0.920, 12.019]		
	ln*PM2.5*	0.035	−0.126***	0.063	Yes	0.838	0.583	550
		(0.178)	(0.020)	(0.042)		(0.809)		
		[−0.31, 0.38]	[−0.17, −0.09]	[−0.02, 0.15]		[−0.747, 2.423]		
	ln*AQI*	0.117	−0.03	−0.295***	Yes	−0.509	0.689	191
		(0.122)	(0.069)	(0.090)		(1.678)		
		[−0.12, 0.36]	[−0.17, 0.11]	[−0.47, −0.12]		[−3.798, 2.780]		

注：小括号内为标准误差，中括号内为95%的置信区间；* $p<0.1$，** $p<0.05$，*** $p<0.01$。

表4-12结果显示，在城市消费型地区，"煤改气"政策对工业二氧化硫、工业烟尘、PM2.5和空气质量指数的减排效果分别为73.6%、43.6%、−1.0%和−6.9%。在大型工业出口型地区，"煤改气"政策对工业二氧化硫、工业烟尘、PM2.5和空气质量指数的减排效果分别为73.0%、51.7%、1.0%和14.2%。在资源密集型地区，"煤改气"政策对二氧化硫、工业烟尘、PM2.5、空气质量指数的减排效果分别为89.4%、95.4%、−6.3%、29.5%。根据上述结果，笔者发现"煤改气"政策对不同产业类型地区的工业二氧化硫、工业烟尘和空气质量指数都有显著的减排效果，这与前文的结论一致。略有不同的是，"煤改气"政策在不同地区的政策效果不同。具体而言，工业二氧化硫、工业烟尘和空气质量指数的减排效果在资源密集型地区最显著。资源密集型地区有很多能源生产和加工行业，如采掘业和冶金业，"煤改气"政策将在这类地区实现更广泛的能源转型，从而对空气污染产生显著的减排效果。以上不同地区的异质性分析结果表

明前文的结论是稳健的。

第五节　本章小结

本章利用 2003~2016 年 274 个城市的面板数据，应用 PSM 进行样本匹配，然后采用 DID 估计"煤改气"政策对中国空气污染的净效应。此外，本章还探讨了"煤改气"政策对空气污染的动态效应及其减少空气污染的机制。主要结论如下。

首先，本章研究结果表明，"煤改气"政策显著改善了整体空气质量，减少了工业气体污染物的排放。该政策使工业二氧化硫减排 31.3%，工业烟尘减排 36.0%，空气质量指数降低 33.1%。不考虑空间扩散干扰的 PSM－DID 结果显示，该政策对 PM2.5 的减排效果仅为 0.3%，未能通过 10% 的显著性水平检验。通过 SLM－DID 消除周边城市 PM2.5 扩散的干扰后，该政策对 PM2.5 的减排效果为 7%，通过了 5% 的显著性水平检验。

其次，"煤改气"政策对工业二氧化硫、工业烟尘和空气质量指数的减排效果在 2012 年和 2013 年即政策实施后第二年和第三年较为显著，但该政策的长期减排效果在 2014 年之后开始减弱甚至逆转，这说明该政策对空气污染的减少效果是不可持续的。机制分析结果表明，"煤改气"政策不仅能够通过能源转型直接减少空气污染，还能够通过促进产业结构升级和去工业化间接减少空气污染。虽然产业结构升级和去工业化从根本上减少了物染物排放，从而降低了污染物浓度，但只有不断推进产业结构升级和去工业化，才能持续降低污染物浓度。随着补贴的减少，"煤改气"政策对产业结构升级和去工业化的影响也逐渐减小。因此，通过产业结构升级和去工业化来减少空气污染的"煤改气"政策也将长期停滞。

最后，平行趋势检验结果表明，2010 年后空气污染的减少是由于

"煤改气"政策的实施，而不是其他因素。对秦岭—淮河以北地区样本进行 PSM-DID 分析，得到的结论与前述研究结论是一致的，说明本章研究结论是稳健的。PSM 替换匹配法的估计结果和不同产业类型地区的异质性分析结果也表明上述结论是稳健的。

根据本章的结论，我们提出了一些可行的政策来应对日益严峻的空气污染挑战。

第一，"煤改气"政策在减少空气污染方面的效果表明，它主要减少了工业生产造成的空气污染。尽管这确实改善了空气质量，但这项政策对 PM2.5 浓度的降低幅度相对较小。政府不应只关注工业企业燃煤锅炉和生产设备的改造，同时也需要出台农村地区散煤"煤改气"政策。此外，中央政府应协调制定区域"煤改气"政策，减少PM2.5 扩散带来的干扰。为了更有效地减少空气污染，政府可以将"煤改气"政策与其他环境政策如控制汽车尾气排放和发展公共交通政策相结合。

第二，"煤改气"政策对空气污染的动态效应分析表明，该政策不能为减少空气污染提供持续的动力。因此，政府应调整现有的"煤改气"政策措施，制订长期有效的计划。对于唐山、保定、大同等能源依赖型城市，直接通过财政措施推动能源转型是不可持续的。大多数企业无法承受持续增长的能源成本。一旦政府补贴减少，这些企业将无法维持现有的天然气消费量。政府应将能源消耗成本补贴转移到研发领域，鼓励企业提高天然气的生产效率，以应对生产成本的上涨。虽然这一措施在短期内无法明显改善空气质量，但能为企业的长期能源转型打下基础。

第三，机制分析结果表明，"煤改气"政策通过促进区域产业结构升级和去工业化来减少空气污染。政府应充分利用这一机制，进一步增强"煤改气"政策的空气污染减排效果。具体而言，政府应鼓励电厂等传统工业企业与高科技企业合作，加快区域产业升级。这一方面可以帮助电厂在"煤改气"设备改造过程中实现智能化生产，从而提高生产效率，应对能源转型带来的成本上升；另一方面还可以降低区域内传统产业的比重，从而减少能源消耗总量，进而减少空气污染。

参考文献

［1］ Ziming Liu, Lu Yu, "Stay or Leave? The Role of Air Pollution in Urban Migration Choices", *Ecological Economics* 177（2020）.

［2］ Stephanie A. Deflorio-Barker, Danelle T. Lobdelle and Susan Lyon Stone, et al., "Acute Effects of Short-Term Exposure to Air Pollution While Being Physically Active, the Potential for Modification: A Review of the Literature", *Preventive Medicine* 139（2020）.

［3］ Chenyang Yu, Hongyu Long and Xiang Zhang, et al., "The Interaction Effect between Public Environmental Concern and Air Pollution: Evidence from China", *Journal of Cleaner Production*（2023）.

［4］ Yali Zhang, Wenqi Li and Feng Wu, "Does Energy Transition Improve Air Quality? Evidence Derived from China's Winter Clean Heating Pilot（WCHP）Project", *Energy* 206（2020）.

［5］ Angelique J. Scott, Carl Scarrott, "Impacts of Residential Heating Intervention Measures on Air Quality and Progress towards Targets in Christchurch and Timaru, New Zealand", *Atmospheric Environment* 45（2011）.

［6］ Shuman Zhao, Bo Hu and Wenkang Gao, et al., "Effect of the 'Coal to Gas' Project on Atmospheric NOX during the Heating Period at a Suburban Site between Beijing and Tianjin", *Atmospheric Research* 241（2020）.

［7］ Boqiang Lin, Runqing Zhu, "Energy Efficiency of the Mining Sector in China, What Are the Main Influence Factors?", *Resources, Conservation and Recycling* 167（2021）.

［8］ Bert Brunekreef, Stephen T. Holgate, "Air Pollution and Health", *The Lancet* 360（2002）.

［9］ Amir Sapkota, David Zaridze and Neonila Szeszenia-Dabrowska, et al., "Indoor Air Pollution from Solid Fuels and Risk of Upper Aerodigestive Tract Cancers in Central and Eastern Europe", *Environmental Research* 120（2013）.

［10］ Aaron van Donkelaar, Randall V. Martin and Michael Brauer, et al. , "Use of Satellite Observations for Long-Term Exposure Assessment of Global Concentrations of Fine Particulate Matter", *Environmental Health Perspectives* 123 (2015).

［11］ Soumyananda Dinda, "Environmental Kuznets Curve Hypothesis: A Survey", *Ecological Economics* 49 (2004).

［12］ IQAir, *World Air Quality Report*, 2020.

第五章

环境信息公开对空气污染的影响分析

以往的研究侧重于考察监管手段和经济手段对空气污染的减排效果，忽视了环境信息公开的重要性。本章以 2012 年《环境空气质量标准》的实施这一准自然实验为基础，利用 2006~2017 年中国 269 个城市的面板数据，通过动态空间差分模型评估了环境信息公开对空气污染的影响。研究结果表明，《环境空气质量标准》的实施使当地的 PM 2.5 浓度降低了 3.0%，使周边城市的 PM2.5 浓度降低了 3.3%。进一步的分析表明，环境信息公开通过提升公众的环境关注度、促进绿色创新和产业升级来减少空气污染。本章还探讨了政府环境规制和不同地区异质性分析的调节作用，提出了促进环境信息公开、减少空气污染的切实可行的政策建议。

第一节　引言

近年来，中国经济的快速增长带来了严重的环境污染问题（Yu 等，2023），特别是自 2011 年以来，以雾霾为代表的空气污染越来越受到关注。应对雾霾污染和改善空气质量的主要任务是控制 PM2.5 浓度（Hopke 和 Hill，2021）。作为一种小颗粒的空气污染物，PM2.5 可以从肺部进入呼吸系统，从而导致呼吸系统和神经系统疾病的患病率提高（Yuan 等，2022）。此外，PM2.5 浓度的提升大大限制了各种类型的户外活动，造成了经济损失（Wang 等，2022）。因此，如何控制以 PM2.5 为主的空气污染成为重要的学术课题。

政府的环境监管被认为是控制空气污染的重要措施（Chen 等，2022）。一般而言，政府实施环境污染控制的政策工具可以分为三大类，即基于法规的工具、基于经济的工具和基于信息的工具。这三类政策工具的演变代表了政府环境规制的不同发展阶段（Ding 等，2022）。第一阶段主要通过监管手段控制环境污染；第二阶段通过市场机制提高高污染企业的成本，进一步推动企业的绿色转型；第三阶段要求城市或企业披露更详细的环境信息，接受政府和公众的监督。近年来，随着中国经济的快速增长，空气污染问题日益严重（Gangwar 等，2019）。对经济发展的过度关注导致地方政府对环境污染控制的重视程度降低，大量企业规避环境监管并非法排放各种空气污染物（Zhang 等，2022）。因此，仅仅依靠基于法规的工具或基于经济的工具无法有效控制中国的空气污染。由于中国空气污染信息公开不足，公众无法有效评估其所在地的空气质量，政府也没有足够的动力加强环境监管，这也是基于法规的工具和基于经济的工具减少空气污染的效果有限的原因之一。因此，中国在 2012 年实施了《环境空气质量标准》（AAQS），公布各城市实时的 PM2.5 浓度，期望通过提高公众的环保意识和加强地方政府的监管来减少空气污染。

大多数研究关注基于监管工具减少空气污染的效果。例如，基于 1998~2015 年 30 个 OECD 国家的跨国面板数据，Xiao 等（2019）的研究表明，环境监管对 PM2.5 浓度的影响是非线性的。Wang 等（2021）基于 2003~2016 年 248 个城市的面板数据的研究表明基于监管的工具显著减少了空气污染。一些文献还从经济工具的角度评估了征收排污费等措施对环境污染控制的影响。Cui 等（2021）的研究认为，碳排放交易的实施可以显著减少企业层面的污染排放。然而，目前还缺乏从环境信息公开角度分析其对减少大气污染影响的文献。大多数关于环境信息披露的研究集中在企业层面，主要讨论哪些因素会增强企业环境信息披露，或者企业环境信息披露如何影响其商业行为和财务状况（Liu 和 Anbumozhi，2009）。环境信息披露对环境污染的直接影响，也就是环境信息披露的初衷，还未得到重视。一些研究将污染源监管信息公开指数（PITI）作为准自然实验，用于中国 113 个城市的年度评估，以评估其对环境污染管理的影响。然而，这种非政府组织的评价指标往往存在主观性、实效性和综合性的问题。此外，PITI 评价所选的 113 个城市中有 110 个是国家环境保护重点城市，这种评价对象选择上的偏向性可能导致污染控制效果的偏差。此外，Liu 等（2021）将国家环境空气质量监测网作为一个准自然实验，评估其对减少空气污染的影响。结果显示，该准自然实验的实施导致 PM2.5 浓度降低了 $1.325\mu g/m^3$。然而，这项研究只关注了 PM2.5 监测站建立后的减排效果，而忽略了监测站环境信息公开的影响。监测站的 PM2.5 浓度数据的信息公开可以直接影响大气污染治理的效果。因此，有必要深入探讨环境信息公开这一重要举措在减少大气污染方面的作用。

本章将《环境空气质量标准》的实施作为一个准自然实验来评估环境信息公开对减少空气污染的影响。首先，本章收集了 2006～2017 年 269 个城市的平衡面板数据，利用动态空间差分模型评估环境信息公开对空气污染的影响。其次，本章进一步探讨了环境信息公开对大气污染的影响机制以及政府环境规制的调节效应。再次，本章研究环境信息公开对减少空气污染影响的空间异质性。最后，本章还进行了一些检验以确保分析结果的稳健性，包括安慰剂检验、基于 PSM-DID 的重新估计和排除同期其他政策干扰的重新估计。

本章的贡献可以概括为以下几点。首先，通过动态空间差分模型，采用《环境空气质量标准》的实施作为一个准自然实验来评估环境信息公开对空气污染的影响。以往的文献普遍关注政府污染控制对减少空气污染的影响，忽视了环境信息公开的重要性。此外，部分文献忽略了空气污染的空间因素和动态关联，这可能会导致估计结果出现偏差。本章研究结果表明，《环境空气质量标准》的实施不但使本地的PM2.5浓度下降了3.0%，而且使周边地区的PM2.5浓度下降了3.3%。因此，应持续推动环境信息公开以改善空气质量。其次，本章深入讨论了环境信息公开影响空气污染的机制，并探讨了政府环境规制的调节效应。研究结果表明，环境信息公开通过提高公众环境关注度、绿色创新和产业升级来减少空气污染。此外，本章认为，政府环境规制的加强会提高环境信息公开的空气污染减排效应。最后，本章探讨了环境信息公开在不同地区的效果差异。以往与环境信息公开和污染控制有关的研究较少从供暖地区和非供暖地区的角度分析异质性。研究结果认为，环境信息公开对空气污染的减少效应在东部地区较强。此外，非供暖区的环境信息公开对空气污染的减少效应比供暖区强。本章的框架组织如下：第一节引言，第二节理论框架与研究假设，第三节模型、方法与数据，第四节实证检验结果，第五节本章小结。

第二节　理论框架与研究假设

一　空气污染文献综述

空气污染被定义为当某些物质以对人类或人类赖以生存的生态系统有害的浓度侵入空气时发生的一种现象（Brauer 等，2021）。近年来，高危空气污染事件的频发引起社会高度关注。为了让公众更好地参与空气质量监测，一系列测量标准出台，这使公众能够从数据层面感知空气污染的严重程度（Lin 和 Zhu，2021）。具体来说，通常选择二氧化硫、二氧化氮、一氧化碳、臭氧、PM2.5 和 PM10 的浓度来衡量空气污染程度（Akbarzadeh 等，2018）。其中，PM2.5 是一类重要的污染物。由于体积小且能悬浮在空气中，PM2.5 具有携带病原体的特性（Bu 等，2021）。PM2.5 进入人体呼吸道，不仅会引发呼吸道阻塞和一系列炎症性疾病，甚至可能通过气血交换引发癌症，对人体有很大的破坏力。因此，人们在关注空气污染指标时，总是优先考虑 PM2.5 浓度。

PM2.5 浓度受多种因素影响，其影响因素主要分为经济和天气因素。在经济层面，经济发展、人口、公共交通、产业结构等都会对 PM2.5 浓度产生影响。Ji 等（2018）使用 79 个发展中国家 2001～2010 年的面板数据，量化了 PM2.5 浓度的社会经济驱动因素。他们发现城市化水平对 PM2.5 浓度的影响在低收入地区和高收入地区之间存在差异，呈倒 U 形关系。Yang 等（2022）在研究 PM2.5 对孕妇维生素 D 状况的影响时考虑了阳光。他们发现，在日照时间短的天气条件下，PM2.5 暴露对维生素 D 缺乏有显著影响。经过进一步分析，他们得出结论，PM2.5 吸收太阳辐射的能力导致日照时间与 PM2.5 浓度之间呈负相关关系。此外，政府的环境监管水平等因素也会影响 PM2.5 浓度。

二 中国《环境空气质量标准》的政策背景

与其他国家类似，中国政府采取的环境政策开始于行政命令的法律约束（Yao 等，2022）。早期的法律规定往往具有明显的环境改善效果。然而，随着生产力的发展和生产需求的增加，许多企业开始绕过环境法规进行违规生产，导致环境质量急剧下降（Gangwar 等，2019）。为了不断改善环境，促进政府监管，加强公众监督，中国开始重视环境信息公开在环境污染控制中的作用，满足公众对环境信息公开的需求（Tian 等，2016）。2012 年颁布的《环境空气质量标准》就是这一背景下的政策产物。该标准要求空气质量数据必须以统一、实时、全面的方式向公众发布。此外，政府分四批公布在全国相应城市设立环境空气质量监测站的情况。2012 年 5 月，政府公布了首批

496 个监测站。首批城市包括京津冀、长三角和珠三角等重点区域的 74 个地级市，以及直辖市和省会城市。第二批 388 个监测站于 2013 年 3 月公布，其中包括 85 个国家环境保护重点城市和示范城市等地级市。第三批 552 个监测站于 2014 年 5 月公布，由 159 个城市组成（见表 5-1）。2015 年 1 月，政府宣布全面推广《环境空气质量标准》，覆盖全国 338 个地级及以上城市的 1436 个监测站。《环境空气质量标准》的公布促进了公众对空气质量监测的参与，同时也丰富了政府治理空气污染的手段，增强了企业的环保意识（Bai 等，2021）。环境信息公开引发全社会对空气质量的关注，这可能会改变空气污染状况，特别是降低 PM2.5 的浓度。

表 5-1　2012 年、2013 年和 2014 年实施《环境空气质量标准》的城市

年份	城市
2012	北京、天津、石家庄、唐山、秦皇岛、邯郸、邢台、保定、张家口、承德、沧州、廊坊、衡水、太原、呼和浩特、沈阳、大连、长春、哈尔滨、上海、南京、无锡、徐州、常州、苏州、南通、连云港、淮安、盐城、扬州、镇江、泰州、宿迁、杭州、宁波、温州、嘉兴、湖州、绍兴、金华、衢州、舟山、台州、丽水、合肥、福州、厦门、南昌、济南、青岛、郑州、武汉、长沙、广州、深圳、珠海、佛山、江门、肇庆、惠州、东莞、中山、南宁、海口、重庆、成都、贵阳、昆明、拉萨、西安、兰州、西宁、银川、乌鲁木齐
2013	大同、阳泉、长治、临汾、包头、赤峰、鄂尔多斯、鞍山、抚顺、本溪、丹东、锦州、营口、盘锦、葫芦岛、齐齐哈尔、大庆、牡丹江、芜湖、马鞍山、泉州、九江、淄博、枣庄、东营、烟台、潍坊、济宁、泰安、威海、日照、临沂、德州、聊城、滨州、菏泽、开封、洛阳、平顶山、安阳、焦作、三门峡、宜昌、荆州、株洲、湘潭、岳阳、常德、张家界、韶关、汕头、湛江、茂名、梅州、汕尾、河源、阳江、清远、潮州、揭阳、云浮、柳州、桂林、北海、三亚、自贡、攀枝花、泸州、德阳、绵阳、南充、宜宾、遵义、曲靖、玉溪、铜川、宝鸡、咸阳、渭南、延安、嘉峪关、金昌、石嘴山、克拉玛依、莱芜
2014	晋城、朔州、晋中、运城、忻州、吕梁、乌海、通辽、呼伦贝尔、巴彦淖尔、乌兰察布、阜新、辽阳、铁岭、朝阳、吉林、四平、辽源、通化、白山、松原、白城、鸡西、鹤岗、双鸭山、伊春、佳木斯、七台河、黑河、绥化、蚌埠、淮南、淮北、铜陵、安庆、黄山、滁州、阜阳、宿州、六安、亳州、池州、宣城、莆田、三明、漳州、南平、龙岩、宁德、景德镇、萍乡、新余、鹰潭、赣州、吉安、宜春、抚州、上饶、鹤壁、新乡、濮阳、许昌、漯河、南阳、商丘、

续表

年份	城市
2014	信阳、周口、驻马店、黄石、十堰、襄阳、鄂州、荆门、孝感、黄冈、咸宁、随州、仙桃、潜江、天门、神农架林区、衡阳、邵阳、益阳、郴州、永州、怀化、娄底、梧州、防城港、钦州、贵港、玉林、百色、贺州、河池、来宾、崇左、三沙、儋州、五指山、琼海、文昌、万宁、东方、广元、遂宁、内江、乐山、眉山、广安、达州、雅安、巴中、资阳、六盘水、安顺、毕节、铜仁、保山、昭通、丽江、普洱、临沧、日喀则、昌都、林芝、山南、那曲、汉中、榆林、安康、商洛、白银、天水、武威、张掖、平凉、酒泉、庆阳、定西、陇南、海东、吴忠、沾源、中卫、吐鲁番、哈密、石河子、阿拉尔、图木舒克、五家渠、北屯、铁门关、双河、可克达拉、昆玉、胡杨河、巢湖

三 研究假设

环境信息的有效公开意味着全社会环境保护意识的提高。一旦政府、企业和公众开始关注空气质量，他们将采取适当的措施来避免空气污染物浓度的提升。此外，《环境空气质量标准》在 2012~2014 年 3 年内分为四个批次公布监测站，不同批次监测站的空间分布呈现从重点区域聚集向非重点区域扩散的趋势。因此，当一个地区的监测站公布后，其对大气污染物的抑制作用可能会产生空间溢出效应，促进周边地区大气污染物浓度降低（Wang 等，2022）。基于上述分析，本章提出假设 1。

H1：环境信息公开将减少当地空气污染，并通过空间溢出效应减少周边地区空气污染。

环境信息公开可以直接影响空气中污染物的浓度，也可能通过其他途径抑制空气污染。环境信息公开提高了公众对环境的关注度，提高了公众的环保意识，进而减少了空气污染。例如，Li 等（2022）利用 2013~2018 年中国地级市的空气污染数据和百度指数，探讨了公众环境关注度对空气污染的影响。他们发现，当公众环境关注度上升时，政府的压力开始变大，最终促使政府采取措施减少空气污染。Ding 等（2022）基于污染源监管信息公开指数（PITI）对 2008 年中国城市的污染信息透明度进行了准自然实验，研究 PITI 披露对企业绿色创新的影响。他们发现，环境信息公开增加了高污染企业的绿色专利申请活动。此外，环境信息公开可能会促进产业升级。由于第三产业拥有比第二产业更低的污染水平，一旦第三产业的份额提高，就能有效减少空气污染。基于以上分析，本章提出假设 2。

H2：环境信息公开通过提高公众环境关注度、绿色创新和产业升级减少空气污染。

环境信息公开对空气污染的减排效果还可能受到政府环境监管水平的影响。现有研究普遍认为，政府加强环境监管会显著减少区域空气污染（Xiao 等，2019）。环境信息公开增强了公众和政府对空气污染问题的关注。对于环境监管水平较高的地区，政府以更严格的标准治理空气污染，回应公众的担忧。然而，对于环境监管水平较低的地区，环境问题短期内无法促使政府加强污染监管，因此其减少空气污染的作用有限。因此，本章提出假设 3。

H3：政府环境规制力度加大会增强环境信息公开对减少空气污染的效果。

第三节　模型、方法与数据

一　计量模型构建

当地的空气污染会影响周边地区的空气污染，上一年的空气污染也会影响当年的空气污染水平，因此，本章在传统 DID 模型的基础上加入了空间因素和动态效应，并采用动态空间差分模型来评估环境信息公开即《环境空气质量标准》的实施对空气污染的影响。计量经济学模型设定如下：

$$Y_{i,t} = \alpha + \beta_1 Y_{i,t-1} + \beta_2 \sum_{j=1}^{n} W_{i,j} Y_{i,t} + \beta_3 AAQS_{i,t} + \beta_4 \sum_{j=1}^{n} W_{i,j} AAQS_{i,t}$$

$$+\beta_5 Con_{i,t} +\beta_6 \sum_{j=1}^{n} W_{i,j} Con_{i,t} +\varepsilon_{i,t} \tag{1}$$

$$AAQS_{i,t} = \begin{cases} 1, & \text{假设城市 } i \text{ 第 } t \text{ 年实施《环境空气质量标准》} \\ 0, & \text{假设城市 } i \text{ 第 } t \text{ 年未实施《环境空气质量标准》} \end{cases} \tag{2}$$

其中，$Y_{i,t}$ 表示城市 i 在第 t 年的空气污染；$Y_{i,t-1}$ 表示城市 i 在第 $t-1$ 年的空气污染；$AAQS_{i,t}$ 表示第 t 年 i 城市实施《环境空气质量标准》的虚拟系数；$Con_{i,t}$ 表示控制变量；$\sum_{j=1}^{n} W_{i,j} Y_{i,t}$ 表示空气污染的空间滞后项；$\sum_{j=1}^{n} W_{i,j} AAQS_{i,t}$ 是《环境空气质量标准》实施的空间滞后项；$\sum_{j=1}^{n} W_{i,j} Con_{i,t}$ 为控制变量的空间滞后项；α 表示截距项，$\varepsilon_{i,t}$ 表示回归的误差项。本章采用地理反距离权重矩阵，与直接经济距离加权矩阵和地理权重矩阵相比，该矩阵可以同时拟合和解释目标模型。

$$W_{i,j} = \begin{cases} e^{-\alpha d_{i,j}}, & i \neq j \\ 0, & i = j \end{cases} \tag{3}$$

其中，$W_{i,j}$ 是地理反距离权重矩阵；α 是经济距离系数；$d_{i,j}$ 是城市 i 和 j 之间的经济距离，在其表示的矩阵中，对角线元素都等于 0。

二 变量选取

本章的因变量是空气污染。由于《环境空气质量标准》实施后公开的主要环境监测指标是 PM2.5 浓度，本章选择地级市 PM2.5 浓度的对数值作为衡量空气污染的替代变量。PM2.5 浓度越高，空气污染就越严重。本章的自变量是《环境空气质量标准》的实施。根据式（2），实施《环境空气质量标准》后的样本取值为 1，实施《环境空气质量标准》前的样本取值为 0。同时，为了更可靠地评估《环境空气质量标准》对空气污染的影响，本章选择了一系列控制变量加入模型。本章选择的控制变量包括经济发展（$rgdp$）、人口总数（pop）、每万人公交车数量（bus）、产业结构（is）、温度（tem）、湿度（hum）、降雨量（*pre*）和日照时间（*sun*）（Yu 等，2023）。变量描述性统计见表 5-2。

表 5-2 变量描述性统计

变量		变量描述	样本数（个）	均值	最小值	最大值	标准差
因变量	ln*PM2.5*	PM 2.5 浓度（μg/m³）对数值	3228	3.808	2.599	4.687	0.324
自变量	*AAQS*	《环境空气质量标准》的实施	3228	0.402	0.000	1.000	0.490
控制变量	ln*rgdp*	GDP 对数值	3228	10.352	4.595	13.056	0.710
	eg	环境规制	3228	12.171	8.178	14.164	0.783
	ln*pop*	人口总数对数值	3228	5.902	3.400	9.129	0.669
	ln*bus*	每万人公交车数量对数值	3228	8.573	4.331	12.566	0.962
	is	产业结构	3228	48.961	18.420	90.970	10.092
	tem	温度	3228	15.317	-2.200	23.900	5.080
	hum	湿度	3228	68.523	40.000	85.000	9.411
	ln*pre*	降雨量对数值	3228	8.115	6.394	13.816	1.834
	ln*sun*	日照时间对数值	3228	7.077	3.733	13.816	1.489

注：本章使用对数值对不同单位的变量 *rgdp*、*pop*、*bus*、*pre*、*sun* 进行标准化处理。

三 数据说明

本章选取 2006～2017 年 269 个城市的面板数据作为研究样本，共包括 3228 个观测值。样本选择期涵盖了《环境空气质量标准》实施前后共 11 年的时间，这足以评估政策的处理效果。PM2.5 浓度的数据来自中国空气质量在线检测分析平台（https://www.aqistudy.cn/）。城市层面的控制变量数据来自中国研究数据服务平台（CNRDS）的中国城市统计数据库（CCSD）（https://www.cnrds.com/Home/Index#/FinanceDatabase/DB/CCSD）。本章排除了缺失样本的城市，以保持平衡的面板数据集，满足空间面板模型的估计假设。

第四节　实证检验结果

一　空间自相关检验

在使用空间计量经济学模型之前，需要分析关键变量的空间分布特征。本节分析了中国城市 PM2.5 浓度的空间分布和空间相关性。

2006~2017 年，莫兰指数（Moran's I）在 1% 的水平上显著为正，莫兰指数的值介于 0 和 1 之间（见表 5-3），这表明城市 PM2.5 浓度有很强的空间相关性，因此，在估计模型中应考虑空间因素。

表 5-3　空气污染的莫兰指数测度结果

年份	Moran's I	Z-value	年份	Moran's I	Z-value
2006	0.169***	23.269	2012	0.142***	19.022
2007	0.176***	23.455	2013	0.159***	21.203
2008	0.149***	19.922	2014	0.158***	21.081
2009	0.179***	23.814	2015	0.192***	25.468
2010	0.184***	24.471	2016	0.190***	25.218
2011	0.152***	20.975	2017	0.156***	21.441

注：*** $p < 0.01$。

二　环境信息公开对大气污染的影响

本章认为环境信息公开将减少空气污染，采用动态空间差分模型来估计《环境空气质量标准》的实施对城市 PM2.5 浓度的影响，以检验假设 1。环境信息公开对空气污染的空间溢出效应如表 5-4 所示。（1）列报告了 FE 模型的估计结果，（2）列、（3）列和（4）列分别报告了 SLM、SEM 和 SDM 的估计结果。

表 5-4　环境信息公开对空气污染的空间溢出效应

变量	FE（1）	SLM（2）	SEM（3）	SDM（4）
AAQS	−0.015**	−0.023***	−0.037***	−0.020***
	(0.006)	(0.007)	(0.007)	(0.007)
$\ln PM2.5$		0.389***		0.378***
		(0.018)		(0.018)
$\ln rgdp$	−0.056***	0.000	−0.019*	0.002
	(0.006)	(0.010)	(0.010)	(0.010)
$\ln pop$	−0.180***	−0.091***	−0.193***	−0.087***
	(0.034)	(0.028)	(0.028)	(0.028)
$\ln bus$	0.028***	−0.001	0.005	−0.002
	(0.004)	(0.003)	(0.003)	(0.003)
is	0.003***	−0.002***	−0.002***	−0.002***
	(0.000)	(0.000)	(0.000)	(0.000)
tem	−0.003	0.005**	0.004*	0.005**
	(0.003)	(0.002)	(0.002)	(0.002)
hum	−0.002***	−0.001*	−0.000	−0.001
	(0.001)	(0.000)	(0.000)	(0.000)
$\ln sun$	−0.012***	−0.003	−0.007***	−0.003
	(0.001)	(0.003)	(0.003)	(0.003)
$\ln pre$	0.002	0.000	0.001	0.000
	(0.001)	(0.001)	(0.001)	(0.001)
wAAQS				−0.034**
				(0.014)
$w\ln rgdp$				0.055***
				(0.019)
$w\ln pop$				0.083
				(0.078)
$w\ln bus$				−0.010
				(0.008)
wis				0.002
				(0.001)

续表

变量	FE (1)	SLM (2)	SEM (3)	SDM (4)
wtem				−0.004
				(0.008)
whum				0.000
				(0.001)
*w*ln*sun*				−0.001
				(0.004)
*w*ln*pre*				0.001
				(0.003)
City FE	Yes	Yes	Yes	Yes
Year FE	Yes	Yes	Yes	Yes
Observation	3228	2959	3228	2959
Log−L	216.371	2229.711	2229.711	2235.078
R^2	0.313	0.617	0.155	0.424

注：（1）$^*p<0.1$，$^{**}p<0.05$，$^{***}p<0.01$。（2）City FE 和 Year FE 分别表示城市固定效应和年份固定效应。（3）括号中是城市级别的集群稳健标准误差。（4）w 代表空间权重矩阵，wAAQS 表示环境信息公开的空间滞后项，其他变量的含义与此相同。

基于 FE 模型的估计结果，*AAQS* 的系数为−0.015（$p<0.05$），通过 5% 的显著性水平检验。在考虑了 FE 模型的动态效应和空间滞后效应后，SLM 估计结果中 *AAQS* 的回归系数为−0.023（$p<0.01$），在 1% 的水平上显著。在基于 FE 模型纳入空间误差效应后，SEM 中 *AAQS* 的系数为−0.037（$p<0.01$）。利用 SDM 同时考虑动态效应、空间滞后效应和空间误差效应，结果显示，*AAQS* 的系数为−0.020（$p<0.01$），通过了 1% 的显著性水平检验，这表明，《环境空气质量标准》的实施使城市 PM2.5 浓度降低了 2.0%，即环境信息公开显著减少了空气污染。

本章基于空间杜宾模型进一步报告了《环境空气质量标准》的实施对 PM2.5 浓度的直接效应、间接效应和总效应。直接效应为−0.030（$p<0.01$），表明《环境空气质量标准》的实施使当地 PM2.5 浓度下降

了 3.0%。间接效应是 -0.033（$p<0.1$），表明《环境空气质量标准》的实施导致周边地区的 PM2.5 浓度降低 3.3%。总效应是 -0.063（$p<0.01$），表明《环境空气质量标准》的实施导致全国所有城市的 PM2.5 浓度平均下降 6.3%（见表 5-5）。

表 5-5　空间杜宾模型的直接效应、间接效应与总效应

变量	直接效应	间接效应	总效应
AAQS	-0.030***	-0.033*	-0.063***
	(0.011)	(0.018)	(0.016)
ln*rgdp*	0.001	0.068***	0.069***
	(0.015)	(0.025)	(0.026)
ln*pop*	-0.147***	0.134	-0.013
	(0.044)	(0.092)	(0.096)
ln*bus*	-0.002	-0.011	-0.014
	(0.005)	(0.010)	(0.010)
is	-0.003***	0.003**	-0.000
	(0.001)	(0.001)	(0.001)
tem	0.008**	-0.007	0.001
	(0.004)	(0.009)	(0.009)
hum	-0.001*	0.001	-0.001
	(0.001)	(0.001)	(0.002)
ln*sun*	-0.005	0.000	-0.004
	(0.004)	(0.005)	(0.006)
ln*pre*	0.001	0.001	0.002
	(0.002)	(0.004)	(0.004)

注：(1) *$p<0.1$，** $p<0.05$，*** $p<0.01$。（2）括号中是城市级别的集群稳健标准误差。

现有研究普遍支持环境信息公开能显著减少空气污染。例如，Bai 等（2021）的研究表明，从 2014 年到 2017 年《环境空气质量标准》的实施使天津的 PM10 和 NO_2 浓度显著下降。PITI 准自然实验的实施使中国城市 SO_2 的排放量降低了 0.959%，从而有效地减少了空气污染。然而，现有研究并未评估环境信息公开对 PM2.5 浓度的影响，也

未进一步探讨环境信息公开的空间溢出效应。本章研究结果表明，环境信息公开不但能减少当地的空气污染，而且具有显著的空间溢出效应，即能够减少周边地区的空气污染。这表明，环境信息公开有利于区域内不同城市的空气污染控制，区域内的城市通过合作和监督，可以更好地改善空气质量。

三　平行趋势检验

动态空间差分模型估计的前提是满足平行趋势假设，即在《环境空气质量标准》实施前后，处理组和控制组样本之间的 PM2.5 浓度没有显著差异。

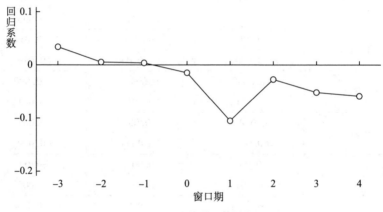

图 5-1　平行趋势测试的结果

注：X 轴表示《环境空气质量标准》实施的窗口期。Y 轴表示《环境空气质量标准》实现的回归系数。以实施《环境空气质量标准》的前一年为基期。

平行趋势测试的结果如图 5-1 所示。在实施《环境空气质量标准》之前，没有一个回归系数通过显著性检验。这表明在实施该政策之前，控制组和处理组之间没有显著差异。平行趋势假设得到了满足。此外，《环境空气质量标准》在实施后的第一年对减少空气污染的影响最为显著。然而，这种影响在第二年和第三年并不显著。到《环境空气质量标准》实施的第四年，其对空气污染的影响逐渐稳定，并且明显是负面的。这表明《环境空气质量标准》的实施对空气污染减少的影响只在短期内显著。

四　进一步分析

（一）减少空气污染的环境信息公开机制

根据假设 2，本章认为环境信息公开主要通过三种机制影响空气污染，即提高公众环境关注度、绿色创新和产业升级。本节将构建中介效应模型来分别检验这三种机制：

$$Air_{it} = \alpha + \beta AAQS_{it} + \lambda Con_{it} + \varepsilon_{it} \tag{4}$$

$$M_{it} = \alpha + \beta AAQS_{it} + \varepsilon_{it} \tag{5}$$

$$Air_{it} = \alpha + \beta AAQS_{it} + \gamma M_{it} + \lambda Con_{it} + \varepsilon_{it} \tag{6}$$

其中，M_{it} 表示中介变量，包括公众环境关注度（epc）、绿色创新（green_inn）和产业升级（iu），α 表示截距项，β 表示环境信息公开的估计系数，λ 表示控制变量的估计系数，γ 表示中介变量的估计系数，$\varepsilon_{i,t}$ 表示回归的误差项。公众环境关注度的数据来自百度指数；绿色创新用第 t 年城市 i 的绿色发明专利和绿色适用专利总数的对数来衡量；产业升级用第 t 年城市 i 的第三产业产出与第二产业产出的比值来衡量。减少空气污染的公共环境信息公开机制检验结果如表 5-6 所示。

表 5-6　减少空气污染的公共环境信息公开机制检验结果

变量	epc	lnPM2.5	green_inn	lnPM2.5	iu	lnPM2.5
	（1）	（2）	（3）	（4）	（5）	（6）
AAQS	1.300***	−0.044***	1.435***	−0.034***	0.066***	−0.036***
	（0.039）	（0.009）	（0.026）	（0.007）	（0.004）	（0.007）
epc		−0.009**				
		（0.004）				
green_inn				−0.019***		
				（0.003）		
iu						−0.038**
						（0.016）

续表

变量	epc	lnPM2.5	green_inn	lnPM2.5	iu	lnPM2.5
	（1）	（2）	（3）	（4）	（5）	（6）
Control	Yes	Yes	Yes	Yes	Yes	Yes
City FE	Yes	Yes	Yes	Yes	Yes	Yes
Year FE	Yes	Yes	Yes	Yes	Yes	Yes
Observation	1758	1758	3206	3206	3228	3228
F	565.876	135.678	1261.796	191.721	2600.825	189.807
R^2	0.604	0.314	0.632	0.512	0.779	0.508

注：（1）** $p<0.05$，*** $p<0.01$。（2）City FE 和 Year FE 分别表示城市固定效应和年份固定效应。（3）括号中是城市级别的集群稳健标准误差。

根据表 5-6 的回归结果，（1）列、（3）列和（5）列中 AAQS 的回归系数分别为 1.300（$p<0.01$）、1.435（$p<0.01$）和 0.066（$p<0.01$），均通过 1% 的显著性水平检验。这表明，环境信息公开能够显著提高公众环境关注度、促进绿色创新和产业升级。此外，（2）列、（4）列和（6）列中公众环境关注度、绿色创新和产业升级的系数分别为 -0.009（$p<0.05$）、-0.019（$p<0.01$）和 -0.038（$p<0.05$），分别通过了 5%、1% 和 5% 的显著性水平检验。因此，《环境空气质量标准》的实施不仅可以直接降低 PM2.5 浓度，还可以通过提高公众环境关注度、促进绿色创新和产业升级来间接降低 PM2.5 浓度。一些研究强调了环境信息公开的重要性，但未深入讨论其对环境污染控制的影响机制。众多研究表明，提高公众环境关注度、促进绿色创新和产业升级可以有效减少空气污染（Ding 等，2022；Li 等，2022）。本节从三种机制的角度阐释了环境信息公开减少大气污染的影响，结果认为，环境信息公开将通过提高公众环境关注度、促进绿色创新和产业升级来减少空气污染，即研究结果支持假设 2。

（二）政府环境规制的调节效应

为了检验假设 3，即政府环境规制力度加大会增强环境信息公开对减少空气污染的效果，本章构建以下模型：

$$Air_{it} = \alpha + \beta AAQS_{it} + \lambda Con_{it} + \varepsilon_{it} \tag{7}$$

$$Air_{it} = \alpha + \beta eg_{it} + \lambda Con_{it} + \varepsilon_{it} \tag{8}$$

$$Air_{it} = \alpha + \beta AAQS_{it} + \gamma eg_{it} \times AAQS_{it} + \lambda Con_{it} + \varepsilon_{it} \tag{9}$$

其中，eg_{it} 表示第 t 年城市 i 的政府环境规制水平。$eg_{it} \times AAQS_{it}$ 表示环境信息公开与政府环境规制之间的交互项，eg_{it} 用环境词频来衡量。本章人工收集了 2006~2017 年各样本城市的政府工作报告文本，对报告进行了提取和分词处理，分别统计了各城市政府工作报告中的总字数和环境相关字数，并以环境保护相关词语出现次数占总字数的比例来衡量当地的环境规制水平。与环境相关的词包括环保、绿色、污染、减排等。政府环境规制的调节效应检验如表 5-7 所示。

表 5-7　政府环境规制的调节效应检验

变量	ln$PM2.5$	ln$PM2.5$	ln$PM2.5$
	（1）	（2）	（3）
AAQS	−0.025***		−0.150***
	(0.006)		(0.016)
eg		−0.016***	−0.011***
		(0.002)	(0.002)
eg×AAQS			−0.016***
			(0.002)
C	5.222***	5.280***	4.968***
	(0.199)	(0.196)	(0.198)
Control	Yes	Yes	Yes
City FE	Yes	Yes	Yes
Year FE	Yes	Yes	Yes
Observation	3228	3228	3228
F	216.371	210.534	168.740
R^2	0.268	0.269	0.292

注：（1）*** $p<0.01$。（2）City FE 和 Year FE 分别表示城市固定效应和年份固定效应。（3）括号中是城市级别的集群稳健标准误差。

根据表 5-7 的结果，（1）列中 AAQS 的系数为−0.025（$p<0.01$），

（2）列中 eg 的系数为-0.016（$p<0.01$），均通过 1% 的显著性水平检验，这表明环境信息公开和政府环境规制都能显著减少空气污染。本章进一步检验政府环境规制的调节作用。$eg \times AAQS$ 的系数为-0.016（$p<0.01$），通过了 1% 的显著性水平检验。结果表明，政府环境规制力度加大显著增强了环境信息公开对减少空气污染的效果，这与假设 3 是一致的。虽然以往的研究也强调了政府环境规制对减少空气污染的重要性，但忽略了其对环境信息公开的调节作用。作为正式环境监管的补充，环境信息公开和政府环境规制具有互补效应。本章的研究结果表明，政府环境规制具有正向调节作用，因此，在不断推进环境信息公开的同时，也应加强政府环境规制，以便更有效地减少空气污染。

五　异质性分析

我国各地区的经济发展水平存在巨大差异，东部地区经济发展水平高于中部和西部地区。经济发展水平较高的地区拥有较高的教育水平，并较早完成产业升级。环境信息公开对减少空气污染的作用在经济发展水平较低的地区可能更显著，因此，有必要分析《环境空气质量标准》的实施对不同地区空气污染影响的差异。燃煤取暖是影响城市 PM2.5 浓度的重要因素之一，因此，在探讨《环境空气质量标准》的实施对城市 PM2.5 浓度的影响时，还应该区分供暖区和非供暖区。根据 Yu 等（2021）的研究，供暖区为秦岭和淮河以北地区，非供暖区为秦岭和淮河以南地区。本章将进一步研究《环境空气质量标准》的实施对供暖区和非供暖区空气污染影响的差异。此外，行政级别较高的城市拥有更丰富的教育资源和创新技术，其减少空气污染的边际效应可能会递减，《环境空气质量标准》的实施对这类城市减少空气污染的效果有限，因此，在评估《环境空气质量标准》的实施对 PM2.5 浓度的影响时，应考虑不同行政级别的城市之间的差异。异质性分析的结果如表 5-8 所示。

表 5-8　异质性分析的结果

变量	东中西部	供暖情况	行政级别
	（1）	（2）	（3）
ln$PM2.5$	0.356***	0.325***	0.377***
	（0.018）	（0.018）	（0.018）
$AAQS$	-0.024***	-0.044***	-0.021***
	（0.008）	（0.007）	（0.007）
$AAQS×Central$	0.023***		
	（0.006）		
$AAQS×Western$	-0.009		
	（0.007）		
$AAQS×Heating$		0.035***	
		（0.006）	
$AAQS×Rank$			0.006
			（0.008）
ln$rgdp$	0.004	0.013	0.002
	（0.010）	（0.010）	（0.010）
lnpop	-0.092***	-0.040	-0.090***
	（0.028）	（0.028）	（0.028）
lnbus	-0.004	0.000	-0.002
	（0.003）	（0.003）	（0.003）
is	-0.002***	-0.001***	-0.002***
	（0.000）	（0.000）	（0.000）
tem	0.005**	0.003	0.005**
	（0.002）	（0.002）	（0.002）
hum	-0.001**	0.000	-0.001
	（0.000）	（0.000）	（0.000）
lnsun	-0.003	-0.003	-0.003
	（0.003）	（0.003）	（0.003）
lnpre	0.001	0.001	0.000
	（0.001）	（0.001）	（0.001）
$wAAQS$	-0.025	-0.022	-0.033**
	（0.018）	（0.016）	（0.015）
$wAAQS×Central$	-0.028*		
	（0.016）		
$wAAQS×Western$	-0.003		
	（0.019）		

续表

变量	东中西部	供暖情况	行政等级
	（1）	（2）	（3）
wAAQS×Heating		−0.026	
		（0.016）	
wAAQS×Rank			−0.004
			（0.018）
wlnrgdp	0.048**	0.031*	0.055***
	（0.019）	（0.019）	（0.019）
wlnpop	0.078	−0.045	0.085
	（0.077）	（0.078）	（0.078）
wlnbus	−0.006	−0.007	−0.010
	（0.008）	（0.008）	（0.008）
wis	0.002*	0.001	0.002
	（0.001）	（0.001）	（0.001）
wtem	−0.004	−0.007	−0.004
	（0.007）	（0.007）	（0.008）
whum	0.000	−0.001	0.000
	（0.001）	（0.001）	（0.001）
wlnsun	−0.000	−0.000	−0.001
	（0.004）	（0.004）	（0.004）
wlnpre	0.001	−0.001	0.001
	（0.003）	（0.003）	（0.003）
City FE	Yes	Yes	Yes
Year FE	Yes	Yes	Yes
Observation	2959	2959	2959
R^2	0.389	0.602	0.409

注：（1）$^* p<0.1$，$^{**} p<0.05$，$^{***} p<0.01$。（2）City FE 和 Year FE 分别表示城市固定效应和年份固定效应。（3）括号中是城市级别的集群稳健标准误差。（4）w 代表空间权重矩阵，wAAQS 表示环境信息公开的空间滞后项，其他变量的含义与此相同；AAQS×Central 表示环境信息公开与中部地区虚拟变量的交互项，AAQS×Western 表示环境信息公开与西部地区虚拟变量的交互项，AAQS×Heating 表示环境信息公开与暖气供应地区虚拟变量的交互项，AAQS×Heating 表示环境信息公开与城市行政等级虚拟变量的交互项。

根据表 5-8 的结果，（1）列中 AAQS×Central 的回归系数为 0.023，通过了 1% 的显著性水平检验。《环境空气质量标准》的实施对中部地区空气污染的影响明显弱于东部地区。AAQS×Western 的回归系数为-0.009，未通过 10% 的显著性水平检验，说明《环境空气质量标准》的实施对东部、西部地区的空气污染影响无显著差异。（2）列中AAQS×Heating 的系数为 0.035，通过 1% 的显著性水平检验。这表明《环境空气质量标准》的实施可以使非供暖区的 PM2.5 浓度降低4.4%。对于供暖区，《环境空气质量标准》的实施使 PM2.5 浓度仅降低 0.9%。（3）列中 AAQS×Rank 的系数为 0.006，未通过 10% 的显著性水平检验。这表明《环境空气质量标准》的实施对空气污染的影响在不同行政级别的城市之间没有显著差异。本章研究结果表明，环境信息公开对空气污染的影响在不同经济发展水平的地区以及供暖区和非供暖区之间存在显著差异。这与 Yu 等（2021）的研究较为一致，其研究结果表明，"煤改气"政策对空气污染的影响在东部、中部和西部地区以及供暖区和非供暖区之间存在显著差异。本章认为，导致不同地区环境信息公开对空气污染影响差异的主要因素是受教育程度和技术水平。受教育程度较高，公众对环境的关注度较高，从而会放大环境信息公开对空气污染减排的影响（Gu 等，2021）。技术水平较高、产业升级较早的城市也能更好地发挥环境信息公开的积极作用，通过绿色创新和产业升级来减少空气污染。

六　稳健性检验

（一）安慰剂试验

由于《环境空气质量标准》的实施也可能影响未进行环境信息公开城市的 PM2.5 浓度，这可能降低估计结果的可靠性，因此，本章采用蒙特卡罗模拟法进行安慰剂试验，安慰剂试验结果如图 5-2 所示。本章从控制组中多次随机抽取样本作为处理组。然后利用 DID 模型进行再估计，并提取估计参数，如果估计参数呈正态分布且均值为 0，则本章的分析结果是可靠的。图 5-2 给出了 500 个随机样本的估计参数分布和核密度曲线。正如安慰剂试验所预期的那样，估计参数显示

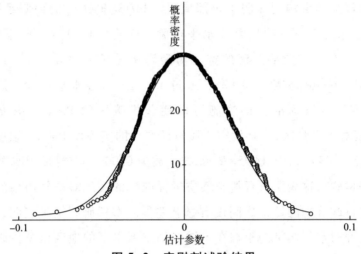

图 5-2 安慰剂试验结果

注：进行 PSM 时需明确试验组和对照组样本量比例该图将未进行环境信息公开城市的 PM2.5 浓度结果作为因变量进行报告，呈现平均值为 0 的正态分布。

正态分布，平均值为 0。这表明处理组 PM2.5 浓度的降低是由于《环境空气质量标准》的实施。

（二）基于 PSM-DID 的重新估计

为确保样本选择偏差不影响本章结论的可靠性，本章采用倾向得分匹配模型（PSM-DID）进行重新估计。基于 PSM-DID 的重新估计结果如表 5-9 所示。

表 5-9 基于 PSM-DID 的重新估计结果

变量	最近邻匹配		核密度匹配	
	(1)	(2)	(3)	(4)
AAQS	-0.002	-0.014**	-0.015**	-0.022***
	(0.007)	(0.007)	(0.006)	(0.006)
lnPM2.5		0.406***		0.405***
		(0.021)		(0.019)
lnrgdp	-0.081***	-0.047***	-0.058***	-0.034***
	(0.008)	(0.009)	(0.006)	(0.007)

续表

变量	最近邻匹配		核密度匹配	
	（1）	（2）	（3）	（4）
ln*pop*	−0.124***	−0.043	−0.167***	−0.053
	（0.039）	（0.038）	（0.036）	（0.035）
ln*bus*	0.026***	0.014***	0.029***	0.017***
	（0.004）	（0.004）	（0.004）	（0.004）
is	0.004***	0.003***	0.002***	0.002***
	（0.000）	（0.001）	（0.000）	（0.000）
tem	−0.009***	−0.005	−0.007**	−0.003
	（0.003）	（0.003）	（0.003）	（0.003）
hum	−0.002***	−0.003***	−0.002***	−0.003***
	（0.001）	（0.001）	（0.001）	（0.001）
ln*sun*	−0.012***	−0.010***	−0.013***	−0.011***
	（0.001）	（0.001）	（0.001）	（0.001）
ln*pre*	0.001	0.001	0.002	0.001
	（0.001）	（0.001）	（0.001）	（0.001）
C	5.362***	3.071***	5.347***	3.006***
	（0.237）	（0.265）	（0.216）	（0.241）
City FE	Yes	Yes	Yes	Yes
Year FE	Yes	Yes	Yes	Yes
Observation	2459	2276	2954	2688
F	134.059	169.553	138.517	183.438
R^2	0.356	0.459	0.318	0.432

注：（1）** $p<0.05$，*** $p<0.01$。（2）City FE 和 Year FE 分别表示城市固定效应和年份固定效应。（3）括号中是城市级别的集群稳健标准误差。

　　根据表5-9的回归结果，（2）列和（4）列中 *AAQS* 的回归系数分别为−0.014（$p<0.05$）和−0.022（$p<0.01$），分别通过了5%和1%的显著性水平检验。基于最近邻匹配与核密度匹配的 PSM-DID 得到的结论与表5-4一致，这说明环境信息公开能够减少空气污染，即前文的分析结果是稳健的。

（三）排除同期其他政策干扰的重新估计

为了排除同期其他政策对结果的干扰，本章进一步控制了模型中污染源监管信息公开指数（PITI）、低碳城市试点（LCCP）、碳排放交易试点（CETP）和大气污染防治方案（APCP）的政策冲击。加入上述四个政策冲击后，排除同期其他政策干扰的重新估计如表5-10所示。

表5-10　排除同期其他政策干扰的重新估计

变量	（1）	（2）	（3）	（4）
ln$PM2.5$	0.392***	0.390***	0.392***	0.394***
	（0.018）	（0.018）	（0.018）	（0.018）
$AAQS$	−0.024***	−0.022***	−0.023***	−0.023***
	（0.006）	（0.006）	（0.006）	（0.006）
$PITI$	−0.013**			
	（0.006）			
$LCCP$		−0.011*		
		（0.006）		
$CETP$			0.002	
			（0.008）	
$APCP$				0.017*
				（0.010）
C	3.161***	3.048***	3.087***	3.031***
	（0.233）	（0.231）	（0.232）	（0.232）
City FE	Yes	Yes	Yes	Yes
Year FE	Yes	Yes	Yes	Yes
Observation	2959	2959	2959	2959
F	175.100	174.857	174.415	174.871
R^2	0.418	0.418	0.417	0.418

注：（1）* $p<0.1$，** $p<0.05$，*** $p<0.01$。（2）City FE 和 Year FE 分别表示城市固定效应和年份固定效应。（3）括号中是城市级别的集群稳健标准误差。

根据表5-10的结果，（1）列至（4）列中 $AAQS$ 的回归系数分别为−0.024（$p<0.01$）、−0.022（$p<0.01$）、−0.023（$p<0.01$）和

−0.023（$p<0.01$），均通过了 1% 的显著性水平检验。这表明在考虑同期政策后，《环境空气质量标准》的实施对城市 PM2.5 浓度降低的影响仍然是稳健的，因此，环境信息公开可以有效减少空气污染。

第五节　本章小结

通过动态空间差分模型，本章将《环境空气质量标准》的实施作为一个准自然实验来评估环境信息公开对空气污染的影响。通过实证分析，本章得到以下三个结论。首先，《环境空气质量标准》的实施使当地的 PM2.5 浓度降低了 3.0%，使周边地区的 PM2.5 浓度降低了 3.3%。《环境空气质量标准》的实施对样本城市 PM2.5 浓度降低的总效果为 6.3%。研究结果表明，环境信息公开不但可以减少当地的空气污染，而且具有显著的空间溢出效应。其次，本章进一步探讨了环境信息公开对空气污染的影响机制。研究结果表明，环境信息公开通过提高公众环境关注度、促进绿色创新和产业升级来减少空气污染。此外，本章利用中介效应模型研究了政府环境规制的调节效应。研究结果表明，加大政府环境规制力度会增强环境信息公开对减少空气污染的效果。最后，异质性分析的结果表明，环境信息公开对空气污染的影响在不同地区存在差异。从经济发展水平来看，中部地区的环境信息公开对空气污染的影响明显弱于东部地区。环境信息公开对非供暖区空气污染的减少效果远强于供暖区。本章还进行了一系列稳健性检验，包括安慰剂试验、基于 PSM-DID 的重新估计，以及排除同期其他政策干扰的重新估计，稳健性测试得出了与前文研究一致的结论。

根据研究结果，本章提出以下三点建议。第一，政府应进一步扩大和提升环境信息公开的范围和质量。本章的研究结果表明，环境信息公开可以显著减少城市空气污染。因此，国家应加快在技术条件和成本投入允许的各类环保领域构建废水、废气等强制性环境信息公开制度。同时，向社会公开对居民健康和社会福利影响较大的环境质量指标，提高环境信息数据公开质量。这些措施可以有效促进公众对区域污染防治的参与，加强环境共治体系建设。第二，政府应通过提高公众的环保意识、鼓励企业进行绿色创新、促进高新技术产业集聚等方式扩大环境信息公开的影响力。企业应充分利用绿色发展的优惠政策，提高研发能力，加快绿色转型的步伐。只有把污染减排的压力转化为产业升级的动力，企业才能完成从污染生产到清洁生产的内部升级。地方政府应加大对企业绿色转型的支持力度，在转型期给予其必要的支持。第三，政府应构建一个跨区域的环境污染防治协同体系。本章的研究结果表明，环境信息公开对空气污染存在空间溢出效应。长期可持续的环境保护政策必将促进区域绿色发展。基于污染防治效果的生态补偿制度可以使不同经济发展水平的地区不断改善区域生态环境质量。区域内城市应通过区域环境质量信息平台及时反馈环境污染事件的过程和结果。

参考文献

［1］ Chenyang Yu, Hongyu Long and Xiang Zhang, et al., "The Interaction Effect between Public Environmental Concern and Air Pollution: Evidence from China", *Journal of Cleaner Production* (2023).

［2］ Philip K. Hopke, Elaine L. Hill, "Health and Charge Benefits from Decreasing PM2.5 Concentrations in New York State: Effects of Changing Compositions", *Atmospheric Pollution Research* 12 (2021).

［3］ Huaxi Yuan, Tianshu Zhang and Kaichuan Hu, et al., "Influences and Transmission Mechanisms of Financial Agglomeration on Environmental Pollution", *Journal of Environmental Management* 303 (2022).

［4］ Yi-zhuo Wang, Ken Sun and Li Li, et al., "The Impacts of Economic Level and Air Pollution on Public Health at the Micro and Macro Level", *Journal of Cleaner Production* 366 (2022).

［5］ Yanyun Chen, Ziyan Yao and Ke Zhong, "Do Environmental Regulations of

Carbon Emissions and Air Pollution Foster Green Technology Innovation: Evidence from China's Prefecture-Level Cities", *Journal of Cleaner Production* 350 (2022).

[6] Jinxiu Ding, Zhe Lu and Chin-Hsien YuDing, "Environmental Information Disclosure and Firms' Green Innovation: Evidence from China", *International Review of Economics & Finance* 81 (2022).

[7] Charu Gangwar, Ranjana Choudhari and Anju Chauhan, et al., "Assessment of Air Pollution Caused by Illegal E-Waste Burning to Evaluate the Human Health Risk", *Environment International* 125 (2019).

[8] Xiaoyan Zhang, Lijian Han and Haiyan Wei, et al., "Linking Urbanization and Air Quality Together: A Review and a Perspective on the Future Sustainable Urban Development", *Journal of Cleaner Production* 346 (2022).

[9] Ouyang Xiao, Qinglong Shao and Xiang Zhu, et al., "Environmental Regulation, Economic Growth and Air Pollution: Panel Threshold Analysis for OECD Countries", *Science of The Total Environment* 657 (2019).

[10] Ke-Liang Wang, Runfa Xu and Fu-Qin Zhang, et al., "Spatiotemporal Heterogeneity and Driving Factors of PM2.5 Reduction Efficiency: An Empirical Analysis of Three Urban Agglomerations in the Yangtze River Economic Belt, China", *Ecological Indicators* 132 (2021).

[11] Jingbo Cui, Chunhua Wang and Junjie Zhang, et al., "The Effectiveness of China's Regional Carbon Market Pilots in Reducing Firm Emissions", *Proceedings of the National Academy of Sciences* 118 (2021).

[12] Xianbing Liu, Venkatachalam Anbumozhi, "Determinant Factors of Corporate Environmental Information Disclosure: An Empirical Study of Chinese Listed Companies", *Journal of Cleaner Production* 17 (2009).

[13] Guixian Liu, Xiucheng Dong and Zhaoyang Kong, et al., "Does National Air Quality Monitoring Reduce Local Air Pollution? The Case of PM2.5 for China", *Journal of Environmental Management* 296 (2021).

[14] Michael Brauer, Barbara Casadei and Robert A. Harrington, et al., "Taking a Stand Against Air Pollution—The Impact on Cardiovascular Disease", *Jour-*

nal of the American College of Cardiology 77 (2021).

[15] Boqiang Lin, Runqing Zhu, "Energy Efficiency of the Mining Sector in China, What Are the Main Influence Factors?", *Resources, Conservation and Recycling* 167 (2021).

[16] Mohammad Ali Akbarzadeh, Isa Khaheshi and Amirsina Sharifi, et al., "The Association between Exposure to Air Pollutants Including PM10, PM2.5, Ozone, Carbon Monoxide, Sulfur Dioxide, and Nitrogen Dioxide Concentration and the Relative Risk of Developing STEMI: A Case-Crossover Design", *Environmental Research* 161 (2018).

[17] Xiang Bu, Zhonglei Xie and Jing Liu, et al., "Global PM2.5-Attributable Health Burden from 1990 to 2017: Estimates from the Global Burden of Disease Study 2017", *Environmental Research* 197 (2021).

[18] Xi Ji, Yixin Yao and Xianling Long, "What Causes PM2.5 Pollution? Cross-Economy Empirical Analysis from Socioeconomic Perspective", *Energy Policy* 119 (2018).

[19] Dongjian Yang, Lei Chen and Ya Yang, et al., "Effect of PM2.5 Exposure on Vitamin D Status among Pregnant Women: A Distributed Lag Analysis", *Ecotoxicology and Environmental Safety* 239 (2022).

[20] Liming Yao, Ying Luo and Yile Wang, et al., "Market Response to the Hierarchical Water Environment Regulations on Heavily Polluting Firm: Evidence from China", *Water Resources and Economics* 39 (2022).

[21] Xian-Liang Tian, Qi Guo and Chaohua Han, et al., "Different Extent of Environmental Information Disclosure across Chinese Cities: Contributing Factors and Correlation with Local Pollution", *Global Environmental Change* 39 (2016).

[22] Yu Bai, Yang Ni and Qiang Zeng, "Impact of Ambient Air Quality Standards Revision on the Exposure-Response of Air Pollution in Tianjin, China", *Environmental Research* 198 (2021).

[23] Haisen Wang, Gangqiang Yang and Xiao Ouyang, et al., "Does Environmental Information Disclosure Promote the Supply of Environmental Public

Goods? Evidence Based on a Dynamic Spatial Panel Durbin Model", *Environmental Impact Assessment Review* 93 (2022).

[24] Xing Li, Zhigao Hu and J. F. Cao, et al., "The Impact of Environmental Accountability on Air Pollution: A Public Attention Perspective", *Energy Policy* 161 (2022).

[25] Chenyang Yu, Jijun Kang and Jing Teng, et al., "Does Coal-to-Gas Policy Reduce Air Pollution? Evidence from a Quasi-Natural Experiment in China", *Science of The Total Environment* 773 (2021).

[26] Yan Gu, Kung-Cheng Ho and Cheng Yan, et al., "Public Environmental Concern, CEO Turnover and Green Investment: Evidence from a Quasi-Natural Experiment in China", *Energy Economics* 100 (2021).

|第六章|

产业空间功能分工与绿色可持续发展的经验启示

　　城市群呈现中心城市主导研发、外围城市主导加工制造的空间功能分工格局，探究此种分工格局演变与绿色可持续发展的相关关系，对粤港澳大湾区实现绿色发展与"双碳"目标有重大意义。本章以京津冀、长三角与珠三角三大成熟城市群为案例，综合使用多维度数据分析，阐述产业空间功能分工与绿色可持续发展的特征事实，指出空间功能分工深化在促进绿色发展的同时也拉大了中心城市与外围城市的差距，并针对粤港澳大湾区的产业空间功能分工与绿色可持续发展提出对策建议。

第一节　三大城市群发展与空间功能分工演变

　　学术界与政府机构对于城市群总数与其所包含城市的界定标准存在一定差异。张学良通过指标分析基于我国城市群的发展阶段对其进行了划分，其中京津冀城市群、长三角城市群与珠三角城市群被界定为"成熟型城市群"；辽中南城市群、山东半岛城市群、哈长城市群、东陇海城市群、江淮城市群、海峡西岸城市群、中原城市群、武汉城市群、环长株潭城市群、成渝城市群、关中—天水城市群和太原城市群被界定为"发展型城市群";鄱阳湖城市群、天山北坡城市群、北部湾城市群、兰州—西宁城市群、滇中城市群、黔中城市群、呼包鄂榆城市群、宁夏沿黄城市群以及西藏中南部城市群被界定为"形成型城市群"。考虑到不同城市群的发展时间与阶段存在差异,且中国城市群之间存在较为明显的同质化。本章将以发展最成熟且最具代表性的三大城市群,即京津冀城市群、长三角城市群与珠三角城市群为案例,描述这三大城市群的发展特征与产业空间功能分工演变特征,以此来总结和归纳中国城市群整体的发展趋势与产业空间功能分工演变特征,进而为粤港澳大湾区绿色可持续发展提供决策依据。

一 三大城市群的形成与发展

作为中国仅有的三个"成熟型城市群",京津冀城市群、长三角城市群与珠三角城市群是中国当下与未来经济发展的重中之重,其都具备成为世界级城市群的潜力,本部分将着重分析三大城市群的形成与发展脉络。三大城市群划分依据如表6-1所示。从表6-1可以看出,京津冀城市群包含了北京市、天津市、唐山市、张家口市、承德市、秦皇岛市、石家庄市、保定市、沧州市和廊坊市10个城市;长三角城市群包含了上海市、嘉兴市、宁波市、常州市、苏州市、无锡市、杭州市、镇江市、绍兴市、南京市、湖州市、南通市、舟山市、泰州市、扬州市和台州市16个城市;珠三角城市群包含了广州市、深圳市、东莞市、佛山市、中山市、惠州市、江门市、珠海市和肇庆市9个城市①。为了进一步分析与比较三大城市群的整体规模与发展水平,本章根据《中国城市统计年鉴(2019)》整理了2018年的相关统计数据,三大城市群的相关指标对比如表6-2所示。

---

① 考虑到《中国城市统计年鉴》中泰州市和惠州市的数据存在连续多年的缺失,无法使用插值法进行补全,所以在后续的分析样本中剔除了这两个城市。

表 6-1　三大城市群划分依据

城市群	政策文件	包含城市	中心城市
京津冀城市群	《京津冀都市圈区域规划》和《全国主体功能区规划》	北京市、天津市、唐山市、张家口市、承德市、秦皇岛市、石家庄市、保定市、沧州市和廊坊市	北京市与天津市
长三角城市群	《长江三角洲地区区域规划》和《全国主体功能区规划》	上海市、嘉兴市、宁波市、常州市、苏州市、无锡市、杭州市、镇江市、绍兴市、南京市、湖州市、南通市、舟山市、泰州市、扬州市和台州市	上海市
珠三角城市群	《珠江三角洲地区改革发展规划纲要（2008—2020年）》和《全国主体功能区规划》	广州市、深圳市、东莞市、佛山市、中山市、惠州市、江门市、珠海市和肇庆市	广州市与深圳市

资料来源：张学良主编《2013 中国区域经济发展报告——中国城市群的崛起与协调发展》，人民出版社，2013。

表 6-2　三大城市群的相关指标对比

指标	京津冀城市群	长三角城市群	珠三角城市群
总面积（平方公里）	185210	113851	54963
总人口（万人）	7815	8891	3586
地区生产总值（亿元）	77195.33	149091.36	81048.50
第一产业占比（%）	8.59	3.60	3.70
第二产业占比（%）	37.65	44.46	45.35
第三产业占比（%）	53.76	51.94	50.95
人均地区生产总值（元）	67754.20	126572.94	115968.33
地区财政收入（亿元）	1015.09	18964.58	7915.47
地区财政支出（亿元）	1583.47	21685.54	10608.89

资料来源：根据《中国城市统计年鉴（2019）》整理得到。

从表 6-2 的对比分析可知，在城市群总面积上，京津冀城市群具有压倒性优势，其总面积高达 185210 平方公里，长三角城市群为 113851

平方公里，而珠三角城市群却只有 54963 平方公里。但是从总人口来看，京津冀城市群总人口（7815 万人）少于长三角城市群（8891 万人），珠三角城市群人口只有 3586 万人。长三角城市群的地区生产总值为 149091.36 亿元，几乎是京津冀城市群（77195.33 亿元）的 2 倍，即使是总面积远小于京津冀城市群的珠三角城市群，其地区生产总值（81048.50 亿元）也高于京津冀城市群。从人均水平来看，长三角城市群的人均地区生产总值为 126572.94 元，约为京津冀城市群（约 67754.20 元）的 2 倍，而珠三角城市群的人均地区生产总值（115968.33 元）仅略低于长三角城市群。具体到产业结构，京津冀城市群第一产业占比为 8.59%，是长三角城市群（3.60%）与珠三角城市群（3.70%）的 2 倍多；京津冀城市群第二产业占比（37.65%）远低于长三角城市群（44.46%）与珠三角城市群（45.35%）；但京津冀城市群第三产业占比（53.76%）高于长三角城市群（51.94%）与珠三角城市群（50.95%）。以上分析表明京津冀城市群的经济发展水平远低于珠三角城市群和长三角城市群，出现这种现象的原因可能是京津冀城市群的产业结构呈现较大的分化，即第一产业和第三产业占比较高，而工业化程度低于长三角城市群和珠三角城市群。

二 三大城市群产业空间功能分工格局

中国城市群内的产业分工合作愈发明显，本部分将分析京津冀城市群、长三角城市群和珠三角城市群这三大"成熟型城市群"的产业空间功能分工演变趋势，其演变趋势能够在一定程度上代表中国城市群整体发展趋势。

图 6-1 和图 6-2 分别描述了京津冀城市群中心城市和外围城市生产性服务业从业人员总数与制造业从业人员总数的变化趋势，从图中可以看出，京津冀城市群中心城市的生产性服务业从业人员数量始终多于外围城市，且其增长幅度也远高于外围城市。从制造业来看，虽然中心城市的从业人员总数多于外围城市，但是其总数在波动下降，

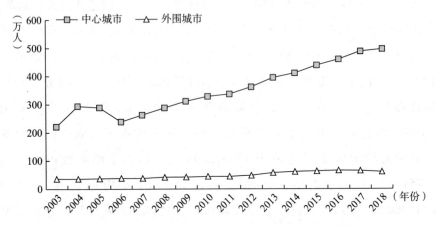

图 6-1　2003~2018 年京津冀城市群中心城市和外围城市

生产性服务业从业人员总数变化趋势

资料来源：根据《中国统计年鉴》（2004~2019 年）整理得到。

且中心城市与外围城市的差距没有扩大的趋势。这表明京津冀城市群生产性服务业从业人员从外围城市大量涌入中心城市，而制造业从业人员并无明显转移趋势，但总规模呈下降趋势。

图 6-2　2003~2018 年京津冀城市群中心城市和外围城市

制造业从业人员总数变化趋势

资料来源：根据《中国统计年鉴》（2004~2019 年）整理得到。

图 6-3 和图 6-4 描述了长三角城市群中心城市和外围城市生产性

服务业从业人员总数与制造业从业人员总数的变化趋势，从图中可以看出，其中心城市生产性服务业从业人员从 2003 年的 133.48 万人迅速增长到 2018 年的 391.85 万人，外围城市生产性服务业从业人员从56.17 万人增长到 121.60 万人。从制造业来看，从 2003 年到 2012 年，中心城市与外围城市的制造业从业人员总数均呈上升趋势，二者总规模基本一致。2012 年后中心城市的制造业从业人员总数增速放缓并从2014 年开始下降，而外围城市的制造业从业人员总数则从 2012 年的527.65 万人猛增至 2018 年的 822.31 万人，在最高峰甚至达到 959.81万人。这表明长三角城市群的中心城市与京津冀城市群的中心城市一样，吸纳了大量生产性服务业从业人员，但不同于京津冀城市群，长三角城市群的中心城市与外围城市制造业从业人员变化趋势呈现明显的"剪刀差"，即中心城市的制造业从业人员在向外围城市集聚。

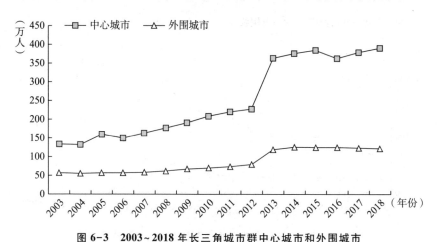

图 6-3　2003～2018 年长三角城市群中心城市和外围城市

生产性服务业从业人员总数变化趋势

资料来源：根据《中国统计年鉴》（2004～2019 年）整理得到。

图 6-5 和图 6-6 描述了珠三角城市群中心城市与外围城市生产性服务业从业人员总数与制造业从业人员总数的变化趋势，从图中可以看出，其中心城市生产性服务业从业人员从 2003 年的 63.91 万人迅速增长到 2018 年的 264.67 万人，外围城市生产性服务业从业人员从

图 6-4　2003~2018 年长三角城市群中心城市和

外围城市制造业从业人员总数变化趋势

资料来源：根据《中国统计年鉴》（2004~2019 年）整理得到。

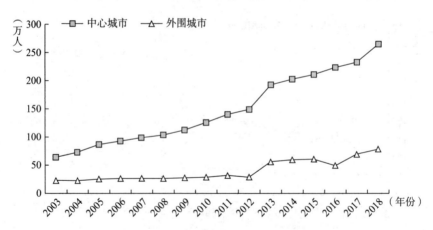

图 6-5　2003~2018 年珠三角城市群中心城市和外围城市

生产性服务业从业人员总数变化趋势

资料来源：根据《中国统计年鉴》（2004~2019 年）整理得到。

23.05 万人增长到 78.01 万人。其中心城市与外围城市的制造业从业人员总数变化趋势在 2012 年以后同样呈现"剪刀差"，这表明珠三角城市群与长三角城市群的情况较为类似，即生产性服务业从业人员在中心城市集聚，而制造业从业人员在外围城市集聚。

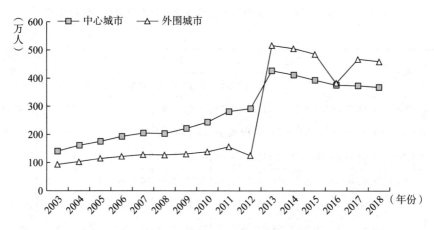

图 6-6　2003~2018 年珠三角城市群中心城市和外围
城市制造业从业人员总数变化趋势

资料来源：根据《中国统计年鉴》（2004~2019 年）整理得到。

　　为了进一步探究三大城市群产业空间功能分工演变趋势，本章对生产性服务业与制造业进行了细分，分别计算了三大城市群在 2003 年、2010 年和 2018 年的生产性服务业从业人员总数及其占当年从业人员总数的比重（见表 6-3）。根据表 6-3 的计算结果，可以看出三大城市群中心城市从业人员总数均呈现明显的上涨趋势，京津冀城市群中心城市从业人员总数从 2003 年的 894.29 万人（其中生产性服务业从业人员占比 23.29%）上升到 2018 年的 1079.26 万人（其中生产性服务业从业人员占比 43.58%），长三角城市群中心城市从业人员总数从 2003 年的 342.11 万人（其中生产性服务业从业人员占比 25.58%）上升到 2018 年的 640.67 万人（其中生产性服务业从业人员占比 36.12%），珠三角城市群中心城市从业人员总数从 2003 年的 297.20 万人（其中生产性服务业从业人员占比 21.51%）上升到 2018 年的 835.13 万人（其中生产性服务业从业人员占比 31.69%）。

表 6-3　三大城市群中心城市生产性服务业从业人员的分布演变趋势

单位：万人，%

城市群	年份	(1)		(2)		(3)		(4)		(5)		(6)		从业人员总数
		数量	占比	数量	占比	数量	占比	数量	占比	数量	占比	数量	占比	
京津冀	2003	63.31	7.08	19.53	2.18	19.22	2.15	21.60	2.42	43.04	4.81	41.59	4.65	894.29
	2010	63.50	7.45	43.97	5.16	34.19	4.01	35.15	4.12	84.76	9.95	52.21	6.13	852.28
	2018	73.43	6.80	90.45	8.38	71.74	6.65	57.64	5.34	94.51	8.76	82.51	7.65	1079.26
长三角	2003	34.82	10.18	4.23	1.24	14.84	4.34	8.33	2.43	14.97	4.38	10.31	3.01	342.11
	2010	36.30	9.24	6.71	1.71	23.63	6.01	11.15	2.84	18.64	4.74	23.25	5.92	392.87
	2018	50.58	7.89	35.58	5.55	33.93	5.30	26.60	4.15	57.87	9.03	26.89	4.20	640.67
珠三角	2003	24.90	8.38	4.78	1.61	10.02	3.37	9.77	3.29	8.83	2.97	5.61	1.89	297.20
	2010	32.27	6.46	8.85	1.77	15.28	3.06	17.71	3.55	19.23	3.85	10.37	2.08	499.39
	2018	59.27	7.10	48.33	5.79	28.13	3.37	48.56	5.81	52.97	6.34	27.41	3.28	835.13

注：（1）列为交通运输、仓储和邮政业从业人员数（万人）及其占比（%），（2）列为信息传输、计算机服务和软件业从业人员数（万人）及其占比（%），（3）列为金融业从业人员数（万人）及其占比（%），（4）列为房地产业从业人员数（万人）及其占比（%），（5）列为租赁和商业服务业从业人员数（万人）及其占比（%），（6）列为科学研究、技术服务和地质勘查业从业人员数（万人）及其占比（%）。从业人员总数为所有行业从业人员总数（万人）。

资料来源：根据《中国城市统计年鉴》（2004~2019 年）整理得到。

从京津冀城市群中心城市来看，2003 年生产性服务业中从业人员占比最高的为交通运输、仓储和邮政业（7.08%），而 2018 年为租赁和商业服务业（8.76%）。从 2003 年到 2018 年生产性服务业从业人员数量增长较快的为信息传输、计算机服务和软件业以及租赁和商业服务业。从长三角城市群中心城市来看，2003 年生产性服务业中从业人员占比最高的为交通运输、仓储和邮政业（10.18%），而 2018 年为租赁和商业服务业（9.03%）。从 2003 年到 2018 年生产性服务业从业人员数量增长较快的同样为信息传输、计算机服务和软件业以及租赁和商业服务业。从珠三角城市群中心城市来看，2003 年生产性服务业中从业人员占比最高的为交通运输、仓储和邮政业（8.38%），而 2018 年仍为交通运输、仓储和邮政业（7.10%）。从 2003 年到 2018 年生产性服务业从业人员数量增长较快的同样为信息传输、计算机服务和软件业以及租赁和商业服务业。

综合以上分析不难看出，三大城市群中心城市生产性服务业集聚体现出较为明显的同质化倾向，其特征主要体现为三点。第一，中心城市生产性服务业总规模及其从业人员占比快速攀升；第二，中心城市生产性服务业从业人员主要集中在交通运输、仓储和邮政业与租赁和商业服务业；第三，中心城市生产性服务业从业人员的增长主要来自信息传输、计算机服务和软件业与租赁和商业服务业。以上分析表明，尽管三大城市群存在地理位置与行政级别的差异，但其中心城市所承担的产业空间分工职能却高度相似。基于此，本章进一步对 2003 年、2010 年、2018 年三大城市群外围城市制造业从业人员的分布演变趋势进行分析（见表6-4）。

表 6-4　三大城市群外围城市制造业（广义）从业人员的分布演变趋势

单位：万人，%

城市群	年份	（1）		（2）		（3）		（4）		从业人员总数
		数量	占比	数量	占比	数量	占比	数量	占比	
京津冀	2003	14.38	3.84	99.99	26.72	11.57	3.09	26.37	7.05	374.23
	2010	17.80	4.38	101.06	24.88	14.28	3.52	30.77	7.58	406.14
	2018	11.46	2.68	81.47	19.07	12.36	2.89	36.48	8.54	427.20
长三角	2003	4.61	0.67	261.63	37.81	14.43	2.09	52.14	7.54	691.96
	2010	3.66	0.30	553.19	44.61	16.98	1.37	183.85	14.83	1240.11
	2018	1.45	0.08	670.35	34.73	15.91	0.82	536.79	27.81	1930.22
珠三角	2003	0.39	0.17	112.15	49.60	4.81	2.13	12.36	5.47	226.12
	2010	0.27	0.08	183.44	56.57	4.88	1.50	11.62	3.58	324.28
	2018	0.18	0.02	486.37	64.19	5.62	0.74	32.16	4.24	757.75

注：（1）列为采矿业从业人员数（万人）及其占比（%），（2）列为制造业（狭义）从业人员数（万人）及其占比（%），（3）列为电力、燃气及水的生产和供应业从业人员数（万人）及其占比（%），（4）列为建筑业从业人员数（万人）及其占比（%）。从业人员总数为所有行业从业人员总数。

资料来源：《中国城市统计年鉴》（2004~2019 年）。

从表 6-4 可以看出，2003～2018 年三大城市群外围城市制造业
（广义）从业人员总数都有一定程度的增长，其中长三角城市群增长
最多，从 2003 年的 691.96 万人增加到 2018 年的 1930.22 万人；京津
冀城市群仅从 2003 年的 374.23 万人增加到 2018 年的 427.20 万人。具
体从外围城市制造业（广义）从业人员数量占从业人员总数的比重来
看，长三角城市群从 2003 年的 48.11% 上升到 2018 年的 63.44%，珠
三角城市群从 2003 年的 57.37% 上升到 2018 年的 69.19%，而京津冀
城市群从 2003 年的 40.70% 降低到 2018 年的 33.18%。具体从不同行
业种类来看，制造业（狭义）从业人员数量在三大城市群从业人员总
数中都占据了较高比重。

以上分析表明，长三角城市群与珠三角城市群的外围城市出现了
广义制造业（包含狭义的制造业，采矿业，电力、燃气及水的生产和
供应业，建筑业）的集聚。京津冀城市群广义制造业之所以未呈现明
显的集聚特征，可能是因为河北产业结构偏向重工业，其产业因无法
成功转型且需要面对日趋严格的环保要求而难以扩大规模。

第二节 三大城市群绿色可持续
发展现实描述

本节参考祁毓和赵韦翔（2020）的研究，使用较具有代表性的指
标对三大城市群绿色可持续发展水平的现实进行初步描述。

能源需求维度下三大城市群中心城市与外围城市绿色可持续发展
水平变化趋势如图 6-7、图 6-8 和图 6-9 所示，使用"GDP/工业用
电"指标衡量该维度的绿色可持续发展水平，可以看出三大城市群中
心城市与外围城市的绿色可持续发展水平在 2003 年到 2016 年均呈现
提升态势[①]，但是，三大城市群中心城市与外围城市的绿色可持续发

---

① 由于《中国城市统计年鉴》统计口径的变化，市辖区能源使用的部分指标在 2017 年未披
露，为确保数据对比的有效性，本章选取 2003 年到 2016 年的数据继续进行对比分析。

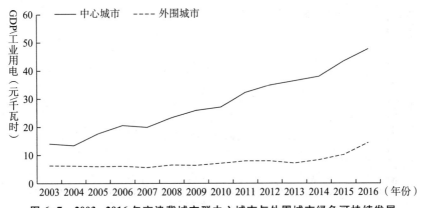

图 6-7　2003~2016 年京津冀城市群中心城市与外围城市绿色可持续发展水平变化趋势（能源需求维度）

资料来源：根据《中国统计年鉴》（2004~2017 年）整理得到。

图 6-8　2003~2016 年长三角城市群中心城市与外围城市绿色可持续发展水平变化趋势（能源需求维度）

资料来源：根据《中国统计年鉴》（2004~2017 年）整理得到。

展水平提升幅度存在显著分化，中心城市的绝对水平高于外围城市，中心城市的提升幅度也高于外围城市，这意味着中心城市与外围城市的绿色可持续发展水平的差距在逐年扩大。其中，京津冀城市群的分化最为明显，其中心城市的"GDP/工业用电"从 2003 年的 14.1 元/千瓦时增加到 2016 年的 47.8 元/千瓦时，外围城市的"GDP/工业用电"仅从 2003 年的 6.3 元/千瓦时增加到 2016 年的 14.5 元/千瓦时。

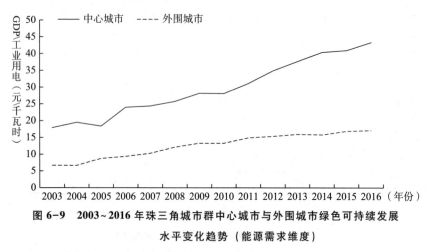

图 6-9　2003～2016 年珠三角城市群中心城市与外围城市绿色可持续发展
水平变化趋势（能源需求维度）

资料来源：根据《中国统计年鉴》（2004～2017 年）整理得到。

长三角城市群中心城市的"GDP/工业用电"从 2003 年的 12.2 元/千
瓦时增加到 2016 年的 30.7 元/千瓦时，外围城市的"GDP/工业用电"
从 2003 年的 10.6 元/千瓦时增加到 2016 年的 19.2 元/千瓦时。珠三角
城市群中心城市的"GDP/工业用电"从 2003 年的 17.9 元/千瓦时增
加到 2016 年的 43.3 元/千瓦时，外围城市的"GDP/工业用电"从
2003 年的 6.7 元/千瓦时增加到 2016 年的 17.1 元/千瓦时。根据以上
描述可以看出，能源需求维度的中心城市绿色可持续发展水平，京津
冀的提升幅度与绝对水平都领先于长三角城市群与珠三角城市群；但
是聚焦外围城市，长三角城市群能源需求维度的绿色可持续发展的绝
对水平则处于领先地位。

　　为了更全面地进行对比分析，本章同样从环境污染物排放维度描述
三大城市群中心城市与外围城市绿色可持续发展水平变化趋势。本章参
考祁毓和赵韦翔（2020）的研究，以"工业三废"为环境污染物排放指
标，使用单位污染排放产生的 GDP 来初步衡量绿色可持续发展水平。
以最具代表性的工业二氧化硫为例，环境污染物排放维度以"GDP/工
业二氧化硫"衡量的三大城市群中心城市与外围城市绿色可持续发展水
平变化趋势如图 6-10、图 6-11 和图 6-12 所示。

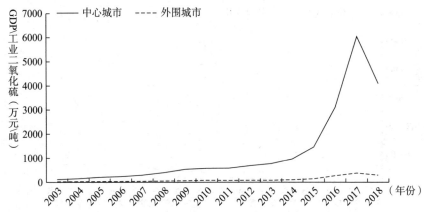

图 6-10　2003～2018 年京津冀城市中心城市与外围城市群绿色可持续发展

水平变化趋势（环境污染物排放维度）

资料来源：根据《中国统计年鉴》（2004～2019 年）整理得到。

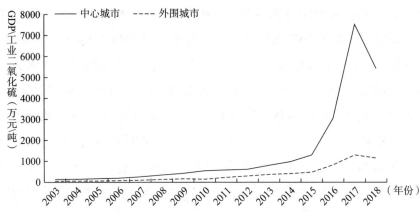

图 6-11　2003～2018 年长三角城市群中心城市与外围城市绿色可持续发展

水平变化趋势（环境污染物排放维度）

资料来源：根据《中国统计年鉴》（2004～2019 年）整理得到。

从图 6-10、图 6-11 和图 6-12 来看，三大城市群中心城市与外围城市单位工业二氧化硫排放产生的 GDP 在 2003 年到 2018 年整体呈现上涨态势。三大城市群中心城市与外围城市"GDP/工业二氧化硫"的提升存在显著分化，即中心城市的绝对水平高于外围城市，中心城市的提升幅度也高于外围城市，中心城市与外围城市绿色可持续发展水平的差距逐年扩大。京津冀城市群中心城市的"GDP/工业二氧化硫"从 2003

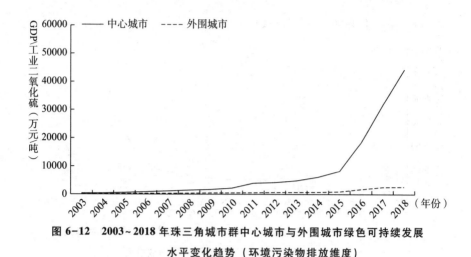

图 6-12 2003~2018 年珠三角城市群中心城市与外围城市绿色可持续发展
水平变化趋势（环境污染物排放维度）

资料来源：根据《中国统计年鉴》（2004~2019 年）整理得到。

年的 114 万元/吨增加到 2018 年的 4097 万元/吨，外围城市的"GDP/工业二氧化硫"仅从 2003 年的 23 万元/吨增加到 2018 年的 294 万元/吨。长三角城市群中心城市的"GDP/工业二氧化硫"从 2003 年的 138 万元/吨增加到 2018 年的 5425 万元/吨，外围城市的"GDP/工业二氧化硫"从 2003 年的 56 万元/吨增加到 2018 年的 1152 万元/吨。珠三角城市群中心城市的"GDP/工业二氧化硫"从 2003 年的 1183 万元/吨增加到 2018 年的 44076 万元/吨，外围城市的"GDP/工业二氧化硫"从 2003 年的 104 万元/吨增加到 2018 年的 2198 万元/吨。总体来看，环境污染物排放维度下，三大城市群中心城市与外围城市的单位工业二氧化硫排放产生的 GDP 都显著提升，但中心城市提升幅度远大于外围城市。此外，京津冀城市群中心城市与长三角城市群中心城市的绿色可持续发展水平在 2018 年有所下降，而珠三角城市群中心城市的绿色可持续发展水平未下降。

除了环境污染物排放外，近年来随着全球极端天气的频发，温室气体排放导致的全球变暖引发了各国的广泛关注与讨论，碳排放是衡量温室气体的主要指标之一，所以，本章进一步从气候变化视角，以"GDP/碳排放"来衡量三大城市群绿色可持续发展水平变化。碳排放维度三大城市群中心城市与外围城市绿色可持续发展水平变化趋势如图 6-13、图 6-14 和图 6-15 所示[①]。

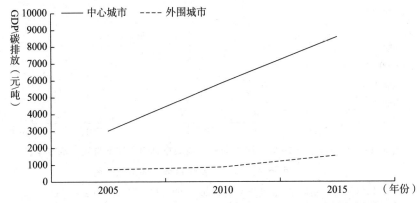

**图 6-13　2005 年、2010 年、2015 年京津冀城市群中心城市与外围城市绿色
可持续发展水平变化趋势（碳排放维度）**

资料来源：根据《中国统计年鉴》（2006~2016 年）和 CHRED 整理得到。

三大城市群中心城市与外围城市单位碳排放产生的 GDP 从 2005 年到 2015 年呈现上涨态势。三大城市群中心城市与外围城市"GDP/碳排放"的水平也存在显著分化，即中心城市的绝对水平高于外围城市，中心城市的提升幅度也高于外围城市，中心城市与外围城市绿色可持续发展水平的差距也在逐年扩大。京津冀城市群中心城市的"GDP/碳排放"从 2005 年的 3015 元/吨增加到 2015 年的 8579 元/吨，外围城市的"GDP/碳排放"仅从 2005 年的 730 元/吨增加到 2015 年的 1559 元/吨。长三角城市群中心城市的"GDP/碳排放"从 2005 年的 4142 元/吨增加到 2015 年的 8208 元/吨，外围城市的"GDP/碳排放"从 2005 年的 1737 元/吨增加到 2015 年的 4780 元/吨。珠三角城

---

① 为了获取核算清单测度的地级市碳排放数据，本章使用中国温室气体工作组构建的中国高空间分辨率排放网格数据库（CHRED）数据，该排放网格数据库提供较为全面的地级市碳排放核算数据，其数据不同于大量使用夜间灯光数据估算的碳排放数据，能够较为真实地评估区域碳排放，但是该排放网格数据库仅报告了 2005 年、2010 年和 2015 年的可比数据，考虑到碳排放仅为本章衡量绿色可持续发展水平的一个维度，所以仅用这 3 年的数据作为对能源需求维度与环境污染物排放维度的补充也是可行的。

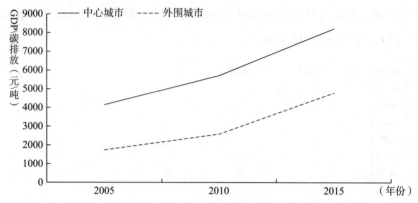

图 6-14　2005 年、2010 年、2015 年长三角城市群中心城市与外围城市绿色

可持续发展水平变化趋势（碳排放维度）

资料来源：根据《中国统计年鉴》（2006~2016 年）和 CHRED 整理得到。

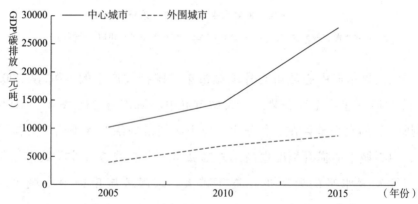

图 6-15　2005~2015 年珠三角城市群中心城市与外围城市绿色可持续发展

水平变化趋势（碳排放维度）

资料来源：根据《中国统计年鉴》（2006~2016 年）和 CHRED 整理得到。

市群中心城市的"GDP/碳排放"从 2005 年的 10210 元/吨增加到 2015 年的 27967 元/吨，外围城市的"GDP/碳排放"从 2005 年的 3995 元/吨增加到 2015 年的 8774 元/吨。不难看出，在碳排放的维度，珠三角城市群的绿色可持续发展整体水平远高于长三角城市群与京津冀城市群，其外围城市 2015 年的绿色可持续发展水平甚至高于长三角城市群与京津冀城市群的中心城市。三大城市群中心城市的绿色可持续发展水平高于外围城市，且其差距未随时间而减小。

第三节　三大城市群空间功能分工对绿色
可持续发展的影响

在前两节，本章分别对三大城市群的空间功能分工格局演变与绿色可持续发展特征进行了描述，并得出两个初步的事实观点。第一，城市群整体呈现生产性服务业（研发管理部门）集聚在中心城市、广义上的制造业（生产加工部门）集聚在外围城市的"中心—外围"结构；第二，城市群整体绿色可持续发展水平逐年提升，中心城市的绿色可持续发展水平始终高于外围城市，且二者差距逐渐扩大。本节将构建空间功能分工指数对三大城市群的空间功能分工程度进行测度，并描述三大城市群空间功能分工与绿色可持续发展整体水平和不平等程度的变化特征。

一　空间功能分工测度

Duranton 和 Puga（2005）的研究表明，城市群或者大都市圈内部的分工正逐渐从部门专业化（Sector Urban Specialization）转变为功能专业化（Functional Urban Specialization），即城市群或者大都市圈内的城市将根据自身特点实现空间功能分工。根据"中心—外围"理论，城市群的空间功能分工将依据中心城市承担研发管理职能、外围城市承担生产加工职能的趋势不断发展与强化。大量证据表明，各大成熟的城市群均体现出以上空间功能分工特征，这意味着城市的产业集聚将依据其在城市群中的定位来发展，即城市群中的生产性服务业（研发管理部门）在中心城市集聚，而广义上的制造业（生产加工部门）在外围城市集聚。为了描述三大城市群的空间分工格局演变与产业集聚趋势，本节通过构建空间功能分工指数来衡量其演变特征，计算公式如下：

$$fus_{jt} = \frac{\sum\limits_{i=1}^{nc} lsc_{it} / \sum\limits_{i=1}^{nc} lmc_{it}}{\sum\limits_{i=1}^{np} lsp_{it} / \sum\limits_{i=1}^{np} lmp_{it}} \qquad (1)$$

其中，$i=1$，$2 \cdots\cdots nc$ 表示城市群 j 的中心城市；$i=1$，$2 \cdots\cdots np$ 表示城市群 j 的外围城市；lsc_{it} 为中心城市 i 在第 t 年生产性服务业从业人员数目；lmc_{it} 为中心城市 i 在第 t 年制造业从业人员数量；lsp_{it} 为外围城市 i 在第 t 年生产性服务业从业人员数量；lmp_{it} 为外围城市 i 在第 t 年制造业从业人员数量；fus_{jt} 为城市群 j 在第 t 年的空间功能分工程度，该指标值越高表明城市群空间功能分工程度越高，反之则意味着城市群空间功能分工程度越低。

二　城市群空间功能分工与绿色可持续发展水平

根据前文的分析，本节分别对三大城市群的空间功能分工程度与绿色可持续发展整体水平的相关程度进行描述。

从图 6-16、图 6-17 和图 6-18 可以看出，三大城市群的空间功能分工程度从 2003 年到 2016 年均呈现波动上升趋势，其中珠三角城市群

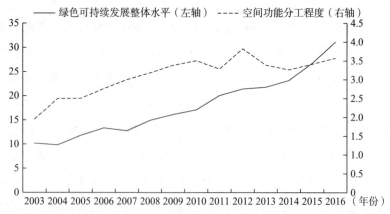

图 6-16　2003~2016 年京津冀城市群空间功能分工程度与绿色可持续发展整体水平（能源需求维度）

资料来源：根据《中国统计年鉴》（2004~2017 年）整理得到。

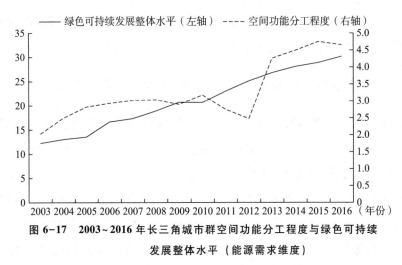

图 6-17　2003～2016 年长三角城市群空间功能分工程度与绿色可持续发展整体水平（能源需求维度）

资料来源：根据《中国统计年鉴》（2004～2017 年）整理得到。

图 6-18　2003～2016 年珠三角城市群空间功能分工程度与绿色可持续发展整体水平（能源需求维度）

资料来源：根据《中国统计年鉴》（2004～2017 年）整理得到。

与长三角城市群的空间功能分工程度较为接近，且高于京津冀城市群空间分工程度。与之对应的是，三大城市群在能源需求维度的绿色可持续发展水平均呈现快速提升态势，且其变化趋势与城市群空间功能分工程度的变化趋势较为一致，这表明二者存在较为明显的相关性。同时，三大城市群环境污染物排放维度和碳排放维度的绿色可持续发展整体水平也均呈现与能源需求维度类似的上升趋势，且与空间功能分工程度有较为一致的变化趋势，随着城市群空间功能分工程度的提升，其对应的绿色可持续发展整体水平也逐渐提升。

三 城市群空间功能分工与绿色可持续发展不平等

在第二节，笔者发现虽然三大城市群绿色可持续发展整体水平均在提升，但中心城市与外围城市存在分化，即中心城市的绿色可持续发展水平始终高于外围城市，且二者之间差距在逐渐扩大。为了进一步探究此种绿色可持续发展不平等是否是城市群空间功能分工导致的，本章将对城市群空间功能分工程度与绿色可持续发展不平等程度的变化趋势进行描述与分析。本章采用空间功能分工指数来测度空间功能分工程度，同时使用中心城市绿色可持续发展水平的平均值与外围城市绿色可持续发展水平的平均值的比值来初步衡量绿色可持续发展不平等程度。能源需求维度下，三大城市群空间功能分工程度与绿色可持续发展不平等程度变化趋势如图 6-19、图 6-20 和图 6-21 所示。

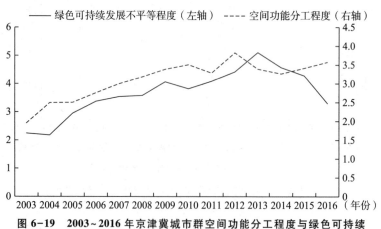

图 6-19　2003~2016 年京津冀城市群空间功能分工程度与绿色可持续
发展不平等程度（能源需求维度）

资料来源：根据《中国统计年鉴》（2004~2017 年）整理得到。

从图 6-19、图 6-20 和图 6-21 可以看出，三大城市群的空间功能分工程度从 2003 年到 2016 年均呈现波动提升态势，与之对应的是，能源需求维度的绿色可持续发展不平等程度整体也在提升，且其变化

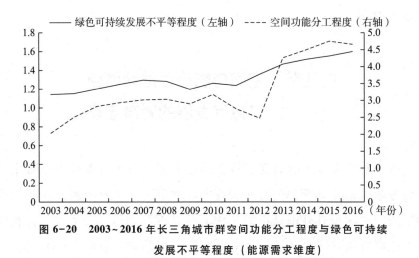

图 6-20 2003~2016 年长三角城市群空间功能分工程度与绿色可持续发展不平等程度（能源需求维度）

资料来源：根据《中国统计年鉴》（2004~2017 年）整理得到。

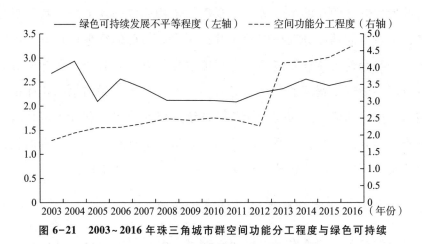

图 6-21 2003~2016 年珠三角城市群空间功能分工程度与绿色可持续发展不平等程度（能源需求维度）

资料来源：根据《中国统计年鉴》（2004~2017 年）整理得到。

趋势与城市群空间功能分工程度的变化趋势较为一致，这表明二者存在较为明显的相关性。同时，三大城市群环境污染物排放维度和碳排放维度的绿色可持续发展不平等程度也均呈现与能源需求维度类似的提升态势，且与空间功能分工程度有较为一致的变化趋势，随着城市群空间功能分工程度的提升，其对应的绿色可持续发展不平等程度也在逐渐提升。

第四节　空间功能分工推动绿色
可持续发展的对策建议

本章对三大城市群的现实特征描述表明，三大城市群均呈现生产性服务业（研发管理部门）集聚在中心城市、广义上的制造业（生产加工部门）集聚在外围城市的"中心—外围"结构。三大城市群整体的绿色可持续发展水平呈波动上升态势，但是城市群内部中心城市与外围城市的差距依然较大且没有缩小的趋势，这表明城市群内绿色可持续发展存在明显的不平等。本章进一步构建空间功能分工指数后发现，随着空间功能分工程度的提升，三大城市群的绿色可持续发展整体水平与绿色可持续发展不平等程度也在提升，且其变化趋势与城市群空间功能分工程度的变化趋势较为一致。上述分析结果初步印证了城市群空间功能分工演变与绿色可持续发展整体水平和绿色可持续发展不平等间的正相关关系。基于以上分析，本章从以下四个方面提出粤港澳大湾区空间功能分工推动绿色可持续发展的对策建议。

一　制定差异化的区域节能减排政策

根据绿色可持续发展水平测度结果，中心城市的绿色可持续发展水平显著高于外围城市，这意味着中心城市的企业可以适应更严格的环境法规，因为它们的能源技术领先于外围城市的企业。统一的环保政策标准可能导致中心城市能源利用技术和制造企业管理停滞。对于广州和深圳，政府应制定比外围城市更严格的环保政策，这将会鼓励其企业提高能源技术和管理水平，提升粤港澳大湾区整体的绿色可持续发展水平，并降低粤港澳大湾区空间功能分工带来的绿色可持续发展不平等程度的提升。

二 加大对广州和深圳的研发补贴力度

对于粤港澳大湾区而言，广州和深圳是中心城市，也是整个粤港澳大湾区的技术研发中心，其技术研发成果将通过空间溢出效应带动外围城市能源使用效率的提升，从而提升整个区域的绿色可持续发展水平。但中心城市的制造业企业比外围城市的制造业企业承担更高的土地成本和劳动力成本，京津冀城市群、长三角城市群、珠三角城市群均存在此种问题，与北京、天津、上海、深圳和广州相比，其余外围城市的制造业企业完成技术和管理升级的可能性更大。中心城市的企业只有通过政府补贴才能完成上述过程，充分发挥其作为研发管理中心的作用，进而提升城市整体的绿色可持续发展水平，并通过空间溢出效应提升外围城市的绿色可持续发展水平，缩小二者之间的差距。

三 引进高端技术人才

香港和澳门是粤港澳大湾区的人才培养高地，拥有国际一流的高等院校，而广州和深圳正需要吸纳大量人才以推进技术革新。粤港澳大湾区中的东莞和佛山等 7 个外围城市则可以引进广州和深圳的研发技术并将其转化为生产力。由此可见，粤港澳大湾区中不同城市可通过发挥各自的比较优势来深化整个区域的分工合作，从而形成"产学研"的通路，以技术创新推动绿色可持续发展。所以，广州和深圳以及周边城市对港澳高端技术人才的引进尤为重要，只有吸纳足够数量的人才，才能保证粤港澳大湾区有足够的创新能力，为整个区域绿色生产率的提升提供动力。

四 政府适当干预以推进绿色协调发展

粤港澳大湾区空间功能分工程度较深，但随着分工程度的提升，中心城市和外围城市绿色可持续发展水平的差距也在逐渐扩大，中央政府和地方政府需要平衡此种分工带来的效率提升与不平等程度提升的关系。如果一味地提升效率而忽视了城市群内的协调发展，可能会导致城市群内劳动力和企业的迁移，这会进一步加剧城市群内的不平等。政府也不能牺牲城市群整体效率的方式来实现绿色可持续发展的绝对平等。总而言之，政府应通过不断深化城市群空间功能分工来提升绿色可持续发展整体水平，同时也应确保区域内绿色可持续发展不平等程度处于合理范围内，这才是可持续发展的应有之义。

参考文献

［1］ G. Duranton，D. Puga，"From Sectoral to Functional Urban Specialization"，*Journal of Urban Economics* 57（2005）.

［2］ 张学良主编《2013 中国区域经济发展报告——中国城市群的崛起与协调发展》，人民出版社，2013。

［3］ 祁毓、赵韦翔：《财政支出结构与绿色高质量发展——来自中国地级市的证据》，《环境经济研究》2020 年第 4 期。

下　篇

第七章

区域产业分工与城市公共医疗环境

现有的研究侧重于考察经济发展和城市扩张对公共医疗环境的影响，但忽视了区域产业分工的重要性。区域产业分工反映了劳动力的空间分布，它极大地影响了医疗队伍和医疗基础设施的发展。基于2001~2019年中国16个主要城市群的137个城市的面板嵌套数据，本章采用层次线性模型（HLM）研究了区域产业分工对公共医疗环境的影响。研究结果表明，区域产业分工程度每提升1%，医疗队伍和医疗基础设施会分别改善6.6%和1.9%。机制分析的结果表明，区域产业分工通过改善交通基础设施和促进产业结构升级来影响公共医疗环境。此外，区域产业分工对中心城市公共医疗环境的影响比对外围城市公共医疗环境的影响更大。同时，异质性分析表明，区域产业分工对经济发展水平较低和公共医疗环境水平较低的城市有更强的改善作用。基于双重差分模型（DID）的内生性检验和基于高维固定效应模型的稳健性检验得出了一致的结论。本章基于研究结果提出了通过促进区域产业分工改善城市公共医疗环境的政策建议。

第一节 引言

环境污染的加剧对公众健康构成了持续的威胁（Clay 和 Parker，2020）。随着全球经济增长放缓，越来越多的学者开始关注区域产业分工的演变，而不是区域经济总量的增长。区域产业分工进程将释放潜在需求，有效降低产品交易成本，从而促进社会经济发展（Yu 等，2023）。中国作为从计划经济向市场经济转型的国家，1978 年以来的改革开放有效地加快了区域产业分工的进程。在中国，区域产业分工是指打破不同地区之间要素流动障碍的过程。中国的区域产业分工可以通过中心城市主导研发管理而外围城市主导生产加工的分工模式来体现。上述分工的程度越高，表明区域内要素流动的障碍越少，即区域产业分工程度越高。区域产业分工可以使劳动力、资本和技术以较低的成本在区域内不同的城市之间流动。上述要素将通过价格机制流向最具优势的地区，从而促进区域社会经济发展。此外，由于中国的区域经济发展不平衡，沿海地区的区域产业分工程度明显高于内陆地区，因此，本章将进一步探讨区域产业分工对不同地区影响的差异。

区域产业分工不仅会影响经济发展，其对医疗环境的影响也不容忽视。区域产业分工的发展可以有效利用不同城市的比较优势，充分释放经济发展潜力（Santos-Paulino 等，2019）。此外，区域产业分工可以通过市场机制优化劳动力的空间分布。经济发展和人口迁移是影响公共医疗环境的重要因素（Ahmad 等，2021）。一方面，经济发展水平的提高会加大金融和私人资本对公共卫生的投入，从而改善公共医疗环境；另一方面，人口迁移将导致医疗需求的变化，进而影响公共医疗环境（Asadi 等，2018）。然而，区域产业分工作为影响公共医疗环境的一个潜在的重要因素，还未得到关注。为了填补这一研究空白，本章收集了 2001 ~ 2019 年中国 16 个主要城市群的 137 个城市的面板数据，通过层次线性模型考察区域产业分工对公共医疗环境的影响。同时，本章进一步探讨了区域产业分工对中心城市和外围城市影响的差异。在此基础上，本章通过异质性分析、内生性检验和稳健性检验验证了本章研究结论的稳健性。

本章的贡献主要体现在以下三点。首先，本章从区域产业分工的角度探讨了公共医疗环境的改善问题。现有的研究主要集中考察医疗技术和经济发展等因素对公共医疗环境的影响，据笔者所知，目前还没有将区域产业分工与公共医疗环境联系起来的研究。本章指出，区域产业分工促进了中心城市和外围城市比较优势的发挥，从而通过经济发展和劳动力分工改善公共医疗环境。其次，本章应用 HLM 来估计区域产业分工对公共医疗环境的影响。在本章中，区域产业分工是一个集群层面的指标，公共医疗环境是一个城市层面的指标，也就是说，本章使用的是城市群和城市的嵌套数据，对公共医疗环境的研究以市或省一级的 OLS 估计为基础。相反，对于嵌套数据，OLS 估计忽略了分层数据的差异影响。HLM 可以在一定程度上减少这种偏差。最后，本章将长江三角洲扩容作为一个准自然实验展开内生性检验，以确保结论的稳健性。研究使用功能城市专业化分工指数来衡量区域产业分工程度。然而，公共医疗环境也会在一定程度上影响劳动力迁移，进而影响区域产业分工，由此产生的内生性偏差会降低估计结果的可靠性。为了减少内生性对研究结果的干扰，本章以长江三角洲扩容的外生政策冲击为因变量，基于双重差分模型（DID）来评估其对公共医疗环境的影响。

第二节　研究假设

Duranton 和 Puga（2005）以及 Kang 等（2022）的研究指出，城市群呈现制造业集中在外围城市、研发集中在中心城市的态势，区域产业分工水平逐渐提高。这种分工模式的演变会对整个区域内城市的公共医疗环境产生重大影响。一方面，由于经济的快速增长可以带来社会方面的发展，交通基础设施会有很大的改善（El-Anis，2021）。区域产业分工要求加入联盟的地区建立更高效的信息渠道和更便捷的资源交换方式，以满足经济发展的需求，公共医疗环境的建设也需要医疗资源更有效地流动。例如，一个良好的医疗环境将确保急救车辆在足够短的时间内到达目的地，这意味着，升级后的交通基础设施可以大大缩短优化医疗资源的反应时间。因此，区域产业分工可以通过改善交通基础设施来改善公共医疗环境。另一方面，区域产业分工促进产业结构升级。由于区域产业分工可以优化资源配置，产业结构也将随着区域内企业类型的改变而调整。由于对资源交换和合作创新有更高的要求，第三产业可以产生更大的影响（Choi 等，2012）。因此，区域产业分工可以大大提升第三产业的比例。与第一产业和第二产业相比，公共医疗环境的建设与第三产业的关系更为密切。相关医疗设施的配置、医疗活动的开展都需要与第三产业合作，这意味着，第三产业比重的提高，也会从辅助产业上促进公共医疗环境的改善。因此，区域产业分工可以通过促进产业结构的升级来改善公共医疗环境。基于以上分析，本章提出假设 1 和假设 2。

假设 1：区域产业分工对城市公共医疗环境有积极影响。

假设 2：区域产业分工通过改善交通基础设施和促进产业结构升级来改善公共医疗环境。

值得注意的是，区域产业分工对区域内中心城市和外围城市的公共医疗环境的影响可能存在差异。虽然区域内所有城市的公共医疗环境都能从区域产业分工水平的提高中受益，但中心城市在改善公共医疗环境方面受益更大。首先，区域产业分工水平的提高将进一步加强高端生产性服务业在中心城市的集聚。由此产生的人才集聚提高了中心城市对高质量医疗的需求，这将促进中心城市公共医疗环境的发展。其次，区域产业分工将促进高端制造业从中心城市向外围城市转移（Peluffo，2013）。外围城市制造业升级也可以吸引人才，改善公共医疗环境，但与中心城市相比，外围城市制造业升级带来的人才集聚效应明显弱于生产性服务业。在区域产业分工进程中，以人力资本为主要生产要素的中心城市的公共医疗环境改善力度较大，因此，本章提出假设3。

假设3：区域产业分工对中心城市的公共医疗环境的影响大于外围城市。

第三节　变量、模型与数据说明

一　数据说明

本章选择了中国的 16 个城市群作为研究对象，包括 137 个城市。虽然中国有 24 个城市群，但有些城市群建立时间较早，存在严重的数据缺陷，这将降低估计结果的可靠性（Kang 等，2022），因此，本章排除了 8 个城市群。样本数据涵盖了 2001~2019 年这段时间。数据收集自中国研究数据服务平台（CNRDS）的中国城市统计数据库（CCSD）和《中国统计年鉴》（2002~2020 年）。

二　模型设定

本章重点探讨区域产业分工对公共医疗环境的影响。对于同时包含城市聚类级和城市级数据的嵌套数据，HLM 比忽略嵌套数据层次结构的 OLS 或面板回归更适合参数估计。其中一个后果是参数的标准误差被低估，导致系数的重要性被高估。根据 Chen 和 Jou（2019）的研究，本章构建了以下三个模型。

第一个模型是零模型（NM），用于分析 HLM 的必要性。根据 Raudenbush 和 Bryk（2002）的研究，NM 被指定为以下公式：

$$\text{Level 1：} \ln phe_{i, j, t} = \varphi_{0j} + \varepsilon_{ijt} \tag{1}$$

$$\text{Level 2}: \varphi_{0j} = \tau_{00} + \mu_{0j} \tag{2}$$

$$\text{Mixed Model}: \ln phe_{i, j, t} = \tau_{00} + \mu_{0j} + \varepsilon_{ijt} \tag{3}$$

其中，$\ln phe_{i, j, t}$ 表示第 t 年第 j 组城市 i 的公共医疗环境的对数值，φ_{0j} 表示城市群之间的随机效应，τ_{00} 表示所有城市群的平均效应，Level 1 表示城市水平，Level 2 表示城市群水平。城市群内相关系数（ICC）可以通过式（4）来计算，它反映了城市群内相关系数差异对公共医疗环境差异的贡献率。

$$ICC = \frac{\sigma_2{}^2}{\sigma_2{}^2 + \sigma_1{}^2} \tag{4}$$

其中，$\sigma_1{}^2$ 是城市群内方差，$\sigma_2{}^2$ 是城市群间方差。ICC 被用来证明 HLM 的必要性，ICC 值越低，意味着不同城市群之间公共医疗环境的差异越小，在这种情况下，OLS 比 HLM 更合适。然而，当 ICC 值较高时，HLM 比 OLS 更合适。Ozkaya 等（2013）的研究表明，当 ICC 高于 0.1 时可以使用 HLM。

随机解释和随机斜率模型（RIRSM）考虑了城市层面的控制变量和基于 NM 的集群层面的自变量，该模型被指定为以下公式：

$$\text{Level 1}: \ln phe_{i, j, t} = \varphi_{0j} + \varphi_{1j}Con_{i, j, t} + \varepsilon_{ijt} \tag{5}$$

$$\text{Level 2}: \varphi_{0j} = \tau_{00} + \tau_{01}ri_{j, t} + \mu_{0j}$$

$$\varphi_{1j} = \tau_{10} + \mu_{1j} \tag{6}$$

$$\text{Mixed Model}: \ln phe_{i, j, t} = [\tau_{00} + \tau_{01}ri_{j, t} + (\tau_{10} + \mu_{1j}) \times Con_{i, j, t}] + (\varepsilon_{ijt} + \mu_{0j})$$

$$\tag{7}$$

其中，$Con_{i, j, t}$ 表示城市层面因素，$ri_{j, t}$ 表示城市群区域产业分工程度，φ_{1j} 表示城市群要素的斜率，τ_{01} 表示城市群 $ri_{j, t}$ 的最终系数。

本章进一步构建随机解释和随机斜率（含交互作用）模型（RIRSIM），探讨区域产业分工对各城市级因子斜率的影响，具体如下：

$$\text{Level 1}: \ln phe_{i, j, t} = \varphi_{0j} + \varphi_{1j}Con_{i, j, t} + \varepsilon_{ijt} \tag{8}$$

$$\text{Level 2}: \varphi_{0j} = \tau_{00} + \tau_{01}ri_{j,\,t} + \mu_{0j}$$

$$\varphi_{1j} = \tau_{10} + \tau_{11}ri_{j,\,t} + \mu_{1j} \tag{9}$$

$$\text{Mixed Model}: \begin{aligned}\text{ln}phe_{i,\,j,\,t} &= \left[\tau_{00} + \tau_{01}ri_{i,\,t} + (\tau_{10} + \mu_{1j}) \times Con_{i,\,j,\,t} + \right.\\ &\quad \left.\tau_{11}ri_{i,\,t} \times Con_{i,\,j,\,t}\right] + \left[\varepsilon_{ijt} + \mu_{0j}\right]\end{aligned} \tag{10}$$

其中，τ_{11} 表示城市群的区域产业分工对城市级因子斜率的影响。本章通过该模型进一步分析了区域产业分工对各城市级因子斜率的影响。

三 变量选取

（一）因变量

本章的因变量是公共医疗环境。根据 Song 等（2021）的研究，本章从医疗队伍和医疗基础设施两方面来衡量公共医疗环境。具体来说，本章使用医生总数对数值来衡量医疗队伍，该指标的数值越高，代表公共医疗环境越好；本章使用医院床位数对数值来衡量医疗基础设施，该指标的数值越高，说明公共医疗环境越好。医院的数量或医疗设施的数量更能反映城市医疗基础设施的情况，但上述数据没有报告。相比之下，一个城市的医院床位数与医院数量和医疗基础设施的数量高度相关，这意味着医院床位数也能有效反映城市医疗基础设施的水平。此外，由于市级医院床位数据较为全面和连续，本章选择该指标作为医疗基础设施的替代变量。

（二）自变量

区域产业分工程度是本章的自变量。我们采用 Duranton 和 Puga（2005）以及 Kang 等（2022）提出的功能专业化分工指数来衡量城市群的区域产业分工程度，具体公式如下：

$$ri_{j,\,t} = \frac{\sum_{i=1}^{nc} lsc_{i,\,j,\,t} \left/ \sum_{i=1}^{nc} lmc_{i,\,j,\,t}\right.}{\sum_{i=1}^{np} lsp_{i,\,j,\,t} \left/ \sum_{i=1}^{np} lmp_{i,\,j,\,t}\right.} \tag{11}$$

其中，$i = 1, 2, \ldots, nc$ 表示城市群 j 中的中心城市；$i = 1, 2,$

..., np 表示城市群 j 中的外围城市；$lsc_{i,j,t}$ 表示中心城市 i 在第 t 年生产性服务业从业人员数量；$lmc_{i,j,t}$ 表示中心城市制造业从业人员数量；$lsp_{i,j,t}$ 表示外围城市生产性服务业从业人员数量；$lmp_{i,j,t}$ 表示外围城市制造业从业人员数量；$ri_{j,t}$ 表示区域产业分工程度，$ri_{j,t}$ 的数值越高意味着区域产业分工程度越高。

（三）中介变量

本章第二节假设，区域产业分工通过改善交通基础设施和促进产业结构升级来改善公共医疗环境。因此，本章选择交通基础设施水平（$tran$）和产业结构（is）作为中介变量来检验区域产业分工对公共医疗环境的影响机制。交通基础设施水平用人均道路面积的对数值来衡量、产业结构用第三产业产值占 GDP 比重来衡量。

（四）控制变量

为了更可靠地评估区域产业分工对公共医疗环境的影响，本章控制了公共医疗环境的一系列影响因素，包括信息和通信技术（ict）、人口（pop）、外商投资水平（fdi）、政府教育投资（gie）、政府干预（gov）和经济发展水平（$rgdp$）（Rahman，2019），分别采用互联网用户对数值、总人口对数、外商直接投资占 GDP 比重、教育支出占财政支出比重、财政支出占 GDP 比重、人均 GDP 对数值来衡量。变量的描述性统计如表 7-1 所示。

表 7-1　变量的描述性统计

变量		变量描述	样本数（个）	均值	最小值	最大值	标准差
因变量	lnphe1	医生总数对数值	2558	8.932	6.617	11.659	0.788
	lnphe2	医院床位数对数值	2558	9.575	7.187	12.086	0.769
自变量	ri	区域产业分工程度	2558	1.297	0.617	3.778	0.464
中介变量	lntran	人均道路面积对数值	2558	10.321	7.854	13.056	0.880
	is	第三产业产值占 GDP 比重（%）	2558	0.504	0.154	0.844	0.117

续表

变量		变量描述	样本数（个）	均值	最小值	最大值	标准差
控制变量	lnict	互联网用户对数值	2558	5.978	4.240	8.134	0.636
	lnpop	总人口对数值	2558	12.879	5.468	17.762	1.374
	fdi	外商直接投资占 GDP 比重（%）	2558	0.004	0.000	0.032	0.004
	gie	教育支出占财政支出比重（%）	2558	0.179	0.044	0.494	0.043
	gov	财政支出占 GDP 比重（%）	2558	0.134	0.028	0.675	0.061
	lnrgdp	人均 GDP 对数值	2558	10.321	7.854	13.056	0.880

第四节　实证结果分析

一　区域产业分工对公共医疗环境的影响

基于 HLM 的区域产业分工对公共医疗环境影响的估计结果如表 7-2 所示。lnphe1 和 lnphe2 分别反映医疗队伍和医疗基础设施的水平。（1）列和（4）列报告了 NM 的回归结果，（2）列和（5）列报告了 RIRSM 的估计结果，（3）列和（6）列报告了 RIRSIM 的估计结果。

表 7-2　基于 HLM 的区域产业分工对公共医疗环境影响的估计结果

变量	lnphe1			lnphe2		
	NM	RIRSM	RIRSIM	NM	RIRSM	RIRSIM
	(1)	(2)	(3)	(4)	(5)	(6)
固定效应						
ri		0.066***	-0.809***		0.019**	-0.313
		(0.011)	(0.246)		(0.009)	(0.207)
lnict		0.128***	0.071**		0.132***	0.095***
		(0.011)	(0.029)		(0.009)	(0.025)
gie		-0.514***	-1.028**		-1.256***	-1.345***
		(0.156)	(0.423)		(0.126)	(0.356)

变量	lnphe1			lnphe2		
	NM	RIRSM	RIRSIM	NM	RIRSM	RIRSIM
	(1)	(2)	(3)	(4)	(5)	(6)
fdi		-13.178***	-15.739***		-4.710***	-16.472***
		(1.858)	(4.985)		(1.504)	(4.190)
lnpop		0.875***	0.906***		0.852***	0.884***
		(0.014)	(0.035)		(0.012)	(0.030)
gov		0.958***	-1.455***		0.080	-0.848***
		(0.144)	(0.291)		(0.089)	(0.244)
lnrgdp		0.383***	0.168***		0.218***	0.237***
		(0.020)	(0.040)		(0.013)	(0.033)
随机效应						
$ri×$lnict			0.025			-0.009
			(0.030)			(0.025)
$ri×gie$			0.053**			0.031
			(0.022)			(0.019)
$ri×fdi$			-0.029			0.136
			(0.326)			(0.274)
$ri×$lnpop			12.319***			9.879***
			(3.690)			(3.101)
$ri×gov$			-0.045*			-0.028
			(0.025)			(0.021)
$ri×$lnrgdp			0.729***			0.773***
			(0.235)			(0.198)
Constant	8.892***	-1.403***	1.291***	9.517***	0.744***	1.044***
	(0.062)	(0.183)	(0.320)	(0.059)	(0.102)	(0.269)
$\sigma_{\mu 0}^{2}$	0.720***	0.325***	0.268***	0.693***	0.261***	0.263***
	(0.044)	(0.023)	(0.018)	(0.042)	(0.018)	(0.018)
σ^{2}	0.315***	0.176***	0.189***	0.330***	0.138***	0.137***
	(0.004)	(0.003)	(0.003)	(0.005)	(0.002)	(0.002)
City FE	Yes	Yes	Yes	Yes	Yes	Yes
Year FE	Yes	Yes	Yes	Yes	Yes	Yes

续表

变量	lnphe1			lnphe2		
	NM	RIRSM	RIRSIM	NM	RIRSM	RIRSIM
	（1）	（2）	（3）	（4）	（5）	（6）
Observation	2558	2558	2558	2558	2558	2558
LR	4063.66	1777.90	1789.89	3724.25	2453.23	2451.94

注：$^*p<0.1$，$^{**}p<0.05$，$^{***}p<0.01$；系数下括号内为标准误差；$\sigma_{\mu0}^2$ 和 σ^2 分别为城市群内方差和城市群间方差；似然比 LR 表示 HLM 与线性模型的比较检验。

根据 NM 的估计结果，可以通过计算 ICC 来确定是否应使用 HLM 进行估计。根据（1）列和（4）列的结果，ICC 分别为 0.3043 $[0.315/（0.315+0.720）\approx 0.3043]$ 和 0.3226 $[0.330/（0.330+0.693）\approx 0.3226]$，说明医疗队伍规模总差异的 30.43% 和医疗基础设施水平总差异的 32.26% 是由城市群造成的，且数值远远高于 0.1。因此，HLM 比 OLS 更适合估计区域产业分工对公共医疗环境的影响。

根据（2）列的估计结果，ri 的回归系数为 0.066（$p<0.01$），通过了 1% 的显著性水平检验，表明区域产业分工显著扩大了区域内各城市的医疗队伍规模。（5）列中 ri 的回归系数为 0.019（$p<0.05$），通过了 5% 的显著性水平检验，表明区域产业分工显著提高了医疗基础设施的水平。因此，区域产业分工可以显著改善区域内的公共医疗环境。本章进一步探讨了区域产业分工对其他城市层面影响因素的调节作用。在（3）列的回归结果中，$ri\times gie$、$ri\times lnpop$、$ri\times gov$ 和 $ri\times lnrgdp$ 的回归系数分别为 0.053（$p<0.05$）、12.319（$p<0.01$）、-0.045（$p<0.1$）和 0.729（$p<0.01$），分别通过了 5%、1%、10%、1% 的显著性水平检验，这表明，区域产业分工显著增强了政府教育支出、人口和经济发展水平对医疗队伍的积极影响，区域产业分工同时也显著放大了政府干预对医疗队伍的负面影响。在（6）列的回归结果中，$ri\times lnpop$ 和 $ri\times lnrgdp$ 的回归系数分别为 9.879（$p<0.01$）和 0.773（$p<0.01$），均通过了 1% 的显著性水平检验，这表明区域产业分工显著增强了人口和经济发展水平对医疗基础设施的积极影响。

综上所述，区域产业分工既能直接改善区域内城市的公共医疗环境，又能显著增强人口和经济发展水平对公共医疗环境改善的影响。

二 区域产业分工对公共医疗环境的影响机制

为了检验假设 2，即区域产业分工通过改善交通基础设施和促进产业结构升级来改善公共医疗环境，本章进行了中介效应检验（见表 7-3）。

表 7-3 区域产业分工对公共医疗环境影响机制的估计结果

变量	lntran (1)	lnphe1 (2)	lnphe1 (3)	is (4)	lnphe2 (5)	lnphe2 (6)
ri	0.304*** (0.032)	0.094*** (0.011)	0.019** (0.009)	0.040*** (0.004)	0.098*** (0.011)	0.021** (0.009)
lntran		0.029*** (0.008)	0.023*** (0.007)			
is					0.359*** (0.061)	0.097* (0.051)
lnict		0.127*** (0.011)	0.132*** (0.009)		0.123*** (0.011)	0.130*** (0.009)
gie		−1.104*** (0.151)	−1.233*** (0.126)		−1.114*** (0.150)	−1.251*** (0.126)
fdi		−1.794 (1.824)	−5.351*** (1.525)		−0.357 (1.798)	−4.463*** (1.511)
lnpop		0.831*** (0.017)	0.828*** (0.014)		0.840*** (0.015)	0.847*** (0.013)
gov		−0.476*** (0.108)	0.141 (0.090)		−0.764*** (0.113)	0.017 (0.095)
lnrgdp		0.181*** (0.015)	0.212*** (0.013)		0.205*** (0.015)	0.223*** (0.013)
$Constant$	10.117*** (0.046)	0.301** (0.123)	0.691*** (0.103)	0.767*** (0.005)	0.121 (0.128)	0.676*** (0.108)
City FE	Yes	Yes	Yes	Yes	Yes	Yes
Year FE	Yes	Yes	Yes	Yes	Yes	Yes

变量	lntran (1)	lnphe1 (2)	lnphe1 (3)	is (4)	lnphe2 (5)	lnphe2 (6)
Observation	2558	2558	2558	2558	2558	2558
F-value	90.733	1903.247	2704.147	116.481	1917.399	2695.549

注：$^*p<0.1$，$^{**}p<0.05$，$^{***}p<0.01$；系数下括号内为标准误差。

从表7-3可知，（1）列和（4）列中 ri 的估计系数分别为0.304（$p<0.01$）和0.040（$p<0.01$），均通过了1%的显著性水平检验，这表明区域产业分工将显著改善交通基础设施和促进产业结构升级。同时，（2）列和（3）列中 lntran 的回归系数分别为0.029（$p<0.01$）和0.023（$p<0.01$），均通过了1%的显著性水平检验，这表明区域产业分工通过改善交通基础设施显著改善公共医疗环境。（5）列和（6）列中 is 的回归系数分别为0.359（$p<0.01$）和0.097（$p<0.1$），分别通过了1%和10%的显著性水平检验，这表明区域产业分工通过产业结构升级显著改善公共医疗环境。上述结果表明，区域产业分工可以通过改善交通基础设施和促进产业结构升级来改善公共医疗环境，因此，政府应在区域产业分工过程中实施更有效的交通规划和产业政策，以改善公共医疗环境。

三 区域产业分工对中心城市和外围城市公共医疗环境的影响差异

为了检验假设3，即区域产业分工对中心城市公共医疗环境的影响大于外围城市，本章构建了交互项为 $ri \times cp$ 的HLM。$cp_{i,t}$ 表示中心城市和外围城市的虚拟变量，当城市 i 为中心城市时取值为1，否则取值为0。（1）列和（2）列中的因变量为医疗队伍，（3）列和（4）列中的因变量为医疗基础设施（见表7-4）。

表 7-4　区域产业分工对中心城市和外围城市公共
医疗环境的影响差异

变量	lnphe1		lnphe2	
	（1）	（2）	（3）	（4）
ri	0.361***	0.127***	0.379***	0.061***
	（0.019）	（0.011）	（0.020）	（0.010）
cp	1.074***	0.349***	0.972***	0.278***
	（0.074）	（0.038）	（0.080）	（0.035）
ri×cp	0.155***	0.095***	0.173***	0.083***
	（0.054）	（0.017）	（0.059）	（0.014）
lnict		0.077***		0.095***
		（0.010）		（0.009）
gie		0.185		−0.496***
		（0.150）		（0.127）
fdi		−12.752***		−8.474***
		（1.733）		（1.435）
lnpop		0.815***		0.809***
		（0.014）		（0.012）
gov		0.718***		0.396***
		（0.138）		（0.088）
lnrgdp		0.322***		0.232***
		（0.019）		（0.012）
Constant	8.113***	−0.179	8.882***	1.066***
	（0.053）	（0.183）	（0.029）	（0.098）
$\sigma_{\mu 0}^{2}$	0.538***	0.244***	0.498***	0.210***
	（0.033）	（0.017）	（0.031）	（0.014）
σ^{2}	0.184***	0.176***	0.299***	0.138***
	（0.003）	（0.003）	（0.004）	（0.002）
City FE	Yes	Yes	Yes	Yes
Year FE	Yes	Yes	Yes	Yes
Observation	2558	2558	2558	2558
LR	4820.02	1504.56	2856.50	2222.45

注：*** $p<0.01$；括号内为标准误差；$\sigma_{\mu 0}^{2}$ 和 σ^{2} 分别为城市群内方差和城市群间方差；似然比 LR 表示 HLM 与线性模型的比较检验。

从表 7-4 可知，（2）列中交互项 $ri×cp$ 的回归系数为 0.095（p<0.01），通过了 1% 的显著性水平检验，这表明区域产业分工对中心城市医疗队伍改善的影响比外围城市高 9.5%。（4）列中交互项 $ri×cp$ 的回归系数为 0.083（p<0.01），通过了 1% 的显著性水平检验，这表明区域产业分工对中心城市医疗基础设施改善的影响比外围城市高 8.3%。这意味着区域产业分工可以显著改善该地区的整体公共医疗环境，其在中心城市的影响显著大于外围城市。

四 异质性分析

（一）不同经济发展水平的异质性分析

经济发展水平对公共医疗环境有着至关重要的影响。在经济发达地区，政府用于改善医疗服务的财政支出相对较高。同时，经济发达地区对医疗服务的需求更大，这将吸引更多的医疗服务提供者进入，从而改善当地的公共医疗环境（Song 等，2021）。因此，在评估区域产业分工对公共医疗环境的影响时，有必要考虑其在不同经济发展水平地区的差异。本章根据人均 GDP 的均值将样本分为高经济发展水平组和低经济发展水平组进行分组回归。不同经济发展水平的异质性差异如表 7-5 所示。

表 7-5 不同经济发展水平的异质性分析

变量	高经济发展水平组		低经济发展水平组	
	lnphe1	lnphe2	lnphe1	lnphe2
	（1）	（2）	（3）	（4）
ri	0.015	0.018*	0.076**	0.052*
	（0.011）	（0.010）	（0.037）	（0.029）
lnict	0.200***	0.175***	0.096***	0.112***
	（0.014）	（0.012）	（0.016）	（0.012）
gie	-0.711***	-1.352***	-0.377*	-0.828***
	（0.204）	（0.184）	（0.226）	（0.176）
fdi	-7.601***	-7.572***	-19.256***	-18.847***
	（2.102）	（1.898）	（3.298）	（2.570）

续表

变量	高经济发展水平组		低经济发展水平组	
	lnphe1	lnphe2	lnphe1	lnphe2
	(1)	(2)	(3)	(4)
lnpop	0.828***	0.857***	0.857***	0.810***
	(0.017)	(0.016)	(0.023)	(0.018)
gov	0.765***	0.343**	2.073***	1.955***
	(0.173)	(0.156)	(0.283)	(0.220)
lnrgdp	0.456***	0.286***	0.354***	0.387***
	(0.025)	(0.023)	(0.036)	(0.028)
Constant	−3.156***	−0.418*	−0.744**	−0.320
	(0.263)	(0.237)	(0.343)	(0.267)
$\sigma_{\mu0}^2$	0.538***	0.244***	0.498***	0.210***
	(0.033)	(0.017)	(0.031)	(0.014)
σ^2	0.184***	0.176***	0.299***	0.138***
	(0.003)	(0.003)	(0.004)	(0.002)
City FE	Yes	Yes	Yes	Yes
Year FE	Yes	Yes	Yes	Yes
Observation	1552	1552	1006	1006

注：* $p<0.1$，** $p<0.05$，*** $p<0.01$；括号内为标准误差；$\sigma_{\mu0}^2$ 和 σ^2 分别为城市群内方差和城市群间方差。

根据表 7-5 中的回归结果，（1）列和（2）列中 ri 的回归系数分别为 0.015 和 0.018，只有（2）列通过了 10% 的显著性水平检验。（3）列和（4）列中 ri 的回归系数分别为 0.076 和 0.052，分别通过了 5% 和 10% 的显著性水平检验。上述结果表明，区域产业分工对经济发展水平较低城市公共医疗环境的改善具有更显著的作用。

（二）不同公共医疗环境水平的异质性分析

为了进一步检验区域产业分工对不同公共医疗环境水平地区的影响是否存在差异，本章根据公共医疗环境水平将样本分为公共医疗环境高水平组和公共医疗环境低水平组进行回归。分组的依据是当年所有城市的公共医疗环境均值，高于均值的列入高水平组，低于均值的列入低水平组。不同公共医疗环境水平的异质性分析如表 7-6 所示。

表 7-6　不同公共医疗环境水平的异质性分析

变量	公共医疗环境高水平组		公共医疗环境低水平组	
	lnphe1	lnphe2	lnphe1	lnphe2
	（1）	（2）	（3）	（4）
ri	-0.005	-0.038***	0.143***	0.075***
	(0.013)	(0.010)	(0.017)	(0.015)
lnict	0.184***	0.176***	0.046***	0.089***
	(0.016)	(0.013)	(0.011)	(0.011)
gie	-0.609**	-1.525***	-0.130	-0.419**
	(0.243)	(0.181)	(0.163)	(0.167)
fdi	-16.461***	-10.464***	-6.378***	-11.274***
	(2.637)	(2.012)	(2.032)	(2.050)
lnpop	0.694***	0.760***	0.717***	0.724***
	(0.022)	(0.018)	(0.018)	(0.018)
gov	0.820***	0.167	1.052***	1.287***
	(0.209)	(0.162)	(0.164)	(0.164)
ln$rgdp$	0.339***	0.268***	0.268***	0.257***
	(0.028)	(0.022)	(0.022)	(0.022)
$Constant$	-0.278	0.706***	1.154***	1.464***
	(0.276)	(0.214)	(0.239)	(0.234)
$\sigma_{\mu0}^2$	0.538***	0.244***	0.498***	0.210***
	(0.033)	(0.017)	(0.031)	(0.014)
σ^2	0.184***	0.176***	0.299***	0.138***
	(0.003)	(0.003)	(0.004)	(0.002)
City FE	Yes	Yes	Yes	Yes
Year FE	Yes	Yes	Yes	Yes
Observations	1204	1283	1354	1275

注：** $p<0.05$，*** $p<0.01$；括号内为标准误差；$\sigma_{\mu0}^2$ 和 σ^2 分别为城市群内方差和城市群间方差。

根据表 7-6 的回归结果，（1）列和（2）列中 ri 的回归系数分别为 -0.005 和 -0.038，（1）列的回归系数未通过 10% 的显著性水平检验，（2）列的回归系数通过了 1% 的显著性水平检验。（3）列和（4）

列中 ri 的回归系数分别为 0.143 和 0.075，均通过了 1% 的显著性水平检验。上述结果表明，区域产业分工对公共医疗环境水平较低地区公共医疗环境的改善有更强的作用。这意味着，区域产业分工的推进不仅可以改善区域公共医疗环境，而且可以缩小区域内公共医疗环境的差距。

五 内生性检验

本章选择功能专业化分工指数来衡量区域产业分工程度。该指数和公共医疗环境受到经济发展水平的影响，可能产生内生干扰，降低结果的可靠性。因此，本章选择长江三角洲扩容（YRDE）作为一个准自然实验，通过双重差分模型估计展开内生性检验。

长江三角洲城市群是中国最具代表性的城市群之一。随着城市群内外城市经济联系的深化，长江三角洲已扩展到江苏北部、浙江南部和安徽东部。2010 年 3 月，长江三角洲城市经济协调会第十次市长联席会议正式吸纳合肥、盐城、马鞍山、金华、淮安和衢州 6 个城市为成员。本章将以此次扩容为准自然实验来评估区域产业分工对公共医疗环境的影响，以确保本章研究结果的稳健性。基于 DID 模型的内生性检验如表 7-7 所示，其中 YRDE 是一个政策冲击变量，当城市 i 在第 t 年实施该政策时取值为 1，否则取值为 0。根据表 7-7 的估计结果，（2）列和（4）列中 YRDE 对医疗队伍和医疗基础设施的影响系数分别为 0.127（p<0.01）和 0.057（p<0.01），均通过了 1% 的显著性水平检验，这表明，长江三角洲扩容政策的实施显著改善了公共医疗环境。因此，在排除潜在的内生干扰因素后，本章的分析结果仍然是可靠的。

表 7-7 基于 DID 模型的内生性检验

变量	lnphe1		lnphe2	
	（1）	（2）	（3）	（4）
YRDE	1.056***	0.127***	0.951***	0.057***
	(0.045)	(0.021)	(0.043)	(0.017)

续表

变量	lnphe1		lnphe2	
	（1）	（2）	（3）	（4）
lnict		0.136***		0.140***
		(0.011)		(0.009)
gie		−0.343**		−1.138***
		(0.155)		(0.129)
fdi		−14.424***		−12.218***
		(1.848)		(1.541)
lnpop		0.853***		0.846***
		(0.014)		(0.012)
gov		0.866***		0.670***
		(0.145)		(0.121)
lnrgdp		0.384***		0.293***
		(0.019)		(0.016)
Constant	8.688***	−1.325***	9.200***	0.189
	(0.061)	(0.186)	(0.058)	(0.155)
$\sigma_{\mu 0}^2$	0.710***	0.341***	0.693***	0.306***
	(0.043)	(0.025)	(0.042)	(0.022)
σ^2	0.184***	0.177***	0.126***	0.117***
	(0.003)	(0.003)	(0.002)	(0.002)
City FE	Yes	Yes	Yes	Yes
Year FE	Yes	Yes	Yes	Yes
Observation	2558	2558	2558	2558

注：** $p<0.05$，*** $p<0.01$；括号内为标准误差；$\sigma_{\mu 0}^2$ 和 σ^2 分别为城市群内方差和城市群间方差。

只要满足平行趋势假设检验，即在长江三角洲扩容政策实施前后，实验组和对照组的公共医疗环境存在共同的趋势，结果就成立。平行趋势检验结果如图 7-1 所示。在实施长江三角洲扩容政策之前，回归系数大多未通过 5% 的显著性检验，这表明在实施长江三角洲扩容政策之前，实验组和对照组之间的公共医疗环境没有明显差异，平行趋势假设得到满足，即基于 DID 模型的内生性检验支持了本节第一部分的结论。

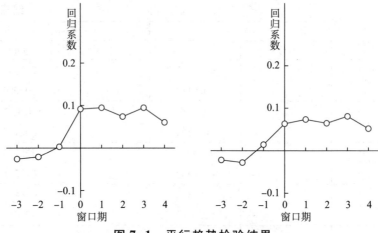

图 7-1　平行趋势检验结果

注：左侧图的因变量是医疗队伍（lnphe1），右侧图的因变量是医疗基础设施（lnphe2）。X 轴表示长江三角洲扩容政策实施的窗口期。Y 轴表示长江三角洲扩容政策的回归系数。实施长江三角洲扩容政策的前一年为基期。

六　稳健性检验

为了保证结果的稳健性，本章还采用了高维固定效应模型进行再估计。本章在模型中同时考虑了城市群固定效应、城市固定效应和年份固定效应，基于高维固定效应模型的再估计如表 7-8 所示。

表 7-8　基于高维固定效应模型的再估计

变量	lnphe1		lnphe2	
	（1）	（2）	（3）	（4）
ri	0.066***	0.055***	0.345***	0.067***
	（0.020）	（0.017）	（0.033）	（0.016）
lnict		0.001		0.046***
		（0.012）		（0.013）
gie		0.236		1.123***
		（0.319）		（0.249）
fdi		-6.187**		-5.509*
		（2.849）		（2.827）

续表

变量	lnphe1		lnphe2	
	（1）	（2）	（3）	（4）
lnpop		0.633***		0.619***
		（0.139）		（0.127）
gov		−0.553*		1.339***
		（0.297）		（0.255）
lnrgdp		0.017		0.264***
		（0.053）		（0.021）
Constant	8.847***	4.939***	9.128***	2.110***
	（0.026）	（1.195）	（0.042）	（0.682）
City FE	Yes	Yes	Yes	Yes
City Cluster FE	Yes	Yes	Yes	Yes
Year FE	Yes	Yes	Yes	Yes
Observation	2558	2558	2558	2558
F-Value	10.763	9.511	111.655	254.328

注：$^*p<0.1$，$^{**}p<0.05$，$^{***}p<0.01$；括号内报告的为标准误差。

根据表7-8的估计结果，（2）列和（4）列中 ri 的回归系数分别为 0.055（p<0.01）和 0.067（p<0.01），均通过了 1% 的显著性水平检验，这说明区域产业分工会显著改善公共医疗环境，也就是说，本章的结论是稳健的。

第五节　结论与建议

本章基于 2001~2019 年 16 个主要城市群的 137 个城市的面板嵌套数据，采用层次线性模型评估了区域产业分工对公共医疗环境的影响。研究结果表明，区域产业分工程度每提升 1%，城市医疗队伍和医疗基础设施会分别改善 6.6% 和 1.9%。此外，区域产业分工还显著加强了人口和经济发展水平对公共医疗环境的积极影响。研究结果表明，区域产业分工对中心城市的公共医疗环境的改善效果强于外围城市。影响机制分析的结果表明，区域产业分工通过改善交通基础设施和促进产业结构升级来改善公共医疗环境。进一步的异质性分析表明，区域产业分工对经济发展水平较低和公共医疗环境水平较低的城市具有更显著的正向效应。内生性检验和稳健性检验的结论是一致的。

基于本章的研究结果，笔者提出三条政策建议。首先，政府应提出更全面的区域合作计划，改善公共医疗环境。公共医疗环境是提高公众健康水平的基本保障，政府需要通过财政支出和引导市场参与来改善公共医疗环境。区域产业分工可以为改善公共医疗环境带来积极影响，因此，政府应出台更多的区域合作计划来促进区域产业分工，如粤港澳大湾区发展规划和长江三角洲扩容计划。其次，应加大对外围城市公共医疗环境的财政投入。研究结果表明，区域产业分工对中心城市公共医疗环境的改善效果明显强于外围城市，这可能导致区域公共医疗环境的差距拉大。因此，政府应加大对外围城市的财政投入力度，以缩小区域公共医疗环境的差距。具体来说，政府可以对医院引进的人才提供生活补贴和社会保障，以改善外围城市的公共医疗环境。最后，区域产业分工政策的制定需要考虑区域间的差异。研究结果表明，区域产业分工对经济发展水平较低和公共医疗环境水平较低的地区影响更大，因此，政府应更加重视欠发达地区如关中—天水城市群的区域产业分工规划。在这类地区推动一体化可以更有效地改善当地的公共医疗环境。

参考文献

[1] James M. Clay, Matthew O. Parker, "Alcohol Use and Misuse during the CO-VID-19 Pandemic: A Potential Public Health Crisis?", *The Lancet Public Health* 5 (2020).

[2] Malcolm J. Prowle, "Health and Healthcare", *Reforming UK Public Policy Through Elected Regional Government Routledge* (2022).

[3] Tomasz Holecki, Anna Rogalska and Karolina Sobczyk, et al., "Global Elder-

ly Migrations and Their Impact on Health Care Systems", *Frontiers in Public Health* 8 (2020).

[4] Dongjian Yang, Lei Chen and Ya Yang, et al., "Effect of PM2.5 Exposure on Vitamin D Status among Pregnant Women: A Distributed Lag Analysis", *Ecotoxicology and Environmental Safety* 239 (2022).

[5] Chenyang Yu, Hongyu Long and Xiang Zhang, et al., "Regional Integration and City-Level Energy Efficiency: Evidence from China", *Sustainable Cities and Society* 88 (2023).

[6] G. Duranton, D. Puga, "From Sectoral to Functional Urban Specialisation", *Journal of Urban Economics* 57 (2005).

[7] Amelia U. Santos – Paulino, Alisa Dicaprio and Maria V. Sokolova, et al., "The Development Trinity: How Regional Integration Impacts Growth, Inequality and Poverty", *The World Economy* 42 (2019).

[8] Munir Ahmad, Abdul Rehman and Syed Ahsan Ali Shah, et al., "Stylized Heterogeneous Dynamic Links among Healthcare Expenditures, Land Urbanization, and CO_2 Emissions across Economic Development Levels", *Science of The Total Environment* 753 (2021).

[9] Heshmatollah Asadi, Batoul Ahmadi and Saharnaz Nejat, et al., "Factors Influencing the Migration of Iranian Healthcare Professionals: A Qualitative Study", *PLoS ONE* 13 (2018).

[10] Imad El-Anis, "Transport Infrastructure and Regional Integration in the Middle East", *The Muslim World* 111 (2021).

[11] Yongrok Choi, Ning Zhang and Peng Zhou, "Efficiency and Abatement Costs of Energy-Related CO_2 Emissions in China: A Slacks-Based Efficiency Measure", *Applied Energy* 98 (2012).

[12] Adriana Peluffo, "Regional Integration and Technology Diffusion: The Case of Uruguay", *The Journal of International Trade & Economic Development* 22 (2013).

[13] Qiang Zhang, Qiong Tong, "Specialization and Regional Spacial Integration: A Case Study of Yangtze River Delta", 2018 5th International Conference on

Industrial Economics System and Industrial Security Engineering (IEIS) (2018).

[14] Jijun Kang, Chenyang Yu and Rui Xue, et al., "Can Regional Integration Narrow City-Level Energy Efficiency Gap in China?", *Energy Policy* 163 (2022).

[15] Tzu-Ying Chen, Rong-Chang Jou, "Using HLM to Investigate the Relationship between Traffic Accident Risk of Private Vehicles and Public Transportation", *Transportation Research Part A: Policy and Practice* 119 (2019).

[16] Stephen Raudenbush, Anthony Bryk, "Hierarchical Linear Models: Applications and Data Analysis Methods", *SAGE* (2002).

[17] Cai-xia Song, Cui-xia Qiao and Jing Luo, "Does High-Speed Rail Opening Affect the Health Care Environment—Evidence from China", *Frontiers in Public Health* 9 (2021).

[18] Saanjaana Rahman, "The Nexus between Urbanization, Energy Demand and Healthcare in Bangladesh", *Journal of Social Economics Research* 61 (2019).

[19] Robyn France Swift, "The Relationship between Health and GDP in OECD Countries in the Very Long Run", *Health Economics* 203 (2011).

[20] H. Erank Ozkaya, Chitra S. Dabas and kalin D. k le, et al., "An Assessment of Hierarchical Linear Mooleling in International Business, Maragement and Marketing", *International Business Reciew* 22 (2013).

┃第八章┃

环境信息公开与公众健康

本章通过在中国 2012 年实施的《环境空气质量标准》的准自然实验，评估了环境信息公开对公众健康的影响。实证结果表明，环境信息公开在很大程度上改善了公众的身体健康和心理健康。本章进一步研究了空气污染渠道，实证结果表明，环境信息公开可以降低PM2.5 的浓度，随着 PM2.5 浓度的降低，环境信息公开可以提高公众的健康水平。此外，从个体特征来看，环境信息公开对男性和 60 岁以上人群的影响更大，对农村居民身体健康的影响更大，对城市居民心理健康的影响更大。在城市异质性方面，环境信息公开对公众环境关注度较高的城市的影响更大。

第一节　引言

随着过去 40 多年经济的持续大幅增长，中国已成为世界第二大经济体。中国经济增长的主要驱动力是高资本投入和低劳动力成本，这种经济增长方式具有资源配置效率低的特点（Hsieh 和 Rossi-Hansberg，2023），导致资源和能源的大量消耗。因此，中国的经济增长也导致了许多环境问题，尤其是空气污染问题。大量研究证明，空气污染对人类健康产生了不利影响，进一步影响了中国的可持续发展。

为了提高中国的环境质量，中国政府自 20 世纪 80 年代以来实施了一系列环境监管政策。然而，早期的环境监管主要集中在二氧化硫（SO_2）的排放上，其效果非常有限。在过去的几十年中，经济的高速增长不仅增加了污染物排放量，也使空气污染的成分发生了变化，更具体地说，在京津冀地区和长江三角洲地区发现了高浓度的 PM2.5，为解决这一问题，我国自 2012 年开始实施新的《环境空气质量标准》。

与其他以惩罚或政治干预为目的的环境监管政策不同，《环境空气质量标准》关注的是环境空气中污染物浓度的信息公开。全国共有 190 个城市的空气污染指数小时监测数据在国家网络平台上公开，为环保部门和其他有关部门管理环境空气质量和制定污染物排放标准提供了重要依据。许多研究采用描述性统计方法，通过比较《环境空气质量标准》实施前后的空气污染指标，探讨了《环境空气质量标准》的实施对空气污染的影响。《环境空气质量标准》实施后，总悬浮颗粒物、PM2.5 和二氧化硫的年均浓度呈下降趋势（Bai 等，2021）。有证据表明，试点城市的 PM2.5 浓度和二氧化硫排放量在《环境空气质量标准》实施后显著降低。

然而，目前缺乏关于环境信息公开对公众健康影响的因果推断的研究。为了填补这一空白，本章试图通过在中国进行的准自然实验来探索环境信息公开与公众健康之间的关系，并探讨空气质量的中介效应。此外，本章还探讨了个体特征和公众环境关注的调节作用，考察了城市和地区的异质性。

本章在以下方面对当前研究有所贡献。首先，本章将《环境空气质量标准》的实施作为一个准自然实验，研究了环境信息公开对公众健康的影响，而目前的研究大多关注《环境空气质量标准》的实施和空气污染之间的关系。此外，目前大多数研究一般采用描述性统计分析来比较《环境空气质量标准》实施前后的环境空气质量的变化，没有应用因果推理方法，因此结论的可靠性有限。本章采用了差分法，通过多次稳健性检验，结论是一致的。其次，本章研究了两类公众健康：身体健康和心理健康。利用中国健康与退休纵向研究（CHARLS）的调查数据，构建了急性休克和慢性休克两个指数来测量身体健康，构建了情景记忆、心理认知和抑郁自评三个指数来测量心理健康。再次，本章研究了环境信息公开对公众健康的影响机制。具体来说，本章研究了空气污染渠道。结果表明，以PM2.5为代表的空气污染随着环境信息的公开而减少，空气污染的减少将提升公众健康水平。最后，本章从个体特征和公众环境关注的角度对异质性进行了分析，即区域异质性和城市异质性。具体而言，在个体特征角度，考虑了性别、居住地和年龄。在公众环境关注角度，研究了城市异质性。

第二节　研究假设

不同的污染物会导致不同的疾病。一方面，SO_2、PM10、PM2.5等空气污染物会导致呼吸道疾病发病率提高，甚至可能导致死亡人数增加和预期寿命缩短。另一方面，在一些与空气污染相关的疾病中，如心血管疾病和呼吸系统疾病，相同的空气污染物可能会导致不同的死亡率（Anenberg 等，2010）。为了进一步监测空气质量，新的《环境空气质量标准》自 2012 年开始实施。新的《环境空气质量标准》强调了对 PM2.5 浓度的控制；空气质量数据必须实时向公众公布，因此，《环境空气质量标准》促进了环境空气中污染物浓度的环境信息公开（Chen 和 Kahn，2018）。目前的研究表明，随着《环境空气质量标准》的实施，空气污染有所减少。通过描述性统计可以发现，随着《环境空气质量标准》的实施，PM2.5 和 SO_2 的浓度呈下降趋势（Zhang 等，2020；Bai 等，2021）。已有研究用因果推理方法证明，

《环境空气质量标准》的实施显著降低了以 PM2.5 和 SO₂ 为代表的空气污染物的排放（Wang 等，2019）。

此外，中国家庭追踪调查（CFPS）数据库的证据显示，空气污染的减少明显提高了自我报告的健康水平，降低了婴儿死亡率（Wang 等，2019）。此外，根据世界卫生组织发布的《全球空气质量指南》，减少环境空气污染物排放将使痴呆症死亡率降低 4.17 个百分点。事实证明，长期暴露于空气污染中会导致心血管、肺和代谢功能障碍，过早死亡风险提高。

因此，一旦披露空气质量太差，公众可以通过直接向政府投诉的方式进行干预；作为回应，政府将迫使企业减少污染物排放以改善空气质量。此外，公众也会因此更加注意户外活动，从而减少暴露在空气污染中的机会，减少对健康的危害。因此，空气质量的改善有助于提高公众健康水平。在心理健康方面，空气污染会穿过血脑屏障，导致神经炎症和神经毒性增加，从而引起病理变化。最近发现，空气污染与老年人精神疾病有关（Braithwaite 等，2019）。此外，整个妊娠期暴露于空气污染中会提高妊娠并发精神障碍的概率（Kanner 等，2021）。因此，心理健康也与空气质量高度相关。更重要的是，在中国，健康问题主要源于高强度的工作压力，而这一问题在其他国家并不多见。这种压力可能导致严重的心理健康问题，而环境污染将加剧这些问题（Ao 等，2021）。因此，改善空气质量将大大缓解人们的工作压力，从而提升公众健康水平。

因此，本章提出以下假设。

H1：公众健康水平随着环境信息的公开而提高。

H2：空气污染随着环境信息的公开而减少，空气污染的减少将改善公众健康。

第三节　数据、模型与变量

一　数据说明

本章使用 2011 年、2013 年、2015 年和 2018 年中国健康与退休纵向研究（CHARLS）的数据，数据覆盖 45 岁及以上的人口。CHARLS 采用概率比例法（PPS），从 30 个省（自治区、直辖市）中随机抽取 150 个城市。根据人口数量，CHARLS 在 450 个社区展开。CHARLS 提供了大量与中国人口快速老龄化相关的公共卫生信息。城市层面数据来自中国研究数据服务平台（CNRDS）的中国城市统计数据库（CCSD）和《中国城市统计年鉴》。

二　模型设定

（一）基准模型

为了评估环境信息公开对公众健康的影响，本章构建了以下 DID 基准模型：

$$y_{i,r,t} = \beta_0 + \beta_1 \times EID_{r,t} + Control_{i,r,t} + \lambda_t + \gamma_r + \varepsilon_{i,r,t} \tag{1}$$

$$EID_{r,t} = \begin{cases} 0, \text{《环境空气质量标准》实施前} \\ 1, \text{《环境空气质量标准》实施后} \end{cases} \tag{2}$$

其中，$y_{i,r,t}$ 表示城市 r 中 i 人在第 t 年的公共健康状况，具体而言，用身体健康和心理健康来衡量公共健康状况；$EID_{r,t}$ 表示环境信息公开的实施情况，实施《环境空气质量标准》后的样本取值为 1，实施《环境空气质量标准》前的样本取值为 0；$Control_{i,r,t}$ 表示一系列控制变量；λ_t 表示时间固定效应；γ_r 表示城市固定效应；β_0 表示截距项，β_1 表示环境信息公开的估计系数。$\varepsilon_{i,r,t}$ 表示误差项。

（二）中介效应模型

为进一步检验假设 2，即空气污染对环境信息公开改善公众健康的中介效应，本章还构建了以下中介效应模型：

$$y_{i,r,t} = \alpha_0 + \alpha_1 \times EID_{r,t} + Control_{i,r,t} + \lambda_t + \gamma_r + \varepsilon_{i,r,t} \tag{3}$$

$$PM_{2.5_{r,t}} = \beta_0 + \beta_1 \times EID_{r,t} + \lambda_t + \gamma_r + \varepsilon_{r,t} \tag{4}$$

$$y_{i,r,t} = \delta_0 + \delta_1 \times EID_{r,t} + \delta_2 \times PM_{2.5_{r,t}} + Control_{i,r,t} + \lambda_t + \gamma_r + \varepsilon_{i,r,t} \tag{5}$$

其中，$PM_{2.5_{r,t}}$ 表示城市 r 在第 t 年的 PM2.5 浓度。如果式（4）中的 β_1 通过了 10% 的显著性水平检验，则表明环境信息公开对 PM2.5 浓度有显著影响。在此基础上，如果式（5）中的 δ_1 和 δ_2 都通过了 10% 的显著性水平检验，则表明环境信息公开对公众健康的影响是以 PM2.5 浓度为中介的。

（三）调节效应模型

本章还研究调节效应，构建以下调节效应模型：

$$y_{i,r,t} = \alpha_0 + \alpha_1 \times \ln PEC_{r,t} + Control_{i,r,t} + \lambda_t + \gamma_r + \varepsilon_{i,r,t} \tag{6}$$

$$y_{i,r,t} = \beta_0 + \beta_1 \times EID_{r,t} + \beta_2 \times \ln PEC_{r,t} + \beta_3 \times \ln PEC_{r,t} \times EID_{r,t} + Control_{i,r,t} + \lambda_t + \gamma_r + \varepsilon_{i,r,t} \tag{7}$$

其中，$\ln PEC_{r,t}$ 表示中介变量，为公众环境关注。公众健康测度方式如表 8-1 所示。

表 8-1　公众健康测度方式

公众健康	指标	取值范围	方向
身体健康	急性休克	[0, 3]	负向
	慢性休克	[0, 9]	负向
心理健康	情景记忆	[0, 20]	正向
	心理认知	[0, 12]	正向
	抑郁自评	[10, 40]	负向

三 变量选取

(一) 因变量

本章的因变量是公众健康。按照 Shen 等 (2021) 的方法,对公众健康的身体健康和心理健康两个方面进行衡量。为衡量身体健康,使用了急性休克和慢性休克两个指数。具体来说,急性休克指数的构建方法如下,受访者被问及是否患有心脏病、脑中风或癌症。如果受访者患有其中一种疾病,则得 1 分,未患上述疾病得 0 分。因此,急性休克的分值为 0~3 分,急性休克分值越大,身体健康状况越差。慢性休克指数的构建方法与急性休克相同,调查 9 种慢性疾病,包括高血压、血脂异常、糖尿病、慢性肺病、肝病、肾病、胃病、关节炎和哮喘。因此,慢性休克的分值为 0~9 分,慢性休克分值越大,身体健康状况越差。然后,对每项指数进行标准化转换,直至其分值介于 0 和 1 之间,最后以加权平均值相加,形成身体健康指数。身体健康指数的计算方法如下。

$$身体健康指数 = (急性休克/3 + 慢性休克/9) /2$$

在心理健康方面,本章构建了 3 个分指数:情景记忆、心理认知和抑郁自评。情景记忆指数的构建方法如下。首先,给受访者 10 个单词,受访者立即重复这 10 个单词,如果重复正确,每个单词得 1 分,否则得 0 分。随后,间隔 5~10 分钟要求受访者重复这 10 个单词,如果重复正确,每个单词得 1 分,否则得 0 分。因此,情景记忆的分值为 0~20 分,情景记忆分值越大,心理越健康。心理认知指数的构建方法如下。受访者需要回答 12 个问题,分别涉及减法算术、当前季节和时间以及图形识别。每个问题回答正确得 1 分,否则得 0 分,心理认知的分值为 0~12 分,该指标值越大,表明心理认知水平越高,心理越健康。抑郁自评指数的构建方法如下。向受访者提出 10 个问题,询问他们最近一周的感受和行为,每个问题有 4 个选项,从 1 分到 4 分不等,1 分表示自我评价最好,4 分表示自我评价最差。10 个问题的得分总和为 10~40 分，抑郁自评分值越大，心理健康状况越差。同样，心理健康的每个分指数都将标准化，并用加权平均值相加，形成心理健康指数。因此，心理健康指数的计算方法如下。

$$心理健康指数 = ［情景记忆/20 + 心理认知/12 + （抑郁自评 - 10）/3］/3$$

（二）自变量

本章的自变量是环境信息公开的实施情况。根据式（2），实施《环境空气质量标准》后的样本取值为 1，实施《环境空气质量标准》前的样本取值为 0。

（三）控制变量

同时，本章还控制了一系列变量，包括年龄（*age*）、性别（*gender*）、婚姻状况（*marital*）、居住属性（*residence*）、医疗成本（*cost*）、卫生环境（*toilet*）和生活用水（*water*），其中年龄、医疗成本使用其对数值衡量。变量定义和描述性统计如表 8-2 所示。

表 8-2　变量定义和描述性统计

	变量	变量描述	样本数（个）	均值	最小值	最大值	标准差
因变量	*Physical Health*	身体健康水平	69758	0.970	0.222	1	0.073
	Mental Health	心理健康水平	69758	0.471	0.059	1	0.149
自变量	*EID*	EID 实施情况	69758	0.612	0	1	0.487
中介变量	ln*PEC*	公众环境关注对数值	69758	3.749	1.692	4.641	0.424
控制变量	ln*age*	年龄对数值	69758	4.092	3.807	4.771	0.162
	gender	男性为 1，女性为 0	69758	0.516	0	1	0.500
	marital	已婚为 1，其他为 0	69758	0.863	0	1	0.344
	residence	农村为 1，城镇为 0	69758	0.126	0	1	0.332
	ln*cost*	医疗成本对数值	69758	1.045	0	14.152	2.811
	toilet	无厕所为 0，有厕所为 1	69758	0.778	0	1	0.416
	water	有生活用水为 1，无生活用水为 0	69758	0.731	0	1	0.444

第四节 数据与结果分析

一 基准回归

环境信息公开影响公众健康的实证结果如表 8-3 所示，（1）列和（2）列报告了身体健康（Physical Health）的结果，（3）列和（4）列报告了心理健康（Mental Health）的结果。城市固定效应和年份固定效应控制了所有特异性。

表 8-3 环境信息公开影响公众健康的实证结果

变量	身体健康		心理健康	
	（1）	（2）	（3）	（4）
EID	0.039***	0.041***	0.015***	0.009***
	（0.001）	（0.001）	（0.001）	（0.001）
lnage		−0.023***		0.195***
		（0.002）		（0.004）
gender		−0.003***		0.053***
		（0.001）		（0.001）
marital		−0.001		−0.036***
		（0.001）		（0.002）
residence		−0.018***		−0.036***
		（0.001）		（0.002）
lncost		−0.002***		0.002***
		（0.000）		（0.000）
toilet		0.001		0.016***
		（0.001）		（0.001）
water		0.003***		0.020***
		（0.001）		（0.001）
C	0.946***	1.046***	0.462***	−0.407***
	（0.001）	（0.008）	（0.001）	（0.018）

变量	身体健康		心理健康	
	（1）	（2）	（3）	（4）
City FE	Yes	Yes	Yes	Yes
Year FE	Yes	Yes	Yes	Yes
Observation	69758	69758	69758	69758
F	3858.434	563.852	177.037	820.614
R^2	0.081	0.096	0.069	0.173

注：（1）*** $p<0.01$。（2）使用高维固定效应方法控制城市固定效应和年份固定效应。（3）括号中是个体水平的稳健标准误差。

在表 8-3 中，（1）列和（2）列环境信息公开的系数分别为 0.039 和 0.041，均在 1%的水平上显著，表明环境信息公开显著提升了公众的身体健康水平。（3）列和（4）列中环境信息公开的系数分别为 0.015 和 0.009，均在 1%的水平上统计显著，表明环境信息公开显著提升了公众的心理健康水平。根据上述结果，在控制了个体特征以及城市固定效应和年份固定效应后，环境信息公开对公众健康产生了积极影响，对身体健康和心理健康的积极影响分别提高了 4.1%和 0.9%。本章进一步评估了环境信息公开对身体健康和心理健康各分指数的影响。环境信息公开对不同健康指标的影响如表 8-4 所示。

表 8-4　环境信息公开对不同健康指标的影响

变量	急性休克 （1）	慢性休克 （2）	情景记忆 （3）	心理认知 （4）	抑郁自评 （5）
EID	-0.050*** （0.002）	-0.597*** （0.007）	0.145*** （0.031）	0.151 （0.132）	-0.253*** （0.041）
C	-0.168*** （0.025）	1.360*** （0.076）	24.682*** （0.422）	14.485*** （0.759）	23.791*** （0.541）
Control	Yes	Yes	Yes	Yes	Yes
City FE	Yes	Yes	Yes	Yes	Yes
Year FE	Yes	Yes	Yes	Yes	Yes
Observation	75816	75816	75816	75816	75816

续表

变量	急性休克 （1）	慢性休克 （2）	情景记忆 （3）	心理认知 （4）	抑郁自评 （5）
F	131.068	982.150	632.131	52.093	205.546
R^2	0.036	0.129	0.129	0.672	0.064

注：（1）*** $p<0.01$。（2）使用高维固定效应方法控制城市固定效应和年份固定效应。（3）系数下括号中是个体水平的稳健标准误差。

表 8-4 的结果表明，在身体健康方面，（1）列和（2）列中环境信息公开的系数分别为 -0.050 和 -0.597，均在 1% 的水平上显著，表明环境信息公开显著降低了急性休克和慢性休克的患病率，分别降低了 5.0% 和 59.7%。在心理健康方面，（3）列和（5）列中环境信息公开的系数分别为 0.145 和 -0.253，均在 1% 的水平上显著，这表明环境信息公开显著提高了 14.5% 的情景记忆分值，显著降低了 25.3% 的抑郁自评分值。然而，环境信息公开对心理认知的影响在 10% 的水平上不显著。根据上述结果，笔者发现环境信息公开显著降低了急性病、慢性病和抑郁障碍的患病率。此外，环境信息公开显著提高了公众的情景记忆能力。

二 机制分析

根据研究假设 H2，空气污染随着环境信息的公开而减少，空气污染的减少将改善公众健康，本章采用 PM2.5 浓度作为空气污染的替代物。环境信息公开影响公众健康的实证结果如表 8-5 所示。（1）列显示了环境信息公开对 PM2.5 的影响结果，（2）列和（3）列分别显示了身体健康和心理健康的中介效应结果。

表 8-5　环境信息公开影响公众健康的实证结果

变量	PM2.5 （1）	身体健康 （2）	心理健康 （3）
EID	-0.201*** （0.013）	0.006*** （0.000）	0.004*** （0.001）

续表

变量	PM2.5 （1）	身体健康 （2）	心理健康 （3）
PM2.5		−0.045*** （0.002）	−0.080*** （0.005）
C	3.872*** （0.008）	1.747*** （0.040）	−0.765*** （0.124）
Control	Yes	Yes	Yes
City FE	Yes	Yes	Yes
Year FE	Yes	Yes	Yes
Sobel Z-score		−10.88	22.89
Observation	69758	69758	69758
F	254.016	275.123	449.077
R²	0.907	0.456	0.752

注：（1）*** $p<0.01$。（2）使用高维固定效应方法控制城市固定效应和年份固定效应。（3）系数下括号中是个体水平的稳健标准误差。

在表 8-5 中，身体健康的 Sobel 检验 Z 值为 −10.88，这表明空气污染对身体健康的中介效应是显著的。心理健康的 Sobel 检验 Z 值为 22.89，这表明空气污染对心理健康的中介效应也是显著的。（1）列的结果显示，环境信息公开的系数为 −0.201，在 1% 的水平上显著，这表明环境信息公开显著降低了 PM2.5 的浓度。（2）列和（3）列中 PM2.5 的系数分别为 −0.045 和 −0.080，均在 1% 的水平上显著，这表明，随着 PM2.5 浓度的降低，公众的身体健康水平和心理健康水平都得到了显著提升。从上述结论可知，环境信息公开对公众健康的影响将通过空气污染进行调节，假设 2 成立。

三 异质性分析

（1）个体特征的异质性分析

不同性别、居住地和年龄的人的身体健康水平和心理健康水平不同。因此，应考虑个体特征的异质性。在性别方面，本章将样本分为男性和女性两个子样本。在居住地方面，本章构建了居住在农村的人和居住在城市的人两个子样本。在年龄方面，本章也构建了两个子样本一个子样本包含年龄在 45~60 岁（含 60 岁）的人群，另一个子样本包含 60 岁以上人群。性别异质性分析如表 8-6 所示，户籍异质性分析如表 8-7 所示，年龄异质性分析如表 8-8 所示。为了检验各异质性分析中两个子样本之间的差异，采用了看似不相关的回归检验。

表 8-6　性别异质性分析

变量	身体健康		心理健康	
	男性	女性	男性	女性
	（1）	（2）	（3）	（4）
EID	0.044***	0.038***	0.013***	0.004***
	(0.001)	(0.001)	(0.001)	(0.001)
C	1.039***	1.041***	-0.512***	-0.145***
	(0.011)	(0.010)	(0.025)	(0.025)
$SUR\ test$	23.24***		8.42***	
Control	Yes	Yes	Yes	Yes
City FE	Yes	Yes	Yes	Yes
Year FE	Yes	Yes	Yes	Yes
Observation	35976	33782	35976	33782
F	350.34	296.09	542.54	188.53
R^2	0.103	0.092	0.214	0.095

注：（1）*** $p<0.01$。（2）使用高维固定效应方法控制城市固定效应和年份固定效应。（3）系数下括号中是个体水平的稳健标准误差。

表 8-7　居住地异质性分析

变量	身体健康		心理健康	
	农村	城市	农村	城市
	（1）	（2）	（3）	（4）
EID	0.079***	0.038***	0.006	0.009***
	(0.003)	(0.001)	(0.004)	(0.001)
C	1.047***	1.044***	-0.187***	-0.448***
	(0.025)	(0.008)	(0.047)	(0.019)

变量	身体健康		心理健康	
	农村	城市	农村	城市
	(1)	(2)	(3)	(4)
SUR test	203.99***		6.57**	
Control	Yes	Yes	Yes	Yes
City FE	Yes	Yes	Yes	Yes
Year FE	Yes	Yes	Yes	Yes
Observation	8782	60976	8782	60976
F	114.70	533.54	59.47	924.37
R²	0.173	0.087	0.119	0.177

注：(1) ** $p<0.05$, *** $p<0.01$。(2) 使用高维固定效应方法控制城市固定效应和年份固定效应。(3) 系数下括号中是个体水平的稳健标准误差。

表 8-8　年龄异质性分析

变量	身体健康		心理健康	
	45~60 岁（含 60 岁）	60 岁以上	45~60 岁（含 60 岁）	60 岁以上
	(1)	(2)	(3)	(4)
EID	0.037***	0.047***	0.006***	0.015***
	(0.001)	(0.001)	(0.001)	(0.002)
C	0.953***	0.945***	0.402***	0.405***
	(0.002)	(0.002)	(0.005)	(0.004)
SUR test	60.95***		10.48**	
Control	Yes	Yes	Yes	Yes
City FE	Yes	Yes	Yes	Yes
Year FE	Yes	Yes	Yes	Yes
Observation	36838	32920	36838	32920
F	350.91	299.68	130.56	405.65
R²	0.097	0.098	0.094	0.176

注：(1) ** $p<0.05$, *** $p<0.01$。(2) 使用高维固定效应方法控制城市固定效应和年份固定效应。(3) 系数下括号中是个体水平的稳健标准误差。

根据表 8-6 的结果，(1) 列和 (2) 列中环境信息公开的系数均在1%的水平上显著为正，且男性的环境信息公开系数大于女性，说明环境信息公开对男性身体健康的影响较女性更大，SUR检验表明差异显著。在心理健康方面也得出了相同的结论，环境信息公开对男性心理健康的影响较女性更大，SUR检验表明两者差异显著。

表8-7显示，（1）列和（2）列中环境信息公开的系数均在1%的水平上显著为正，且（1）列中环境信息公开的系数大于（2）列中的系数，这表明环境信息公开对农村居民身体健康的影响大于城市居民，SUR检验表明差异显著。此外，（3）列中环境信息公开的系数不显著，而（4）列中环境信息公开的系数显著为正，这表明环境信息公开对城市居民心理健康的影响大于农村居民。SUR检验表明，两者的差异是显著的。对于这些结论，可能的解释如下。在一些地区，尤其是在中国北方，冬季取暖仍然主要依靠燃煤，这造成了严重的环境问题，并进一步引发了严重的身体健康问题。城市居民通常有医疗保险，且他们通常更加关注自己的健康，因此，环境信息公开对农村居民身体健康的影响大于城市居民。此外，城市居民的健康问题主要源于高强度的工作压力，而这一问题在农村并不多见。这种压力可能导致严重的心理健康问题，而环境污染会加剧这些问题，因此，环境信息公开对城市居民心理健康的影响大于农村居民。

根据表8-8的结果，（1）列和（2）列中环境信息公开的系数均在1%的水平上显著为正，且60岁以上人群的环境信息公开系数大于45~60岁（含60岁）人群，这说明环境信息公开对老年人身体健康的影响明显大于年轻人，SUR检验表明差异显著。在心理健康方面也发现得出的结论，环境信息公开对60岁以上人群心理健康的影响大于45~60岁（含60岁）人群，且SUR检验表明该差异显著。

（2）公众环境关注的异质性分析

本节研究了公众环境关注的调节效应（见表8-9）。

表 8-9　公众环境关注的调节效应

变量	身体健康		心理健康	
	（1）	（2）	（3）	（4）
PEC	0.047***	-0.021***	0.046***	0.036***
	(0.008)	(0.002)	(0.009)	(0.004)
EID		0.060***		0.030
		(0.008)		(0.022)
EID×PEC		0.007***		0.009***
		(0.001)		(0.002)
C	0.538***	2.111***	0.039	-2.071***
	(0.074)	(0.037)	(0.079)	(0.088)
Control	Yes	Yes	Yes	Yes
City FE	Yes	Yes	Yes	Yes
Year FE	Yes	Yes	Yes	Yes
Observation	69758	69758	69758	69758
F	33.659	223.202	29.715	325.673
R^2	0.031	0.451	0.063	0.750

注：（1）*** $p<0.01$。（2）使用高维固定效应方法控制城市固定效应和年份固定效应。（3）系数下括号中是个体水平的稳健标准误差。

根据表 8-9 的结果，（2）列和（4）列中环境信息公开和公众环境关注的交互项在 1% 的水平上显著为正，这表明与公众环境关注度较低城市的居民相比，环境信息公开对公众环境关注度较高城市的居民的身体健康和心理健康的影响分别高出 0.7% 和 0.9%。上述结论表明，环境信息公开对公众健康的影响受到公众环境关注的调节，这种影响在公众环境关注度较高的城市更为明显。

第五节　结论与建议

本章基于 2012 年我国《环境空气质量标准》的实施，评估了环境信息公开对公众健康的影响。利用中国健康与退休纵向研究 2011

年、2013 年、2015 年和 2018 年的数据，本章得出以下结论。

环境信息公开在很大程度上改善了公众的身体健康和心理健康。此外，本章进一步研究了空气污染渠道，实证结果表明，环境信息公开可以降低 PM2.5 的浓度，而随着 PM2.5 浓度的降低，公众的健康状况将得到改善。另外，从个体特征来看，环境信息公开对男性和 60 岁以上人群的影响更大，对农村居民的身体健康影响更大，对城市居民的心理健康影响更大。就城市的异质性而言，在公众环境关注度较高的城市中，环境信息公开的影响更大。

本章的研究结果表明，《环境空气质量标准》的实施对公众健康有很大影响，这表明政府应该建立更多的监测站，特别是在中国农村地区。由于这些地区存在能源消耗结构问题和较大的环境问题，而长期居住在这里的大多是老年人，《环境空气质量标准》的实施将使他们受益更多。

针对上述结论，本章提出以下政策建议，以期通过空气污染治理提升公众健康水平。首先，政府应重视空气污染监管，提高公众健康水平。政府可以制定一些连续性的环境政策，特别是空气污染控制政策，以确保在满足经济发展要求的同时不断改善空气质量。不同地区可以因地制宜地采取空气污染控制措施，提高公众的整体健康水平。其次，政府应提高公众环境关注度。政府可以建立相关的宣传机制或促进环境信息的有效公开，提高社会对公共环境的关注度。如果公众对空气污染现象的关注程度提高，其就能从自我意识上更多地避免环境污染对身体带来的危害，从而提高公众的整体健康水平。最后，政府应关注空气污染防治政策和措施对不同人群的影响。政府可以根据男性和女性在身体素质或工作状况方面的差异，适当调整空气污染防治政策的促进措施。政府还应该完善医疗保险制度，加大对医疗保险的宣传力度，使空气污染控制政策在改善公众健康状况方面发挥更全面的作用。此外，政府应强调空气污染控制政策在改善未成年人健康状况方面的有效性，应促进家庭和学校合作，宣传空气污染治理对未成年人健康的积极作用，提高他们的自我健康管理意识。

参考文献

［1］ Chang-Tai Hsieh, Esteban Rossi-Hansberg, "The Industrial Revolution in Services", *Journal of Political Economy Macroeconomics* 1 (2023).

［2］ Yu Bai, Yang Ni and Qiang Zeng, "Impact of Ambient Air Quality Standards Revision on the Exposure-Response of Air Pollution in Tianjin, China", *Environmental Research* 198 (2021).

［3］ Liming Yao, Ying Luo and Yile Wang, et al., "Market Response to the Hierarchical Water Environment Regulations on Heavily Polluting Firm: Evidence from China", *Water Resources and Economics* 39 (2022).

［4］ Charu Gangwar, Ranjana Choudhari and Anju Chauhan, et al., "Assessment of Air Pollution Caused by Illegal E-Waste Burning to Evaluate the Human Health Risk", *Environment International* 125 (2019).

［5］ Susan C. Anenberg, Larry Wayne Horowitz and Daniel Q. Tong, et al., "An Estimate of the Global Burden of Anthropogenic Ozone and Fine Particulate Matter on Premature Human Mortality Using Atmospheric Modeling", *Environmental Health Perspectives* 118 (2010).

［6］ Zhaohe Chen, Matthew E. Kahn, "The Consequences of Spatially Differentiated Water Pollution Regulation in China", *Journal of Environmental Economics and Management* 88 (2018).

［7］ Kunlun Wang, Hongchun Yin and Yiwen Chen, "The Effect of Environmental Regulation on Air Quality: A Study of New Ambient Air Quality Standards in China", *Journal of Cleaner Production* 215 (2019).

［8］ Isobel Braithwaite, Shuo Zhang and James Bowes Kirkbride, et al., "Air Pollution (Particulate Matter) Exposure and Associations with Depression, Anxiety, Bipolar, Psychosis and Suicide Risk: A Systematic Review and Meta-Analysis", *Environmental Health Perspectives* 127 (2019).

［9］ Jenna Kanner, Anna Z. Pollack and Shamika Ranasingh, et al., "Chronic Exposure to Air Pollution and Risk of Mental Health Disorders Complicating

Pregnancy", *Environmental Research* 196 (2021).

[10] Xiuwei Ao, Jussi Eloranta and Ching-Hua Huang, et al. , "Peracetic Acid-Based Advanced Oxidation Processes for Decontamination and Disinfection of Water: A Review", *Water Research* 188 (2021).

[11] Juqin Shen, Xin Gao and Weijun He, et al. , "Prospect Theory in an Evolutionary Game: Construction of Watershed Ecological Compensation System in Taihu Lake Basin", *Journal of Cleaner Production* 291 (2021).

[12] Fergying Zhang, Yu Shi and Dekun Fang, et al. , "Monitoring History and Change Trends of Ambient Air Quality in China during the Past Four Decades", Journal of Enwionmental Management 260 (2020).

[13] Tingting Liu, Yun Zhou and Jing Wei, et al. , "Association between Short-Term Exposure to Ambient Air Pollution and Dementia Mortality in Chinese Adults", *Science of the Total Environment* (2022).

| 第九章 |
环境规制的健康效应评估

本章以《大气污染防治行动计划》的实施为准自然实验，采用多项式 Logit 模型和差分法，研究了空气污染治理对疾病患病率的影响。实证结果表明，空气污染治理可以显著降低疾病的发病率。同时，公众的环境关注会降低这种影响。从异质性来看，空气污染治理对女性、18 岁以上人群和保险持有者的影响更为显著。

第一节　引言

经济发展往往以环境恶化为代价（Giddings 等，2002）。改革开放以来，中国经济持续快速发展，取得了举世瞩目的成就。然而，中国的空气污染状况并未得到持续有效的改善。在一定时期内，空气质量逐年下降（Hu 和 Guo，2021）。空气污染，尤其是 PM2.5 浓度超标，容易引起人体呼吸道疾病、心血管疾病、神经疾病以及其他疾病的并发症（Brauer 等，2021）。《2021 中国生态环境状况公报》显示，2021 年中国环境空气质量达标城市超过 218 个，PM2.5 年均浓度为 $30\mu g/m^3$，同比下降 9.1%。根据 IQAir 发布的《2021 年全球空气质量报告》，2021 年中国首都北京的 PM2.5 平均浓度为 $34.4\mu g/m^3$。然而，这一数据与世界上其他许多国家和城市相比仍有差距。数据显示，中国仍有29.8%的城市未达到 PM2.5 浓度标准（年均 $35.0\mu g/m^3$）。中国生态环境从量变到质变的拐点尚未到来。这一切都表明，中国迫切需要改善空气污染状况，提高空气质量，以保护公众健康。

影响公众健康的因素有很多，一般来说，影响公众健康的因素可分为内部因素和外部因素，内部因素包括年龄、性别等（Sudenkaarne，2020），外部因素包括环境质量、烟酒使用、医疗保险和职业（Ratajczak 等，2020）。在这些因素中，环境质量作为外部因素，对公众健康有着重要影响（Fairbrother 等，2019）。已有研究分析了污染管制对公众健康的影响。例如，Wang 等（2022）分别从宏观和微观角度研究了影响公众健康的因素。他们采用多元有序 Logit 模型和面板数据回归模型验证了空气污染与公众健康之间的负相关关系。其他学者的研究也得出了相同的结论（Carnell 等，2019）。这些研究都证实，空气污染监管可以在改善公众健康方面发挥非常重要的作用。然而，现有的空气污染监管对公众健康影响的研究仍然不足，现有研究对大气污染调控效果的关注还不够，空气质量改善措施的研究，特别是 PM2.5 浓度变化对公众健康影响的研究需要进一步完善。

空气污染防治对于经济高度发达的国家尤为重要。一般来说，经济发展需要工业化的支撑（Ahmad 等，2021）。工业化水平的提高必然带来各种污染物排放量的增加（Antoci 等，2018）。因此，空气污染是无序工业化造成环境破坏的主要形式。随着空气污染程度的加深和空气质量的下降，空气污染对公众健康的威胁越来越大，必须有效治理严重的空气污染状况。然而，由于企业以追求利润为目的，大多数企业不会主动承担降低污染水平带来的成本提升和经济损失。因此，空气污染防制必须由政府推动。政府可以利用相关的环境法规和其他强制手段来降低空气污染对公众健康造成的风险（Schraufnagel 等，2019）。中国政府于 2013 年发布了《大气污染防治行动计划》（APP-

CAP），以应对不断推进的工业化和不断深化的城市化所带来的环境问题。中国政府希望有效改善空气质量，实现环境效益和经济效益的双赢。《大气污染防治行动计划》对 2017 年全国地级以上城市的 PM2.5 浓度提出明确要求。同时，该计划还对京津冀、长三角、珠三角等相关重点区域增设了 PM2.5 减排限制。由于该计划严格限制了相关地区的空气污染物排放水平，因此受到了社会各界的积极讨论。笔者认为有必要探讨该计划在改善公众健康方面的有效性，因此，本章首先基于 ML-DID 方法，利用中国健康与营养调查（CHNS）的微观数据，通过准自然实验评估了空气污染治理对公众健康的影响。其次，本章进一步探讨了公众环境关注的调节效应以及空气污染治理对不同群体健康影响的差异。最后，本章进行了一系列稳健性检验以确保分析结论的可靠性，并提出了相应的对策建议。

本章对现有研究的贡献主要体现在以下几个方面。首先，本章利用 CHNS 的微观数据全面评估了《大气污染防治行动计划》对呼吸系统疾病、心脏疾病、消化系统疾病、神经系统疾病和其他疾病患病率的影响。以往文献普遍关注环境规制对经济发展的影响，但较少关注空气污染治理在公共卫生不同领域的重要作用。本章表明，空气污染治理不仅可以降低呼吸系统疾病的患病率，还可以降低其他疾病的患病率。其次，本章考虑了公众环境关注的调节效应。学者对空气污染治理的健康促进作用做了一些研究，但未考虑公众环境关注度的提高对空气污染治理效果的影响。本章研究表明，随着公众环境关注度提高，空气污染治理改善公众健康的效果减弱。最后，本章考虑了空气污染治理对公众健康影响的异质性。以往的研究较少考虑不同条件下空气污染治理对公众健康的影响，为了填补这些研究空白，本章讨论了在不同性别、不同年龄、不同医疗保险状况等条件下，空气污染治理对公众健康影响的差异。

第二节 政策背景与研究假设

一 政策背景

经济快速发展的代价往往是严重的空气污染，尤其是可吸入颗粒物（PM_{10}）和细颗粒物（PM2.5）等相关污染物的浓度持续上升，对人民群众的健康构成了极大威胁（Barzeghar等，2020）。《大气污染防治行动计划》就是在中国空气污染问题如此严重的背景下提出的。随着工业化进程的持续推进和城市化进程的不断深入，在保证经济增长速度的同时，未来中国可能会出现更多的污染问题。因此，《大气污染防治行动计划》的制定有利于减轻这一时期的空气污染治理压力，改善空气质量。该计划旨在实现逐步增加空气质量优良天数的目标。该计划要求 2017 年京津冀、长三角和珠三角地区 PM2.5 浓度分别下降 25%、20% 和 15%，并要求北京 PM2.5 年均浓度控制在 $60\mu g/m^3$以下。

2015 年，中国工程院组织相关领域专家对该计划进行了中期评估，结果显示，该计划对空气质量改善效果明显，PM2.5、PM_{10}、二氧化氮、二氧化硫、一氧化碳等相关污染物浓度均呈下降趋势。同时，大部分城市重污染天数明显减少。根据笔者整理搜集的数据，2015 年全国 74 个重点城市 PM2.5 浓度。2015 年，全国 74 个重点城市 PM2.5 浓度较 2013 年下降 13.2%，平均达到 $50\mu g/m^3$（见图 9-1）。这表明，政策的执行方式是正确的，各城市具有较强的执行环境保护政策特别是空气污染监管政策的能力。总体而言，《大气污染防治行动计划》的成功实施表明了中国改善空气质量的决心，这也意味着空气污染防治将在很大程度上影响人们的生活、工作和身体健康。

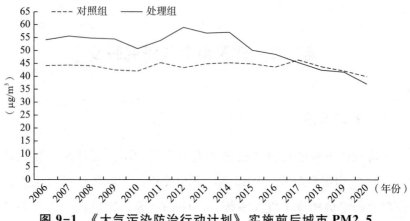

**图 9-1　《大气污染防治行动计划》实施前后城市 PM2.5
浓度的变化趋势**

资料来源：加拿大达尔豪斯大学大气成分分析小组（ACAG）。

二　研究假设

空气污染严重威胁公众健康，例如，PM2.5 携带各种病原体，能够通过呼吸道侵入人体，从而提高各种疾病的发病概率（Wei 和 Tang，2018）。空气污染治理可以有效改善当地的空气质量，同时降低相关空气污染物的浓度。空气质量的改善将大大降低空气污染导致的疾病发生概率，即提高公众健康水平。基于以上分析，本章提出第一个研究假设。

H1：空气污染治理可以降低疾病的发病率。

一方面，空气污染治理可以不断降低大气污染物的浓度，有效促进区域内空气质量的整体改善。另一方面，环境污染问题的日益突出将提高公众对环境问题的关注度（Li 等，2022），这也促进了公众环境保护意识的提高。同时，公众保护自身健康和防治污染的意识也开始提高，开始有更多的行为，如戴口罩、减少户外活动等，以避免空气污染对健康的影响。因此，公众对空气污染的自发规避在一定程度上替代了政府空气污染治理对公众健康的改善作用，这导致空气污染治理对公众健康的积极作用减弱。基于以上分析，本章提出第二个研究假设。

H2：公众对环境的关注将减弱空气污染治理改善公众健康的效果。

第三节 模型设定与变量测度

一 模型设定

本章选取中国健康与营养调查（CHNS）数据库中 2011 年和 2015 年的居民健康状况数据作为研究样本。为探讨空气污染治理政策的健康效应，本章采用多项式 Logit 模型建立疾病流行率模型，并采用双重差分模型评价《大气污染防治行动计划》的政策效应。根据每个受访者不同的健康状况，该模型对不同疾病人群的健康状况（h）进行估值。如果没有疾病，其值为 0；如果有呼吸系统疾病、心脏疾病、消化系统疾病、神经系统疾病和其他疾病，其值分别为 1、2、3、4 和 5。在多项式 Logit 模型中，x_i 代表个人特征，如年龄、性别和职业。对于数据库中的个人，该模型计算无疾病或有某种疾病（$h = 0$，1，2，3，4，5）的随机效用 U。计算公式如下：

$$U_{ih} = x'_i \alpha_h + \varepsilon_{ih} \tag{1}$$

其中，i 表示受访者，h 表示健康状况。假设 ε_{ih} 是独立且同分布的，它遵循 I 型极值分布，即 Gumbel 分布。因此，可以得到不同健康状况概率的多项式 Logit 模型，具体模型如下：

$$P(y_i = h \mid x_i) = \frac{\exp(x'_i \beta_h)}{\sum\limits_{m=0}^{5} \exp(x'_i \beta_m)} \tag{2}$$

将 $h = 0$ 作为基本状态，即将受访者身体健康作为基本状态。受访者 i 的回答等于第 h 个结果的概率为：

$$P(y_i = 0 \mid x_i) = \frac{1}{1 + \sum_{m=1}^{j} \exp(x'_i \beta_m)} \tag{3}$$

$$P(y_i = h \mid x_i) = \frac{\exp(x'_i \beta_h)}{\sum_{m=0}^{5} \exp(x'_i \beta_m)}, \; for \; h = 1, \; 2, \; 3, \; 4, \; 5 \tag{4}$$

如果用 $P(y_i = 0 \mid x_i)$ 除以 $P(y_i = h \mid x_i)$ ，就可以得到：

$$\frac{P(y_i = 0 \mid x_i)}{P(y_i = h \mid x_i)} = \exp(x'_i \beta_h), \; for \; h = 1, \; 2, \; 3, \; 4, \; 5 \tag{5}$$

对上述公式的两边取自然对数，得出：

$$\ln \frac{P(y_i = 0 \mid x_i)}{P(y_i = h \mid x_i)} = x'_i \beta_h, \; for \; h = 1, \; 2, \; 3, \; 4, \; 5 \tag{6}$$

其中，$\ln \frac{P(y_i = 0 \mid x_i)}{P(y_i = h \mid x_i)}$ 称为对数概率，系数 β_h 表示 x_i 变化1个单位后，结果 h 相对于基本结果的对数概率的变化。为了进行实证检验估计，将上述公式转换为以下模型：

$$\ln \frac{P(y_i = 0 \mid x_i)}{P(y_i = h \mid x_i)} = \beta_{0h} + \beta_{1h} \times APPCAP_{it} + \beta_{2h} \times X_{it} + Province + \varepsilon_{it} \tag{7}$$

其中，i 表示受访者，h 表示健康状况（$h=0$，1，2，3，4，5），t 为年份，$APPCAP_{it}$ 表示《大气污染防治行动计划》的实施情况，X_{it} 表示控制变量，$Province$ 表示省份固定效应被控制，ε_{it} 代表随机扰动项。如果 β_{1h} 为负值，则表明实施《大气污染防治行动计划》后，相对于健康状态，疾病的发生率显著降低。

二　变量测度

（一）因变量

本章的因变量是居民健康状况。根据中国健康与营养调查数据库数据，在"您在过去四周（包括今天）是否出现过以下症状"的量表中，"无"的个体赋值为0，"不知道"的个体赋值为9。在数据处理中，"无"和"不知道"的个体被归类为健康人群，赋值为0（包括没有疾病诊断的人群）。此外，对于非健康人群，本章根据不同的疾病创建相应的变量。一旦个体被诊断出患有某种疾病，该个体将在与该疾病相关的变量下赋值为1。此外，本章变量中的疾病包括呼吸系统疾病、心脏疾病、消化系统疾病、神经系统疾病和其他疾病。

（二）自变量

本章的自变量是空气污染防治政策即《大气污染防治行动计划》的实施。具体而言，根据政策颁布时间，将北京、上海和江苏3个省份作为处理组，将辽宁、黑龙江、山东、河南、湖南、湖北、广西、贵州和重庆9个省份作为对照组，建立了差异模型。

（三）控制变量

本章从中国健康与营养调查数据库中选取了即年龄（*Age*）、性别（*Gender*，男性=1，女性=0）、职业虚拟变量（*Ocup*，接近污染源的职业=1，不接近污染源的职业=0）、吸烟虚拟变量（*Smoke*，吸烟=1，不吸烟=0）、饮酒虚拟变量（*Alcohol*，饮酒=1，不饮酒=0）和医疗保险虚拟变量（*Ins*，有医疗保险=1，无医疗保险=0）作为控制变量。

第四节　数据与结果分析

一　数据说明

本章中的公共卫生数据来自2011年和2015年的中国健康与营养调查数据库数据。本章中的PM2.5年均浓度数据来自加拿大达尔豪斯大学大气成分分析小组的高覆盖栅格数据。PM2.5栅格数据团队基于从NASA全球卫星数据转换而来的气溶胶浓度，使用ACAG的最新算法从中提取 PM2.5 浓度。变量定义如表 9-1 所示。

表 9-1　变量定义

变量		变量描述	样本数（个）	均值	最小值	最大值	标准差
因变量	*Health*	居民健康状况	26729	0.516	0	5	1.423
自变量	*APPCAP*	空气污染防治政策的实施	26729	0.124	0	1	0.329
中介变量	ln*Pec*	每万名网民雾霾搜索次数的对数	26729	2.233	0.385	4.312	1.179
	ln*PM*2.5	PM2.5 浓度对数值	26729	3.913	3.415	4.335	0.247
控制变量	*Age*	年龄	26729	44.306	0	100	20.518
	Gender	男性为 1，女性为 0	26729	1.425	0	2	0.606
	Ocup	接近污染源的职业取值为 1，不接近污染源的职业取值为 0	26729	0.214	0	1	0.410
	Smoke	吸烟取值为 1，否则为 0	26729	0.122	0	1	0.327
	Alcohol	喝酒取值为 1，否则为 0	26729	0.136	0	1	0.343
	Ins	有医疗保险取值为 1，否则为 0	26729	0.902	0	1	0.297

二　空气污染治理对公众健康的影响

空气污染治理对公众健康的影响如表 9-2 所示，其中 *APPCAP* 的回归系数反映了空气污染治理（空气污染防治政策的实施）对不同类型疾病的影响。具体而言，（1）列至（5）列分别显示了空气污染治理对呼吸系统疾病、心脏疾病、消化系统疾病、神经系统疾病和其他疾病患病率的影响。同时，区域效应在本次回归中是固定的。表 9-2 的研究结果表明，空气污染治理对不同类型疾病患病率的影响存在显著差异。具体而言，（1）列中 *APPCAP* 的系数为 -0.643，在 1% 的水平上显著；（2）列中 *APPCAP* 的系数为 -0.196，但不显著；（3）列至（5）列中 *APPCAP* 的系数分别为 -0.731、-0.648 和 -1.018，均在 1%

的水平上具有统计意义。上述结果表明，空气污染治理可以显著降低64.3%的呼吸系统疾病患病率和73.1%的消化系统疾病患病率。在神经系统疾病方面，降低患病率的效果为64.8%。同时，其他疾病的患病率也可通过空气污染治理得到有效降低。这说明《大气污染防治行动计划》在降低居民呼吸系统疾病、消化系统疾病、神经系统疾病和其他疾病的发病率方面效果显著。该政策为改善公众健康状况做出了重要贡献，但在降低心脏疾病患病率方面效果并不明显。

表 9-2　空气污染治理对公众健康的影响

变量	呼吸系统疾病	心脏疾病	消化系统疾病	神经系统疾病	其他疾病
	（1）	（2）	（3）	（4）	（5）
APPCAP	-0.643^{***}	-0.196	-0.731^{***}	-0.648^{***}	-1.018^{***}
	(-3.653)	(-0.791)	(-2.636)	(-4.140)	(-10.696)
Age	0.033^{***}	0.065^{***}	-0.003	0.050^{***}	0.043^{***}
	(13.403)	(16.710)	(-0.844)	(21.737)	(28.569)
Gender	0.023	0.159	-0.228^{**}	0.458^{***}	0.151^{***}
	(0.283)	(1.247)	(-2.079)	(5.850)	(3.205)
Ocup	-0.094	-0.343	-0.419^{**}	-0.240^{**}	-0.138^{**}
	(-0.798)	(-1.620)	(-2.130)	(-2.331)	(-2.058)
Smoke	0.057	0.181	-0.349	-0.182	0.142
	(0.358)	(0.715)	(-1.391)	(-1.296)	(1.663)
Alcohol	-0.126	-0.483	0.381^{*}	0.271^{**}	0.181^{**}
	(-0.801)	(-1.640)	(1.741)	(2.116)	(2.250)
Ins	-0.114	-0.504^{**}	0.084	0.023	0.024
	(-0.765)	(-2.387)	(0.355)	(0.173)	(0.262)
C	-4.631^{***}	-7.224^{***}	-3.841^{***}	-6.112^{***}	-4.062^{***}
	(-16.754)	(-16.379)	(-10.067)	(-23.155)	(-25.146)
Province FE	Yes	Yes	Yes	Yes	Yes
Observation	26729	26729	26729	26729	26729
R^2	0.083	0.083	0.083	0.083	0.083

注：$^{*}p<0.1$，$^{**}p<0.05$，$^{***}p<0.01$；系数下括号内为标准误差。

三 公众环境关注的调节效应

一般来说，空气污染治理水平的提高也会带来更多的公众环境关注。当公众环境关注度提高时，空气污染会得到改善，公众健康水平会得到提高。因此，本章进一步探讨了公众环境关注的调节效应，结果见表9-3。

表9-3 公众环境关注的调节效应

变量	呼吸系统疾病	心脏疾病	消化系统疾病	神经系统疾病	其他疾病
	（1）	（2）	（3）	（4）	（5）
APPCAP	−0.262**	1.587	0.786	1.655	−1.482**
	（−2.443）	（1.031）	（0.441）	（1.231）	（−2.562）
lnPec	−0.122**	−0.006	−0.001	−0.122***	−0.154***
	（−2.491）	（−0.071）	（−0.001）	（−3.081）	（−5.127）
lnPec×APPCAP	1.324**	−1.085	−0.933	−1.265	0.460***
	（2.115）	（−1.162）	（−0.824）	（−1.024）	（2.854）
Age	0.034***	0.066***	−0.003	0.050***	0.043***
	（13.699）	（16.561）	（−0.854）	（22.021）	（28.962）
Gender	−0.005	0.159	−0.228**	0.426***	0.117**
	（−0.051）	（1.251）	（−2.101）	（5.375）	（2.492）
Ocup	−0.114	−0.338	−0.416**	−0.254**	−0.159**
	（−0.965）	（−1.597）	（−2.118）	（−2.469）	（−2.362）
Smoke	−0.039	0.186	−0.350	−0.263*	0.045
	（−0.251）	（0.718）	（−1.376）	（−1.861）	（0.528）
Alcohol	−0.197	−0.497*	0.378	0.175	0.096
	（−1.265）	（−1.661）	（1.637）	（1.351）	（1.218）
Ins	−0.096	−0.499**	0.085	0.046	0.049
	（−0.634）	（−2.362）	（0.368）	（0.352）	（0.535）
C	−4.480***	−7.023***	−3.737***	−5.952***	−4.124***
	（−16.350）	（−16.224）	（−9.487）	（−22.701）	（−24.705）
Province FE	Yes	Yes	Yes	Yes	Yes
Observation	26729	26729	26729	26729	26729
R²	0.085	0.085	0.085	0.085	0.085

注：* $p<0.1$，** $p<0.05$，*** $p<0.01$；系数下括号内为标准误差。

从表9-3的回归结果来看，（1）列（呼吸系统疾病）和（5）列（其他疾病）中 lnPec ×APPCAP 的系数分别为1.324和0.460，分别在5%和1%的水平上显著，这表明公众对环境的关注显著抑制了空气污染治理降低呼吸系统疾病和其他疾病患病率的效果。此外，lnPec ×APPCAP 在（2）列（心脏疾病）、（3）列（消化系统疾病）和（4）列（神经系统疾病）的系数分别为-1.085、-0.933和-1.265，但在统计上都不显著，这表明，公众的环境关注对空气污染治理与心脏疾病、消化系统疾病和神经系统疾病患病率之间的关系没有明显的调节作用。研究发现，在空气污染治理降低呼吸系统疾病和其他疾病患病率的同时，空气污染治理水平的提高也促进了公众环境关注度。公众环境关注度的提高伴随着公众自我健康保护意识的提高，其会通过佩戴口罩和减少户外活动等来避免空气污染对健康造成的危害。因此，公众环境关注所带来的公众健康改善效用在一定程度上挤压了空气污染治理的正向健康效应。随着公众环境关注度的逐渐提高，空气污染治理在改善公众健康方面的效应有所下降。

四 异质性分析

（一）不同性别的异质性分析

不同性别的异质性分析如表9-4所示。研究结果表明，空气污染治理对男性健康和女性健康的影响在方向上没有差异，但在程度上有所不同。具体而言，空气污染治理使男性的呼吸系统疾病患病率降低了39.1%，但并不显著。然而，空气污染治理使女性呼吸系统疾病患病率降低了82.1%，并且在1%的水平上显著。空气污染治理使男性和女性的心脏疾病患病率分别降低了31.8%和9.5%，但均不显著。空气污染治理使男性和女性的消化系统患病率分别降低了67.7%和78.5%，均在10%的水平上显著。空气污染治理使男性和女性的神经系统疾病患病率分别降低了49.7%和69.7%并且分别在10%和1%的水平上显著。空气污染治理还显著降低了男性和女性其他疾病的患病率。总体而言，空气污染治理对男性和女性的健康水平都有较好的影响，但对女性健康水平的影响更为显著。除了心脏疾病，女性各类疾病患病率的降低幅度均大于男性。因此，笔者认为男性和女性之间的生理差异可能会导致其对空气质量的敏感性不同。此外，男性户外工作比例较高也是其患病率下降幅度低于女性的原因之一。

表 9-4　不同性别的异质性分析

Panel A：男性	呼吸系统疾病	心脏疾病	消化系统疾病	神经系统疾病	其他疾病
	(1)	(2)	(3)	(4)	(5)
APPCAP	−0.391	−0.318	−0.677*	−0.497*	−0.772***
	(−1.523)	(−0.870)	(−1.947)	(−1.807)	(−5.627)
C	−4.587***	−6.764***	−3.838***	−6.343***	−4.027***
	(−13.407)	(−12.590)	(−9.394)	(−14.185)	(−19.097)
Control	Yes	Yes	Yes	Yes	Yes
Province FE	Yes	Yes	Yes	Yes	Yes
Observation	13723	13723	13723	13723	13723
R^2	0.077	0.077	0.077	0.077	0.077
Panel B：女性	呼吸系统疾病	心脏疾病	消化系统疾病	神经系统疾病	其他疾病
	(1)	(2)	(3)	(4)	(5)
APPCAP	−0.821***	−0.095	−0.785*	−0.697***	−1.220***
	(−3.322)	(−0.279)	(−1.677)	(−3.673)	(−9.087)
C	−4.700***	−7.270***	−4.750***	−4.920***	−3.675***
	(13.946)	(−13.908)	(−7.264)	(−18.319)	(−18.762)
Control	Yes	Yes	Yes	Yes	Yes
Province FE	Yes	Yes	Yes	Yes	Yes
Observation	13006	13006	13006	13006	13006
R^2	0.091	0.091	0.091	0.091	0.091

注：* $p<0.1$，** $p<0.05$，*** $p<0.01$；系数下括号内为标准误差。

（二）不同年龄的异质性分析

不同年龄的异质性分析如表 9-5 所示。对于其他疾病，在 10% 的显著性水平上，空气污染治理可使 18 岁以下人群（不包含 18 岁）的患病率降低 86%。空气污染治理对 18 岁以下人群（不包含 18 岁）的呼吸系统疾病、心脏疾病、消化系统疾病和神经系统疾病患病率变化效果不显著。空气污染治理对改善 18～60 岁（不包含 60 岁）人群的健康状况具有更显著的效果。在 5% 的显著性水平上，空气污染治理可使其呼吸系统疾病患病率降低 51.9%，但该政策对心脏疾病的影响仍然不显著。此外，在 5%、5% 和 1% 的显著性水平上，空气污染控制措施可使其消化系统疾病、神经系统疾病和其他疾病的患病率分别降低 83.6%、54.2% 和 90.7%。空气污染治理还可以降低 60 岁以上老年人相关疾病的患病率，改善其健康状况。在 1% 的显著性水平上，空气污染治理可使其呼吸系统疾病患病率降低 63.4%。空气污染治理使其神经系统疾病患病率降低 69.9%，且在 1% 的水平上具有显著性。此外，空气污染治理可以显著降低 60 岁以上老年人其他疾病的患病率。上述研究表明，空气污染治理对 18 岁以上人群的健康有显著的改善作用，在呼吸系统疾病、心脏疾病、消化系统疾病和神经系统疾病方面对 18 岁以下人群（不包含 18 岁）的影响并不显著，这可能是由于未成年人缺乏自我健康保护意识，也可能是由于致病原因通常更为广泛。因此，政府应提高未成年人的健康保护意识，发挥家庭和学校教育在提高未成年人身体健康水平中的重要作用。

表 9-5 不同年龄的异质性分析

Panel A：18 岁以下（不包含 18 岁）	呼吸系统疾病	心脏疾病	消化系统疾病	神经系统疾病	其他疾病
	(1)	(2)	(3)	(4)	(5)
APPCAP	-0.906 (-1.336)	-0.714 (-1.021)	-0.675 (-0.975)	0.163 (0.114)	-0.860* (-1.784)
C	-3.848*** (-3.596)	-4.021*** (-4.315)	-4.464*** (-5.720)	-4.338*** (-3.003)	-2.541*** (-5.391)
Control	Yes	Yes	Yes	Yes	Yes
Province FE	Yes	Yes	Yes	Yes	Yes

续表

Panel A：18 岁以下（不包含 18 岁）	呼吸系统疾病	心脏疾病	消化系统疾病	神经系统疾病	其他疾病
	（1）	（2）	（3）	（4）	（5）
Observation	3983	3983	3983	3983	3983
R^2	0.077	0.077	0.077	0.077	0.077
Panel B：18~60 岁（不包含 60 岁）	呼吸系统疾病	心脏疾病	消化系统疾病	神经系统疾病	其他疾病
	（1）	（2）	（3）	（4）	（5）
APPCAP	−0.519**	0.345	−0.836**	−0.542**	−0.907***
	（−2.267）	（0.951）	（−2.289）	（−2.505）	（−7.021）
C	−3.208***	−4.489***	−3.702***	−4.076***	−2.376***
	（−9.829）	（−7.438）	（−7.900）	（−12.820）	（−12.713）
Control	Yes	Yes	Yes	Yes	Yes
Province FE	Yes	Yes	Yes	Yes	Yes
Observation	16633	16633	16633	16633	16633
R^2	0.031	0.031	0.031	0.031	0.031
Panel C：60 岁以上	呼吸系统疾病	心脏疾病	消化系统疾病	神经系统疾病	其他疾病
	（1）	（2）	（3）	（4）	（5）
APPCAP	−0.634***	−0.508	−0.572	−0.699***	−1.075***
	（−2.107）	（−1.517）	（−0.945）	（−2.984）	（−7.300）
C	−2.401***	−2.515***	−4.751***	−2.585***	−1.058***
	（−5.503）	（−4.653）	（−3.927）	（−7.111）	（−4.147）
Control	Yes	Yes	Yes	Yes	Yes
Province FE	Yes	Yes	Yes	Yes	Yes
Observation	6113	6113	6113	6113	6113
R^2	0.037	0.037	0.037	0.037	0.037

注：* $p<0.1$，** $p<0.05$，*** $p<0.01$；系数下括号内为标准误差。

（三）不同医疗保险状况的异质性分析

不同医疗保险状况的异质性分析如表 9-6 所示。空气污染治理对投保人的健康影响更为显著。在呼吸系统疾病方面，在 10% 的显著性水平上，空气污染治理使参保人群的患病率降低了 37.7%。在心脏疾病方面，空气污染治理对患病率的影响为负，但不显著。在消化系统疾病方面，在5%的显著性水平上，空气污染治理使参保人群的患病率降低了44.7%。在神经系统疾病方面，在5%的显著性水平上，空气污染治理使投保人的患病率降低了36.5%。此外，空气污染治理可以使参保人群其他疾病的患病率降低了49.3%，统计显著性为1%。但空气污染治理对非参保人群健康水平的影响并不明显。上述研究表明，政府应积极推动公众参加医疗保险，提高公众对医疗保险的重视程度，从而增强空气污染治理对公众健康的积极作用。

表9-6　不同医疗保险状况的异质性分析

Panel A：有保险	呼吸系统疾病	心脏疾病	消化系统疾病	神经系统疾病	其他疾病
	（1）	（2）	（3）	（4）	（5）
APPCAP	-0.377*	-0.399	-0.447**	-0.365**	-0.493***
	（-1.799）	（-1.404）	（-2.006）	（-2.119）	（-4.393）
C	-7.419***	-21.724***	-10.386***	-5.244***	-3.212**
	（-3.032）	（-4.899）	（-2.710）	（-2.656）	（-2.368）
Control	Yes	Yes	Yes	Yes	Yes
Province FE	Yes	Yes	Yes	Yes	Yes
Observation	24117	24117	24117	24117	24117
R^2	0.090	0.090	0.090	0.090	0.090
APPCAP	0.664	0.704	-0.424	-0.432	0.137
	（1.173）	（0.855）	（-0.365）	（-0.517）	（0.350）
C	-5.426	-5.209	-22.885*	-2.479	-6.112
	（-0.809）	（-0.618）	（-1.770）	（-0.435）	（-1.516）
Control	Yes	Yes	Yes	Yes	Yes
Province FE	Yes	Yes	Yes	Yes	Yes
Observation	2612	2612	2612	2612	2612
R^2	0.121	0.121	0.121	0.121	0.121

注：* $p<0.1$，*** $p<0.01$；系数下括号内为标准误差。

五　稳健性检验

（一）安慰剂检验

《大气污染防治行动计划》的实施也可能影响未实施该政策的城市的公众健康，从而影响分析结果可靠性。因此，本章采用蒙特卡罗模拟进行安慰剂检验，实证结果如图9-2所示。本章从对照组中随机抽取一个样本作为新的处理组，然后采用DID方法对模型进行重新估计。如果重采样后得到的系数呈正态分布且均值为0，则证明结论是稳健的。本章随机抽取了500个样本进行重新采样，结果显示重新采样系数呈标准正态分布且均值为0，因此，本章研究结论是稳健的。

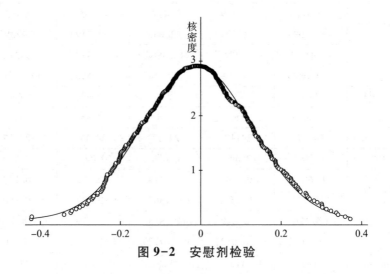

图9-2　安慰剂检验

（二）基于多元Porbit模型的再估计

为确保模型的稳健性，本章使用多元Probit模型进行了重新估计（见表9-7）。

表 9-7 多元 Porbit 模型的再估计结果

变量	呼吸系统疾病	心脏疾病	消化系统疾病	神经系统疾病	其他疾病
	（1）	（2）	（3）	（4）	（5）
APPCAP	−0.451***	−0.202	−0.466***	−0.443***	−0.705***
	（−4.797）	（−1.635）	（−3.639）	（−5.020）	（−10.984）
Age	0.022***	0.038***	0.004**	0.032***	0.030***
	（16.277）	（18.515）	（2.424）	（23.633）	（29.733）
Gender	0.029	0.090	−0.082	0.252***	0.097***
	（0.661）	（1.464）	（−1.577）	（5.775）	（3.161）
Ocup	−0.087	−0.171*	−0.237***	−0.157***	−0.113**
	（−1.374）	（−1.758）	（−2.653）	（−2.701）	（−2.562）
Smoke	0.037	0.068	−0.160	−0.103	0.093
	（0.427）	（0.552）	（−1.376）	（−1.266）	（1.569）
Alcohol	−0.057	−0.185	0.188*	0.158**	0.113**
	（−0.676）	（−1.380）	（1.789）	（2.086）	（2.033）
Ins	−0.069	−0.256**	0.046	0.004	−0.003
	（−0.858）	（−2.387）	（0.418）	（0.049）	（−0.041）
C	−3.237***	−4.497***	−2.886***	−4.052***	−2.969***
	（−21.702）	（−20.936）	（−15.559）	（−26.516）	（−27.589）
Province FE	Yes	Yes	Yes	Yes	Yes
Observation	26729	26729	26729	26729	26729

注：* p<0.1，** p<0.05，*** p<0.01；系数下括号内为标准误差。

（三）供暖区与非供暖区的影响差异

现有研究表明，由于气候特征和北方冬季燃煤供暖的需求，不同地区的空气污染也有所不同。为了检验模型的稳健性，参考 Yu 等（2021）的研究，本章将样本划分为两个子样本，一个子样本包含秦岭—淮河分界线以北的城市，这些地区冬季一般集中供暖；另一个子样本包含秦岭—淮河分界线以南的城市，这些地区冬季没有集中供暖。供暖区与非供暖区的影响差异如表 9-8 所示，所有变量都控制了省份固定效应。笔者发现空气污染治理显著降低了供暖区居民呼吸系统疾病、消化系统疾病、神经系统疾病、其他疾病的患病率，该结论与本章前述预期基本一致。而空气污染治理对非供暖区居民健康的影响仅在降低呼吸系统疾病患病率上较呈著。

表 9-8　供暖区与非供暖区的影响差异

Panel A：供暖区	呼吸系统疾病	心脏疾病	消化系统疾病	神经系统疾病	其他疾病
	（1）	（2）	（3）	（4）	（5）
APPCAP	−0.660***	−0.273	−1.250***	−1.091***	−1.395***
	（−3.051）	（−0.942）	（−3.256）	（−5.363）	（−11.509）
C	−4.845***	−7.662***	−3.565***	−6.244***	−4.094***
	（−14.605）	（−16.762）	（−10.174）	（−20.044）	（−24.231）
Control	Yes	Yes	Yes	Yes	Yes
Province FE	Yes	Yes	Yes	Yes	Yes
Observation	15063	15063	15063	15063	15063
R^2	0.087	0.087	0.087	0.087	0.087
Panel B：非供暖区	呼吸系统疾病	心脏疾病	消化系统疾病	神经系统疾病	其他疾病
	（1）	（2）	（3）	（4）	（5）
APPCAP	−0.510*	−0.022	0.182	0.258	−0.184
	（−1.922）	（−0.054）	（0.395）	（0.986）	（−1.130）
C	−5.148***	−8.578***	−4.212***	−6.784***	−4.626***
	（−14.593）	（−12.094）	（−8.561）	（−19.375）	（−21.521）
Control	Yes	Yes	Yes	Yes	Yes
Province FE	Yes	Yes	Yes	Yes	Yes
Observation	11666	11666	11666	11666	11666
R^2	0.081	0.081	0.081	0.081	0.081

注：* $p<0.1$，*** $p<0.01$；系数下括号内为标准误差。

（四）不同的空气污染暴露水平的影响差异

另一个值得关注的问题是，疾病的患病率也取决于人暴露于空气污染中的程度。为了探究空气污染治理在不同空气污染暴露程度下的影响，本章将样本按职业分为两个子样本。一个子样本包括暴露于空气污染中的职业的受访者，另一个子样本包括未暴露于空气污染中的职业的受访者。不同的空气污染暴露水平的影响差异如表 9-9 所示，所有变量都控制了省份固定效应。除心脏疾病外，空气污染治理显著降低了暴露于空气污染中的职业的受访者的疾病患病率，而空气污染治理对未暴露于空气污染中的职业的受访者的影响在统计上不显著。研究结果与本章预期相符。

表 9-9　不同的空气污染暴露水平的影响差异

Panel A: 有污染暴露	呼吸系统疾病	心脏疾病	消化系统疾病	神经系统疾病	其他疾病
	（1）	（2）	（3）	（4）	（5）
APPCAP	−0.384*	−0.152	−0.603*	−0.430**	−0.426***
	（−1.773）	（−0.552）	（−1.800）	（−2.387）	（−3.670）
C	−5.651**	−16.798***	−11.217***	−5.425***	−3.087**
	（−2.253）	（−3.977）	（−2.802）	（−2.622）	（−2.141）
Control	Yes	Yes	Yes	Yes	Yes
Province FE	Yes	Yes	Yes	Yes	Yes
Observation	24117	24117	24117	24117	24117
R^2	0.095	0.095	0.095	0.095	0.095
Panel B: 无污染暴露	呼吸系统疾病	心脏疾病	消化系统疾病	神经系统疾病	其他疾病
	（1）	（2）	（3）	（4）	（5）
APPCAP	0.550	−1.076	0.863	0.268	−0.389
	（1.171）	（−1.118）	（1.115）	（0.558）	（−1.290）
C	−11.798**	−29.423***	−14.946	−3.379	−6.855**
	（−2.132）	（−2.605）	（−1.594）	（−0.786）	（−2.383）
Control	Yes	Yes	Yes	Yes	Yes
Province FE	Yes	Yes	Yes	Yes	Yes
Observation	2612	2612	2612	2612	2612
R^2	0.045	0.045	0.045	0.045	0.045

注：* $p<0.1$，** $p<0.05$，*** $p<0.01$；系数下括号内为标准误差。

（五）替换健康人群样本进行重新估计

前文在数据处理中，将"无"和"不知道"的个体归类为健康人群。实际上，回答"不知道"的受访者可能已经患有某些疾病，只是其没有意识到而已。因此，为了确保模型的稳健性，本章将回答"不知道"的人从健康人群中剔除，并重新估计之前的模型。替换健康人群样本进行重新估计的结果如表 9-10 所示，所有模型都控制了省份固定效应。剔除回答"不知道"的人群后，结论与本章前述预期是一致的。

表 9-10　替换健康人群样本进行重新估计的结果

变量	呼吸系统疾病	心脏疾病	消化系统疾病	神经系统疾病	其他疾病
	(1)	(2)	(3)	(4)	(5)
APPCAP	-0.218**	-0.213	-0.330**	-0.251***	-0.185***
	(-2.075)	(-1.487)	(-2.376)	(-3.430)	(-4.335)
lnrgdp	-0.233	0.306	0.052	-0.398**	-0.381***
	(-1.232)	(0.972)	(0.180)	(-2.546)	(-2.955)
lnpop	0.587***	0.885***	0.854***	0.399***	0.152
	(3.446)	(3.181)	(2.988)	(2.843)	(1.283)
Is	0.098	2.541**	1.679	-0.385	0.842*
	(0.142)	(2.319)	(1.618)	(-0.646)	(1.769)
Fis	-0.186	-4.903*	-7.819***	1.163	0.857
	(-0.103)	(-1.706)	(-2.634)	(0.784)	(0.695)
Med	-0.533	0.517	0.421	-1.017**	-1.868***
	(-1.086)	(0.728)	(0.595)	(-2.425)	(-5.184)
Age	0.031***	0.064***	-0.005	0.047***	0.038***
	(12.052)	(13.140)	(-1.428)	(19.553)	(19.662)
Gender	-0.034	0.209*	-0.202*	0.435***	0.189***
	(-0.429)	(1.667)	(-1.720)	(5.861)	(3.219)
Ocup	-0.166	-0.290	-0.351*	-0.209**	-0.086
	(-1.399)	(-1.341)	(-1.779)	(-1.987)	(-1.028)
Smoke	0.037	0.362	-0.444	-0.382**	-0.011
	(0.227)	(1.365)	(-1.536)	(-2.480)	(-0.095)
Alcohol	-0.117	-0.473	0.445*	0.227*	0.081
	(-0.727)	(-1.581)	(1.842)	(1.695)	(0.744)
Ins	-0.095	-0.492**	0.112	-0.023	-0.049
	(-0.615)	(-2.282)	(0.458)	(-0.172)	(-0.433)
C	-6.507***	-18.058***	-10.459***	-4.516**	-2.193
	(-2.753)	(-4.529)	(-2.854)	(-2.313)	(-1.347)
Province FE	Yes	Yes	Yes	Yes	Yes
Observation	25752	25752	25752	25752	25752
R^2	0.075	0.075	0.075	0.075	0.075

注：* $p<0.1$，** $p<0.05$，*** $p<0.01$；系数下括号内为标准误差。

第五节　结论与建议

环境问题尤其是空气污染问题是政府关注的重点。本章利用2011年和2015年居民健康状况数据，采用多项式Logit模型和差分方法评估了中国空气污染治理对公众健康的影响。此外，本章还讨论了公众环境关注对空气污染治理与公众健康关系的调节作用，主要结论如下。首先，本章发现空气污染治理对公众健康有显著影响。《大气污染防治行动计划》实施后，呼吸系统疾病的患病率下降了64.3%，消化系统疾病的患病率下降了73.1%，神经系统疾病患病率下降了64.8%。此外，《大气污染防治行动计划》的实施还普遍降低了其他疾病的患病率。其次，笔者发现公众环境关注对空气污染治理与公众健康之间的关系具有调节作用。公众环境关注度的上升减弱了空气污染治理对公众健康的改善效果，这是因为公众对环境的关注提高了整个社会公众的自我健康保护意识。公众开始注重通过自身行动来改善健康状况，必然会导致空气污染治理等外部因素改善公众健康的效果减弱。再次，笔者发现，空气污染治理对不同性别、年龄和保险持有状况人群健康状况的影响是不同的。除心脏疾病外，空气污染治理降低男性疾病患病率的效果弱于女性。这可能是由于男性和女性的生理差异和工作状况不同。此外，空气污染治理显著改善了参保人群的健康状况，对非参保人群的健康状况没有显著影响。最后，空气污染治理对18岁以上人群的健康状况有明显改善作用，在呼吸系统疾病、心脏疾病、消化系统疾病和神经系统疾病方面对18岁以下（不包含18岁）的未成年人群体没有明显改善作用。

针对上述结论，本章提出以下政策建议，以发挥空气污染治理对公众健康的积极影响。首先，政府应重视空气污染治理，提高公众健康水平。政府可以制定一些连续性的环境政策，特别是空气污染控制政策，以确保在满足经济发展要求的同时不断改善空气质量。不同地区可以根据当地情况制定空气污染控制措施，提高公众的整体健康水平。其次，政府应引导社会提高公众环境关注度。政府可以建立相关的宣传机制或促进环境信息的有效公开，提高公众环境关注度。一旦公众对空气污染现象的关注程度提高，其就能从自我意识上更多地避免环境污染对身体的危害，从而提高社会公众的整体健康水平。最后，政府应关注空气污染治理对不同人群的影响。政府可以根据男性和女性在生理状况或工作状况方面的差异，适当调整空气污染防治政策的促进措施。政府还应该完善医疗保险制度，加大对医疗保险的宣传力度，使空气污染控制政策在改善健康方面发挥更全面的作用。此外，政府应强调空气污染控制政策在改善未成年人健康方面的有效性，促进家庭和学校合作，宣传空气污染治理对未成年人健康的积极作用，提高他们的自我健康管理意识。

参考文献

［1］ Bob Giddings, Bill Hopwood and Geoff O'Brien, "Environment, Economy and Society: Fitting Them Together into Sustainable Development", *Sustainable Development* 10 (2002).

［2］ Fengping Hu, Yongming Guo, "Health Impacts of Air Pollution in China", *Frontiers of Environmental Science & Engineering* 15 (2021).

［3］ Michael Brauer, Barbara Casadei and Robert A. Harrington, et al., "Taking a Stand Against Air Pollution—The Impact on Cardiovascular Disease", *Journal of the American College of Cardiology* 77 (2021).

［4］ Tiia Sudenkaarne, "Queering Medicalized Gender Variance", *Ethics, Medicine and Public Health* 15 (2020).

［5］ Aleksandra Ratajczak, Piotr Jankowski and Piotr Strus, et al., "Heat Not Burn Tobacco Product—A New Global Trend: Impact of Heat-Not-Burn Tobacco Products on Public Health, a Systematic Review", *International Journal of Environmental Research and Public Health* 17 (2020).

［6］ Anne Fairbrother, Derek Muir and Keith R. Solomon, et al., "Toward Sustainable Environmental Quality: Priority Research Questions for North America", *Environmental Toxicology and Chemistry* 38 (2019).

［7］ Jianlong Wang, Weilong Wang and Qiying Ran, et al., "Analysis of the Mechanism of the Impact of Internet Development on Green Economic Growth: Evidence from 269 Prefecture Cities in China", *Environmental Science and Pollution Research* 29 (2022).

［8］ Edward John Carnell, Massimo Vieno and Sotiris Vardoulakis, et al., "Modelling Public Health Improvements as a Result of Air Pollution Control Policies in the UK over Four Decades—1970 to 2010", *Environmental Research Letters* 14 (2019).

［9］ Munir Ahmad, Abdul Rehman and Syed Ahsan Ali Shah, et al., "Stylized Heterogeneous Dynamic Links among Healthcare Expenditures, Land Urbanization, and CO_2 Emissions across Economic Development Levels", *Science of The Total Environment* 753 (2021).

［10］ Angelo Antoci, Marcello Galeotti and Serena Sordi, et al., "Environmental Pollution as Engine of Industrialization", *Communications in Nonlinear Science and Numerical Simulation* 58 (2018).

［11］ Dean E. Schraufnagel, John R. Balmes and Sara De Matteis, et al., "Health Benefits of Air Pollution Reduction", *Annals of the American Thoracic Society* 16 (2019).

［12］ Vahideh Barzeghar, Parvin Sarbakhsh and Mohammad Sadegh Hassanvand, et al., "Long-Term Trend of Ambient Air PM_{10}, PM2.5, and O_3 and Their Health Effects in Tabriz City, Iran, during 2006 – 2017", *Sustainable Cities and Society* 54 (2020).

［13］ Tingting Wei, Meng Tang, "Biological Effects of Airborne Fine Particulate Matter (PM2.5) Exposure on Pulmonary Immune System", *Environmental Toxicology and Pharmacology* 60 (2018).

［14］ Siyue Li, Hao Jiang and Zhifang Xu, et al., "Backgrounds as a Potentially Important Component of Riverine Nitrate Loads", *Science of The Total Environ-*

ment 838 （2022）.

［15］ Chenyang Yu, Jijun Kang and Jing Teng, et al. , "Does Coal-to-Gas Policy Reduce Air Pollution? Evidence from a Quasi-Natural Experiment in China", *Science of The Total Environment* 773 （2021）.

| 第十章 |

信息基础设施建设与城市医疗环境

现有研究忽视了信息基础设施建设对改善城市医疗环境的重要性，为填补研究空白，本章基于"宽带中国"城市试点政策（BCCP）的准自然实验，采用双重空间差分模型评估信息基础设施建设对城市医疗环境的影响。本章选取 2010~2019 年 259 个城市的均衡面板数据进行实证分析。研究结果显示，"宽带中国"的实施使当地的医疗队伍和医疗基础设施分别改善了 4.1% 和 2.9%。"宽带中国"的实施存在显著的空间溢出效应，周边地区的医疗队伍和医疗基础设施分别有 7.2% 和 12.5% 的改善。同时，信息基础设施可通过带动产业结构升级和教育水平提升来改善城市医疗环境。本章进一步分析显示，"宽带中国"对东部地区和非普通地级市医疗队伍的提升效果较显著。在医疗基础设施方面，"宽带中国"在中部地区、西部地区和非普通地级市的改善。此外，本章进行了一系列稳健性检验，包括安慰剂检验以及基于 PSM-DID 的重新估计，以确保分析结果的可靠性。最后，本章提出了通过建设信息基础设施改善城市医疗环境的政策建议。

第一节 引言

随着环境污染和食品问题的出现，人们越来越重视自己的健康，改善城市医疗环境被认为是保障公众健康的重要手段因此，如何改善城市医疗环境已经引起了大量学者的关注。Swift（2011）指出，区域经济发展水平是影响医疗环境的重要因素。人口规模和结构也被认为对医疗环境有显著影响（Holecki 等，2020）。此外，有学者提出外资、政府干预和金融发展都是改善医疗环境必不可少的因素（Song 等，2021）。然而，这些因素呈边际效益递减趋势，迫切需要寻找新的驱动因素来进一步改善医疗环境。

大数据、云计算、5G 等信息技术的发展为改善医疗环境提供了新的机遇（Kaur-Gill 等，2020），这些技术应用极其依赖政府对信息基础设施的支持（Rudenko 等，2020）。一方面，信息基础设施的发展促进了信息技术在医疗领域的应用。这大大加强了不同地区之间的医疗合作，可以有效改善城市医疗环境。另一方面，信息基础设施的发展可以促进产业升级，为医疗机构提供人才和技术，从而改善医疗环境。这意味着信息基础设施的发展对城市医疗环境有重大影响，特别是在当前信息技术快速发展的背景下，忽视信息基础设施建设对医疗环境的影响不利于维护公众健康。因此，有必要探讨信息基础设施发展对城市医疗环境的影响及其机制，并提出改善城市医疗环境的建议。

为发展信息基础设施，中国于 2013 年开展创建"宽带中国"试点城市工作，到 2016 年共批准试点城市 116 个。基于上述准自然实验，本章采用双重差分模型评估信息基础设施建设对城市医疗环境的影响。此外，本章进一步从产业结构升级和教育水平提升两个方面探讨了信息基础设施建设改善城市医疗环境的机制，并进行了异质性分析和稳健性检验。

本章的贡献主要体现在以下三点。首先，本章将信息基础设施与城市医疗环境相关联。信息基础设施的发展极大地促进了区域内数字医疗技术的进步和信息医疗人才的集聚，忽视信息基础设施的发展不利于医疗环境的有效改善，而目前还没有研究分析信息基础设施建设对城市医疗环境的影响。其次，本章通过"宽带中国"的准自然实验评估了信息基础设施发展对城市医疗环境的影响。该政策具有较强的外生性，可在一定程度上减少内生性对评价结果的干扰。最后，本章在传统的 DID 模型中考虑了空间因素。我国医疗环境存在明显的空间相关性，即大城市医疗环境的改善对周边区域具有溢出效应。忽略这种空间相关性可能会导致有偏差的估计。双重空间差分模型估计的结果可减少空间因素的干扰，且能够更可靠地评估信息基础设施发展对城市医疗环境的影响。

第二节 研究假设与政策背景

一 研究假设

已有文献认为信息基础设施发展对生产力提高具有显著的提升作用（Pradhan 等，2018），然而，信息基础设施发展对医疗环境的影响并未得到重视。笔者认为，信息基础设施发展通过以下两个主要渠道影响医疗环境。

首先，信息基础设施的发展极大地促进了产业结构升级，并为医疗机构提供了更先进的协作模式。医疗技术和人员的流动性是限制医疗环境改善的最重要因素（Hanzl，2021），以 5G 和云计算为代表的信息技术的发展可以有效连接发达地区和发展中地区的医疗机构，从而改善发展中地区的医疗环境（Potrafke 和 Roesel，2020）。此外，信息基础设施发展带动的产业结构升级也为城市集聚了更多的医疗专业人才，有利于改善当地的医疗环境。

其次，信息基础设施的发展降低了教育壁垒，居民受教育水平得到提高。一方面，这将促使居民更加关注自己的健康，从而增加政府对医疗的投入，改善医疗环境（Wickersham 等，2019）。另一方面，教育水平的提高也有助于培养医学专业人才和完善医疗体系，这将促进医疗环境的改善。因此，本章提出以下假设。

H1：信息基础设施建设可以通过促进产业结构升级和提升教育水平来改善城市医疗环境。

由于信息基础设施建设不以行政区划为划分标准，相邻城市可以共享部分信息基础设施（Dong 等，2022）。信息基础设施的发展不仅会影响当地的医疗环境，也会对周边地区的医疗环境产生影响。一方面，信息基础设施建设提高了当地医疗机构的信息化水平，周边地区会学习、模仿和引进先进技术，改善自身的医疗环境（Krzeczewski 等，2019）。另一方面，当地信息基础设施建设所集聚的信息技术和医疗专业人才也为周边地区提供了人力资源的"蓄水池"。这将促使周边地区引进更多的医学人才，从而改善医疗环境。因此，本章提出以下假设。

H2：信息基础设施建设不仅改善了当地的医疗环境，也对周边地区产生了积极的溢出效应。

二 "宽带中国"信息基础设施建设的政策背景

大数据、云计算和 5G 等信息技术的发展进一步增强了信息的传输和使用，并产生了重大的社会经济影响（Dong 等，2022）。然而，这些技术的发展和应用极其依赖于信息基础设施的建设，如通信基站的建设和光纤电缆的铺设。中国政府于 2013 年 8 月开始实施"宽带中国"城市试点政策。这一政策旨在加快试点城市网络宽带建设，提高试点城市宽带的速度和可达性。2014 年有 41 个城市实施第一批专家综合评估，2015 年有 38 个城市实施第二批专家综合评估，2016 年有 37 个城市实施第三批专家综合评估。该政策实施的主要方式是扩大接入覆盖面，以宽带建设网络，以更加多元化的网络应用促进产业优化升级和经济转型。毫无疑问，"宽带中国"的实施极大地促进了试点城市信息基础设施的发展。

第三节 变量、模型与数据说明

一 数据说明

本章样本的时间段为 2010~2019 年，涵盖"宽带中国"实施前后共 10 年的时间。数据来源于中国研究数据服务平台（CNRDS）中的中国城市统计数据库（CCSD）和《中国城市统计年鉴》（2011~2020年）。由于双重空间差分模型要求数据结构是一个平衡面板，因此本章剔除了存在缺失值的城市样本。均衡面板数据集每年包含 259 个城市，共 2590 个样本。

二 模型设定

（一）基准模型

本章采用"宽带中国"作为准自然实验，评估信息基础设施建设对城市医疗环境的影响。此外，考虑到医疗环境存在空间外溢效应，本章在传统的空间外溢效应模型基础上进一步增加空间因素，利用空间外溢效应评估"宽带中国"的实施对医疗环境的影响。本章还报告了空间滞后模型（SLM）、空间误差模型（SEM）和空间 Durbin 模型（SDM）的估计结果。其中，SLM 将因变量的空间滞后项纳入模型（Lam 和 Souza，2020）。基于 SLM 的双重空间差分模型构建如下：

$$HCE_{it} = \alpha + \delta \sum_{j=1}^{n} W_{ij} HCE_{it} + \beta BCCP_{it} + \lambda Con_{it} + \varepsilon_{it}, \ \varepsilon_{it} \sim N(0, \ \sigma^2 I) \quad (1)$$

其中，HCE_{it} 表示城市医疗环境，$BCCP_{it}$ 表示"宽带中国"城市试点政策的实施，$\sum_{j=1}^{n} W_{ij} HCE_{it}$ 表示城市医疗环境的空间滞后，Con_{it} 表示控制变量。将误差项的空间滞后项纳入模型，基于 SEM 的双重空间差分模型构建如下：

$$HCE_{it} = \alpha + \beta BCCP_{it} + \lambda Con_{it} + \varepsilon_{it} \tag{2}$$

$$\varepsilon_{it} = \delta W_{it}\varepsilon + \mu, \quad \mu \sim N(0, \sigma^2 I) \tag{3}$$

其中，HCE_{it} 表示城市医疗环境，$BCCP_{it}$ 表示"宽带中国"城市试点政策的实施，Con_{it} 表示控制变量，δ 表示空间自相关误差项的估计系数，μ 表示误差项。SDM 将自变量和因变量的空间滞后项均纳入模型（Mur 和 Angulo，2006），基于 SDM 的双重空间差分模型构建如下：

$$HCE_{it} = \alpha + \delta \sum_{j=1}^{n} W_{ij} HCE_{it} + \beta BCCP_{it} + + \xi \sum_{j=1}^{n} W_{ij} BCCP_{it} + \lambda Con_{it} +$$

$$\tau \sum_{j=1}^{n} W_{ij} Con_{it} + \varepsilon_{it}, \quad \varepsilon_{it} \sim N(0, \sigma^2 I) \tag{4}$$

其中，HCE_{it} 表示城市医疗环境，$BCCP_{it}$ 表示"宽带中国"城市试点政策的实施，Con_{it} 表示控制变量，$\sum_{j=1}^{n} W_{ij} HCE_{it}$ 表示城市医疗环境的空间滞后项，$\sum_{j=1}^{n} W_{ij} Con_{it}$ 表示控制变量的空间滞后项，$\sum_{j=1}^{n} W_{ij} BCCP_{it}$ 表示"宽带中国"城市试点政策实施的空间滞后项。

（二）中介效应模型

为探究信息基础设施建设对城市医疗环境的影响机制，本章构建了以下中介效应模型：

$$HCE_{it} = \alpha + \beta BCCP_{it} + \lambda Control_{it} + \varepsilon_{it} \tag{5}$$

$$M_{it} = \alpha + \beta BCCP_{it} + \varepsilon_{it} \tag{6}$$

$$HCE_{it} = \alpha + \beta BCCP_{it} + \gamma M_{it} + \lambda Control_{it} + \varepsilon_{it} \tag{7}$$

其中，M_{it} 表示中介变量，包括产业结构升级和教育水平。产业结构升级用第三产业增加值占 GDP 的比例来衡量，$BCCP_{it}$ 表示"宽带中国"城市试点政策的实施情况。教育水平用人均受教育年限来衡量。如果式（6）中的 $BCCP$ 系数和式（7）中的 M 系数通过显著性检验，则说明信息基础设施建设通过促进产业结构升级和教育水平提升来影响城市医疗环境。

三 变量选取

本章的因变量是城市医疗环境，选择医疗队伍（lnmw）和医疗基础设施（lnmi）作为城市医疗环境的代理变量，其中医疗队伍用医生总数的对数值来衡量，医疗基础设施用医院床位数的对数值来衡量（Song 等，2021）。"宽带中国"是一种渐进式改革，2014～2016年有116个试点城市实施"宽带中国"政策。本章以"宽带中国"的实施为自变量，评估信息基础设施建设对城市医疗环境的影响。如果城市 i 在第 t 年实施了"宽带中国"，则 $BCCP$ 值为1；如果没有实施"宽带中国"，则 $BCCP$ 值为0。本章还选取了一系列决定城市医疗环境的因素作为控制变量，包括经济发展（lnrgdp）、总人口（lnpop）、外国投资（lnfdi）、政府干预（gov）、金融发展（fin）、产业结构（is）和教育水平（edu）。变量定义和变量描述性统计如表10-1和表10-2所示。本章通过人均受教育年限来衡量城市的教育水平，具体算法为：

$$edu_{it} = 6prim_{it} + 9mid_{it} + 12hig_{it} + 16uni_{it} \tag{8}$$

其中，$prim_{it}$、mid_{it}、hig_{it} 和 uni_{it} 分别表示城市 i 第 t 年具有小学、初中、高中和大专以上文化程度的居民的比例。

表 10-1 变量定义

变量分类	符号	定义	测度
因变量	lnmw	医疗队伍	医生总数对数值
	lnmi	医疗基础设施	医院床位数对数值
自变量	BCCP	"宽带中国"的实施	实施 BCCP 则取值1，否则取值0
控制变量	lnrgdp	经济发展	人均 GDP 对数值
	lnpop	总人口	总人口对数值
	lnfdi	外国投资	外商直接投资对数值

变量分类	符号	定义	测度
控制变量	*gov*	政府干预	财政支出/GDP
	fin	金融发展	金融机构存贷款余额/GDP
	is	产业结构	第三产业增加值/GDP
	edu	教育水平	人均受教育年限

表 10-2 变量描述性统计

变量	样本数（个）	平均值	标准差	最小值	中位数	最大值
ln*mw*	2590	8.975	0.725	6.804	8.949	11.659
ln*mi*	2590	9.675	0.680	7.657	9.656	12.086
BCCP	2590	0.196	0.397	0.000	0.000	1.000
ln*rgdp*	2590	10.679	0.578	8.881	10.645	13.056
ln*pop*	2590	5.936	0.641	3.922	5.958	8.134
ln*fdi*	2590	10.093	1.852	1.099	10.174	14.941
fin	2590	1.395	0.614	0.371	1.252	7.203
gov	2590	0.187	0.085	0.044	0.168	1.485
is	2590	40.573	9.888	14.360	39.675	83.520
edu	2590	9.119	0.530	7.679	9.096	12.701

城市医疗环境	处理组			对照组		
	政策实施前	政策实施后	变化（%）	政策实施前	政策实施后	变化（%）
ln*mw*	9.063	9.763	7.72	8.396	8.722	3.88
ln*mi*	9.823	10.687	8.80	9.396	9.634	-2.53

第四节　实证结果分析

一　空间自相关检验

为了分析我国城市层面医疗环境的空间相关性，本章分析了医疗队伍和医疗基础设施的空间分布，结果表明医疗队伍和医疗基础设施空间分布具有相似的特征，即区域省会城市的医疗环境强于周边城市，且随着与区域省会城市距离的增加，周边城市医疗环境逐渐变差。同时，沿海地区和北方地区的医疗环境强于内陆地区和西南地区。为进一步探讨医疗环境空间相关性的统计学意义，本章计算了 2010 ~ 2019 年医疗队伍和医疗基础设施的 Moran's I（见表 10-3）。2010 ~ 2019 年，医疗队伍和医疗基础设施的 Moran's I 显著为正，表明我国城市医疗环境具有较强的空间相关性，因此，在评估信息基础设施发展对城市医疗环境的影响时，应考虑空间因素。

表 10-3　Moran's I 测算结果

年份	lnmw		lnmi	
	Moran's I	Z-value	Moran's I	Z-value
2010	0.088***	2.871	0.060**	1.979
2011	0.053**	1.779	0.047*	1.578
2012	0.093***	3.035	0.060**	1.980
2013	0.078***	2.551	0.062**	2.069
2014	0.097***	3.142	0.063**	2.090
2015	0.099***	3.200	0.052**	1.738
2016	0.087***	2.840	0.056**	1.879
2017	0.089***	2.887	0.085***	2.764
2018	0.079***	2.578	0.083***	2.715
2019	0.073***	2.394	0.083***	2.720

注：* $p<0.1$，** $p<0.05$，*** $p<0.01$。

二　信息基础设施发展对城市医疗环境的影响

信息基础设施发展影响城市医疗环境的基准回归结果如表 10-4 所示。为了比较和保证结果的稳健性，本章报告了 FE、SLM、SEM 和 SDM 的所有结果。本章分别报告了以医疗队伍（lnmw）和医疗基础设施（lnmi）为因变量的结果。

表 10-4　信息基础设施发展影响城市医疗环境的基准回归结果

变量	FE		SLM		SEM		SDM	
	lnmw	lnmi	lnmw	lnmi	lnmw	lnmi	lnmw	lnmi
BCCP	0.075***	0.048***	0.037***	0.015**	0.036***	0.014**	0.039***	0.023***
	(0.012)	(0.009)	(0.012)	(0.007)	(0.012)	(0.007)	(0.012)	(0.008)
lnrgdp	0.406***	0.367***	0.126***	0.090***	0.129***	0.096***	0.285***	0.208***
	(0.014)	(0.011)	(0.027)	(0.016)	(0.027)	(0.017)	(0.026)	(0.017)
lnpop	0.714***	0.572***	0.550***	0.471***	0.556***	0.481***	0.649***	0.527***
	(0.063)	(0.047)	(0.059)	(0.036)	(0.059)	(0.036)	(0.060)	(0.039)
lnfdi	−0.005	0.007**	0.005	0.004*	0.006	0.004*	0.000	0.004*
	(0.004)	(0.003)	(0.004)	(0.002)	(0.004)	(0.002)	(0.004)	(0.003)
fin	0.167***	0.111***	0.041**	0.007	0.042**	0.009	0.105***	0.045***
	(0.016)	(0.012)	(0.018)	(0.011)	(0.018)	(0.011)	(0.018)	(0.012)
gov	−0.048	0.342***	−0.282***	0.042	−0.276***	0.039	−0.156*	0.140**
	(0.088)	(0.066)	(0.037)***	(0.051)	(0.083)	(0.051)	(0.085)	(0.055)
wBCCP							0.061**	0.044***
							(0.026)	(0.017)
wlnrgdp							0.089**	−0.066***
							(0.037)	(0.024)
wlnpop							−0.199	−0.541***
							(0.155)	(0.100)
wlnfdi							−0.045***	0.024***
							(0.010)	(0.006)
wfin							0.020	−0.044*
							(0.037)	(0.024)
wgov							0.005	0.520***
							(0.261)	(0.171)
City FE	Yes	Yes	Yes	Yes	Yes	Yes	Yes	Yes
Year FE	Yes	Yes	Yes	Yes	Yes	Yes	Yes	Yes
Observation	2590	2590	2590	2590	2590	2590	2590	2590
Log−L	342.74	472.33	1322.89	2586.61	1323.76	2589.97	1265.17	2334.54
R^2	0.469	0.810	0.817	0.854	0.549	0.820	0.822	0.593

注：*、**、***分别表示在10%、5%和1%的水平上显著；括号内是标准误差。

w 代表空间权重矩阵，wBCCP 表示信息基础设施建设的空间滞后项，其他变量的含义与此相同。

结果显示，"宽带中国"的实施对城市医疗环境有显著的积极贡献。四种模型计算的医疗队伍（lnmw）相关系数分别为 0.075、0.037、0.036、0.039。医疗基础设施（lnmi）的 BCCP 系数分别为 0.048、0.015、0.014、0.023。由于 SDM 同时考虑了空间滞后效应和空间误差效应，其对"宽带中国"影响的评估更加可靠。因此，排除了空间因素的干扰后，"宽带中国"的实施在医疗队伍和医疗基础设施方面分别改善了3.9%和2.3%。

SDM 的估计结果表明，"宽带中国"的实施对城市医疗环境具有重要的改善作用。由于"宽带中国"试点城市分布在全国各地，且医疗环境具有空间相关性，有必要探讨其空间溢出效应。实施"宽带中国"对医疗队伍的直接效应为4.1%，间接效应为7.2%，总效应为11.3%，分别通过了1%、5%和1%的显著性水平检验。"宽带中国"的实施对医疗基础设施的直接效应为2.9%，间接效应为12.5%，总效应为15.4%，均通过了1%的显著性水平检验（见表10-5）。上述分析结果表明，信息基础设施发展不仅促使当地医疗环境显著改善，而且产生了显著的正向溢出效应。"宽带中国"的实施对全国医疗队伍和医疗基础设施的总体改善效果分别为11.3%和15.4%，这说明政府有必要进一步推动以云计算和大数据为主的信息基础设施的发展。

表 10-5　SDM 中的直接效应、间接效应与总效应

效应分析	变量	BCCP	lnrgdp	lnpop	lnfdi	fin	gov
直接效应	lnmw	0.041*** (0.012)	0.287*** (0.025)	0.653*** (0.058)	-0.001 (0.004)	0.106*** (0.018)	-0.152* (0.084)
	lnmi	0.029*** (0.008)	0.212*** (0.016)	0.510*** (0.040)	0.007*** (0.003)	0.043*** (0.012)	0.199*** (0.060)
间接效应	lnmw	0.072** (0.028)	0.143*** (0.034)	-0.105 (0.168)	-0.049*** (0.010)	0.038 (0.040)	0.006 (0.299)
	lnmi	0.125*** (0.035)	0.115*** (0.036)	-0.500** (0.222)	0.060*** (0.013)	-0.041 (0.052)	1.350*** (0.387)

续表

效应分析	变量	BCCP	lnrgdp	lnpop	lnfdi	fin	gov
总效应	lnmw	0.113***	0.429***	0.548***	−0.049***	0.144***	−0.146
		(0.028)	(0.027)	(0.182)	(0.011)	(0.045)	(0.322)
	lnmi	0.154***	0.326***	0.010	0.066***	0.002	1.549***
		(0.037)	(0.036)	(0.242)	(0.014)	(0.058)	(0.419)

注：*、**、***分别表示在10%、5%和1%的水平上显著；括号内是标准误差。

三 平行趋势检验

平行趋势检验结果如图10-1所示。"宽带中国"实施前的回归系数大多未能通过5%的显著性检验，这表明在实施"宽带中国"前对照组和处理组之间的城市医疗环境没有显著差异。平行趋势假设得到验证。此外，"宽带中国"实施后，回归系数呈现先提高后降低的趋势，这说明信息基础设施建设的前三年效果最强，随着时间的推移，"宽带中国"对城市医疗环境的影响开始下降。这意味着，在短期内，"宽带中国"会带来城市医疗环境的改善，但其效果将逐渐减弱。政府应在确保政策短期绩效的同时提高信息基础设施建设对改善城市医疗环境的长期有效性。

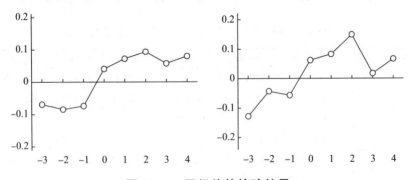

图 10-1 平行趋势检验结果

注：左图中的因变量为医疗队伍（lnmw），右图中的因变量为医疗基础设施（lnmi）。X轴表示"宽带中国"实施的窗口期，Y轴表示BCCP的回归系数。以"宽带中国"实施前一年为基期。

四 信息基础设施建设影响城市医疗环境的机制

为检验假设 1 中信息基础设施建设影响城市医疗环境的机制，本章在模型设定部分构建了中介效应模型。中介效应模型的回归结果如表 10-6 所示。

表 10-6 中介效应模型的回归结果

变量	iu （1）	$\ln mw$ （2）	$\ln mi$ （3）	edu （4）	$\ln mw$ （5）	$\ln mi$ （6）
$BCCP$	0.085*** （0.003）	0.057*** （0.012）	0.051*** （0.009）	0.251*** （0.012）	0.078*** （0.016）	0.056*** （0.009）
iu		0.612*** （0.093）	0.315*** （0.070）			
edu					0.085*** （0.031）	0.047*** （0.018）
C	0.389*** （0.001）	0.797** （0.386）	1.979*** （0.291）	9.065*** （0.005）	3.136*** （0.751）	3.147*** （0.312）
Control	Yes	Yes	Yes	Yes	Yes	Yes
City FE	Yes	Yes	Yes	Yes	Yes	Yes
Year FE	Yes	Yes	Yes	Yes	Yes	Yes
Observation	2590	2590	2590	2590	2590	2590
F-static	714.181	305.227	515.698	406.731	52.750	216.989
Adj-R^2	0.150	0.420	0.564	0.164	0.224	0.424

注：** $p<0.05$，*** $p<0.01$；括号内是标准误差。

从（1）列和（4）列的回归结果来看，$BCCP$ 的回归系数分别为 0.085（$p<0.01$）和 0.251（$p<0.01$），这意味着信息基础设施建设显著促进了所在城市的产业结构升级和教育水平的提高。随后，在（2）列和（3）列的回归结果中，iu 的回归系数分别为 0.612（$p<0.01$）和 0.315（$p<0.01$），这表明信息基础设施建设通过促进产业结构升级改善了城市医疗环境。（5）列和（6）列中 edu 的回归系数分别为 0.085（$p<0.01$）和 0.047（$p<0.01$），这表明信息基础设施的建设通过促进

教育水平的提升，改善了城市医疗环境。

五　异质性分析

实施"宽带中国"的异质性分析结果如表 10-7 所示。本章从区域的角度分析了中部、西部地区"宽带中国"的实施对城市医疗环境的影响与东部地区的差异。结果表明，"宽带中国"的实施对医疗队伍的提升效果主要集中在东部地区，而对医疗基础设施的提升效果主要集中在中部和西部地区。

表 10-7　实施"宽带中国"的异质性分析结果

变量	地区		城市行政级别	
	lnmw	lnmi	lnmw	lnmi
$BCCP \times Eastern$	0.045**	0.012	0.019***	0.013***
	(0.018)	(0.011)	(0.003)	(0.002)
$BCCP \times Central$	-0.025	0.028**		
	(0.022)	(0.014)		
$BCCP \times Western$	-0.034	0.040***		
	(0.024)	(0.015)		
$BCCP \times Rank$			0.042*	0.048***
			(0.022)	(0.013)
ln$rgdp$	0.161***	0.097***	0.151***	0.090***
	(0.029)	(0.017)	(0.028)	(0.017)
lnpop	0.512***	0.457***	0.516***	0.442***
	(0.059)	(0.036)	(0.060)	(0.036)
lnfdi	0.007*	0.004*	0.007*	0.004*
	(0.004)	(0.002)	(0.004)	(0.002)
fin	0.057***	0.014	0.053***	0.007
	(0.019)	(0.012)	(0.019)	(0.012)
gov	-0.253***	0.051	-0.253***	0.043
	(0.083)	(0.051)	(0.083)	(0.051)
$wBCCP \times Eastern$	0.107**	0.063**	0.006	0.041*
	(0.043)	(0.026)	(0.036)	(0.022)

续表

变量	地区		城市行政级别	
	lnmw	lnmi	lnmw	lnmi
$wBCCP×Central$	-0.134**	-0.085**		
	(0.064)	(0.039)		
$wBCCP×Western$	-0.114*	-0.019		
	(0.063)	(0.038)		
$wBCCP×Rank$			0.057	-0.075**
			(0.054)	(0.033)
$w\ln rgdp$	-0.135***	-0.124***	-0.145***	-0.126***
	(0.045)	(0.028)	(0.044)	(0.027)
$w\ln pop$	-0.548***	-0.378***	-0.509***	-0.302***
	(0.156)	(0.097)	(0.157)	(0.097)
$w\ln fdi$	-0.017*	0.005	-0.017	0.005
	(0.010)	(0.006)	(0.010)	(0.006)
$wfin$	-0.059	-0.048*	-0.051	-0.037
	(0.041)	(0.025)	(0.040)	(0.025)
$wgov$	-0.393	0.275*	-0.395	0.279*
	(0.266)	(0.163)	(0.266)	(0.163)
City FE	Yes	Yes	Yes	Yes
Year FE	Yes	Yes	Yes	Yes
Observation	2590	2590	2590	2590
R^2	0.522	0.551	0.525	0.574

注：*、**、*** 分别表示在 10%、5% 和 1% 的水平上显著；括号内是标准误差。

w 代表空间权重矩阵，wBCCP×Eastern 表示信息基础设施建设与东部地区虚拟变量交互项的空间滞后项，其他变量的含义与此相同。

具体而言，"宽带中国"的实施对东部地区医疗队伍提升的效果为 4.5%，对中部和西部地区医疗队伍无显著提升效果。"宽带中国"的实施对中部和西部地区医疗基础设施的提升效果分别为 2.8% 和 4.0%，对东部地区医疗基础设施无显著提升效果。

此外，本章还进一步分析了"宽带中国"的实施对不同行政级别城市的影响。本章将省会城市、副省级城市和直辖市定义为非普通地级市，将其他城市定义为普通地级市。结果表明，与非普通地级市相比，"宽带中国"的实施对普通地级市医疗基础设施的改善效果较差，"宽带中国"的实施对非普通地级市医疗队伍和医疗基础设施的提升效应分别比普通地级市高 4.2% 和 4.8%。

六 稳健性检验

（一）安慰剂检验

由于"宽带中国"的实施也可能影响非试点城市的医疗环境，这可能导致不可靠的估计。本章采用蒙特卡罗模拟进行安慰剂检验。首先，本章从对照组中多次随机抽取 500 个样本作为处理组。其次，本章通过 DID 回归分析估计参数。若参数估计值呈正态分布且均值为 0，则结果可靠。安慰剂测试结果如图 10-2 所示，正如安慰剂检验的预期，估计参数呈正态分布，且平均值约为 0，这表明处理组的城市医疗环境的变化源于"宽带中国"政策的实施。

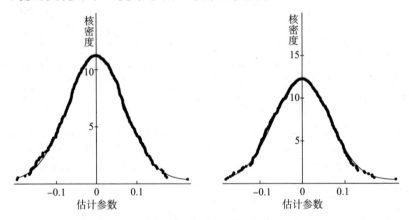

图 10-2 安慰剂检验结果

注：左图中的因变量为医疗队伍（lnmw），右图中的因变量为医疗基础设施（lnmi）。

（二）基于 PSM-DID 的重新估计

为了增强研究的稳健性，本章采用两种 PSM 方法进行后验匹配回归。本章采用了 1∶1 最近邻匹配和核密度匹配两种常规匹配方法。

基于 PSM-DID 的再估计结果如表 10-8 所示。回归结果包括以医疗队伍和医疗基础设施为因变量的估计值。结果表明，无论使用最近邻匹配还是核密度匹配，"宽带中国"的实施都显著改善了城市医疗环境，这与之前使用空间面板的研究结论一致，即本章的结论是稳健的。

表 10-8 基于 PSM-DID 的再估计结果

变量	最近邻匹配（n=1）		核密度匹配	
	lnmw	lnmi	lnmw	lnmi
$BCCP$	0.109***	0.125***	0.083***	0.087***
	(0.017)	(0.015)	(0.020)	(0.014)
ln$rgdp$	0.437***	0.150***	0.435***	0.384***
	(0.028)	(0.024)	(0.017)	(0.012)
lnpop	0.764***	0.727***	0.736***	0.465***
	(0.098)	(0.087)	(0.088)	(0.064)
lnfdi	−0.013**	0.006	−0.004	0.006
	(0.006)	(0.005)	(0.005)	(0.003)
fin	0.133***	0.015	0.192***	0.120*
	(0.022)	(0.019)	(0.020)	(0.014)
gov	0.051	0.085	−0.126	0.273***
	(0.113)	(0.100)	(0.099)	(0.072)
C	−0.285	3.741***	−0.249	2.526***
	(0.600)	(0.533)	(0.505)	(0.364)
City FE	Yes	Yes	Yes	Yes
Year FE	Yes	Yes	Yes	Yes
Observation	866	866	1898	1898
F-static	123.548	61.706	239.944	345.291
Adj-R^2	0.374	0.145	0.396	0.497

注：** $p<0.05$，*** $p<0.01$；括号内是标准误差。

第五节　结论与建议

本章基于"宽带中国"的准自然实验，采用双重空间差分模型评估信息基础设施发展对城市医疗环境的影响。首先，Moran's I 测度结果表明，医疗队伍与医疗基础设施之间存在显著的空间相关性；我国沿海地区和北方地区的城市医疗环境内陆地区和西南地区。其次，SDM 的估计结果显示，"宽带中国"的实施对医疗队伍和医疗基础设施的直接效应分别为 4.1% 和 2.9%，"宽带中国"的实施对周边地区的医疗队伍和医疗基础设施的间接效应分别为 7.2% 和 12.5%，"宽带中国"的实施对医疗队伍和医疗基础设施的总效应分别为 11.3% 和 15.4%。结果表明，信息基础设施发展不仅显著改善了当地的医疗环境，而且具有正向的空间溢出效应。再次，机制分析结果表明，信息基础设施发展通过促进产业结构升级和教育水平提升来改善城市医疗环境。本章还分析了不同区域和不同行政级别城市的异质性，结果表明，"宽带中国"的实施对东部地区和非普通地级市医疗队伍的影响较大，"宽带中国"的实施对中部、西部地区和非普通地级市医疗基础设施的影响较大。最后，本章还进行了一系列测试，以保证分析结果的可靠性。平行趋势检验显示，实施"宽带中国"前，处理组和对照组的医疗环境无显著差异，而实施"宽带中国"后，处理组的医疗环境显著好于对照组。此外，安慰剂检验和基于 PSM-DID 的重新评估均获得了一致的结论。因此，双重空间差分模型的评估是相对可靠的。

基于研究结论，本章提出以下三点政策建议。第一，要持续推进信息基础设施建设。数字化与信息技术是改善区域医疗环境的重要工具。特别是对于发展中地区，其吸收优秀医疗资源的能力更加有限。信息技术的发展可以通过促进区域间的医疗合作来改善医疗环境。研究结果表明，信息基础设施建设不仅改善了当地医疗环境，还对周边地区产生了积极溢出效应。这意味着城市之间不存在强烈的竞争，合作共享可以最大限度地改善区域医疗环境。政府可以从区域的角度制订一个更大规模的信息基础设施发展计划。其他发展中国家可以制定类似中国的信息基础设施发展政策，由政府初始投资推动信息技术发展，从而改善该国的医疗环境。第二，政府应鼓励信息技术产业与传统医疗产业结合。尖端的信息技术和数据分析技术可以大大提高医务人员的工作效率，减少其判断错误。同时，政府亦应鼓励医学专业人员学习信息技术，以进一步改善医疗环境。无论是发达国家还是发展中国家，政府都应通过财政补贴或创新支持等渠道鼓励信息技术与医疗行业的融合。信息技术的发展可以有效地弥合地区间的医疗差距，改善医疗卫生环境。第三，部分地区政府应通过对信息基础设施建设的财政补贴来促进医疗环境的改善。研究结果表明，信息基础设施建设对西部地区和普通地级市的影响较为有限，针对这一现象，地方政府应加大对薄弱地区的初始投入，通过财政补贴的方式建设医疗服务平台。同时，政府应充分利用信息基础设施发展带来的产业结构升级和教育水平提升效应改善城市医疗环境。

参考文献

［1］ Robyn Swift, "The Relationship between Health and GDP in OECD Countries in the Very Long Run", *Health Economics* 20 (2011).

［2］ Tomasz Holecki, Anna Rogalska and Karolina Sobczyk, et al., "Global Elderly Migrations and Their Impact on Health Care Systems", *Frontiers in Public Health* 8 (2020).

［3］ Cai-xia Song, Cui-xia Qiao and Jing Luo, "Does High-Speed Rail Opening Affect the Health Care Environment—Evidence from China", *Frontiers in Public Health* 9 (2021).

［4］ Satveer Kaur-Gill, Mohan Jyoti Dutta and Munirah Bashir, "A Community-Based Heart Health Intervention: Culture-Centered Study of Low-Income Malays and

Heart Health Practices", *Frontiers in Communication* 5 (2020).

[5] Ludmila Rudenko, Svetlana P. Goryachikh and O. N. Bykova, et al., "Mechanism Providing Information Infrastructure Support of Sustainable Development of Small Business in the Region", *Atlantis Press* (2020).

[6] Rudra Prakash Pradhan, Girijasankar Mallik and Tapan P. Bagchi, "Information Communication Technology (ICT) Infrastructure and Economic Growth: A Causality Evinced by Cross-Country Panel Data", *IIMB Management Review* 30 (2018).

[7] Małgorzata Hanzl, "Urban Forms and Green Infrastructure—the Implications for Public Health during the COVID-19 Pandemic", *Cities & Health* 5 (2021).

[8] Niklas Potrafke, Felix Roesel, "The Urban-Rural Gap in Healthcare Infrastructure: Does Government Ideology Matter?", *Regional Studies* 54 (2020).

[9] Alice Wickersham, Sophie Epstein and Holly Victoria Rose Sugg, et al., "The Association between Depression and Later Educational Attainment in Children and Adolescents: A Systematic Review Protocol", *BMJ Open* 9 (2019).

[10] Feng Dong, Yangfan Li and Chang Qin, et al., "Information Infrastructure and Greenhouse Gas Emission Performance in Urban China: A Difference-in-Differences Analysis", *Journal of Environmental Management* 316 (2022).

[11] Bartłomiej Krzeczewski, Olga Krzeczewska and Anna Pluskota, et al., "Does the Agglomeration Effect Occur in the Hospital Sector? The Impact of Agglomeration Economies on the Financial Performance of Hospitals—An Evidence from Poland", *The International Journal of Health Planning and Management* 34 (2019).

[12] Clifford Lam, Pedro C. L. Souza, "Estimation and Selection of Spatial Weight Matrix in a Spatial Lag Model", *Journal of Business & Economic Statistics* 38 (2020).

[13] Jesús Mur, Ana Angulo, "The Spatial Durbin Model and the Common Factor Tests", *Spatial Economic Analysis* 1 (2006).

第十一章

基层医疗卫生机构可持续发展模式的经验启示

分级诊疗制度实施以来，基层医疗卫生机构建设持续推进，广州市城市 15 分钟医疗卫生服务圈和农村 30 分钟医疗卫生服务圈基本形成，这为慢性病群众就近就医奠定了基础。随着我国逐步进入慢性病高发期，慢性病需要长期用药、终身治疗，患者群体规模大、就医需求大，但是基层医疗卫生机构诊疗率却呈现持续下降趋势，究其原因主要是基层医疗卫生机构首诊作用有限、医疗体系上下联动不足、社区医疗机构药品配置不足及电子病历有待互联互通。针对当前大医院人满为患、急难重症患者一号难求，就近的社区医疗机构却"吃不饱"，慢性病群众就医难的问题，在总结广州医科大学附属第一医院"医药共管"经验的基础上，本章建议以慢性病诊疗为切入点，通过建立上下联动，医药共管，预防、治疗、管理相结合的分级诊疗模式，以制度优化实现医疗资源配套优化，增强群众获得感，解决慢性病群众的"急难愁盼"问题。

第一节　分级诊疗实施情况

当前，我国社会主要矛盾已经转化为人民日益增长的美好生活需要和不平衡不充分的发展之间的矛盾，人民群众对美好生活更加向往，教育、医疗、养老、托育等公共服务保障水平成为影响人民群众获得感、幸福感、安全感的重要因素。我国逐步进入慢性病高发期，慢性病需要长期用药、终身治疗，因此患者群体规模大、就医需求大。据统计，全国慢性病患者人数约 3 亿。① 以广东省为例，全国第六次卫生服务调查统计显示，广东省全省 15 岁及以上居民慢性非传染性疾病患病率为 31.5%；城市居民两周就诊率达 20.0%。慢性病的医疗服务直接关系广大群众的幸福感和获得感。

近年来，特别是党的十八届三中全会以来，我国医药卫生体制改革不断深化，人民健康状况和基本医疗卫生服务的公平性、可及性持续改善。为解决常见病、多发病、慢性病看病难、看病贵问题，2015年，国务院办公厅出台《关于推进分级诊疗制度建设的指导意见》（以下简称《意见》），提出要建立符合国情的分级诊疗制度，推动形成基层首诊、双向转诊、急慢分治、上下联动的分级诊疗模式。《意见》要求，三级医院要逐步减少常见病、多发病复诊和诊断明确、病情稳定的慢性病等普通门诊，分流慢性病患者；支持慢性病医疗机构发展，鼓励医疗资源丰富地区的部分二级医院转型为慢性病医疗机构；建立基层签约服务制度，慢性病患者可以由签约医生开具慢性病长期药品处方，探索多种形式满足患者用药需求。2019 年《健康中国行动（2019—2030 年）》中提出"以较低成本取得较高健康绩效"。2020 年《深化医药卫生体制改革 2020 年下半年重点工作任务》中提出要深入实施健康中国行动，提升慢性病防治水平；健全药品供应保障体系，促进科学合理用药。

（一）基层医疗卫生机构建设持续推进

"十三五"期间，基层医疗卫生机构的建设取得了积极的进展和成效。截至 2020 年底，全国有基层医疗卫生机构 97 万个，其中社区卫生

---

① 国家卫生健康委员会统计信息中心：《全国第六次卫生服务统计调查报告》，2021。

服务中心有 9800 个，社区卫生服务站 2.55 万个，乡镇卫生院 3.58 万个，村卫生室 60.8 万个，相较于 2015 年，基层医疗卫生机构增加近 5 万个。

近年来，广州市分级诊疗制度建设主要以医联体为抓手，以社区卫生服务中心为主要载体，按照"一主一副五分网格化"医疗卫生设施布局结构，加快优质医疗资源扩容和区域均衡布局，高标准配置市区统筹级医疗卫生设施，持续推动优质医疗资源向城市发展新区辐射延伸。2019 年，《广州市医疗卫生设施布局规划（2011－2020 年）》（修订版）印发实施。该规划突出基层医疗服务体系建设，合理配置和调整卫生资源，努力在基层解决保健、健康教育、常见病和慢性病诊治等一系列健康问题。大力发展社区卫生服务，将社区卫生服务中心（站）积极融入"15 分钟社区生活圈"，在全市范围内建成以社区卫生服务为基础的新型卫生服务体系，使社区居民能够享受到与社会和经济发展水平相适应的卫生服务。按照街道办事处范围、服务人口和服务半径等要点，综合考虑确定社区卫生服务机构布局，原则上按照街道办事处所辖范围或按照 3 万~10 万名居民规划设置 1 个政府举办的社区卫生服务中心，根据需要合理设置社区卫生服务站，鼓励社会力量举办社区卫生服务机构。原则上每个镇至少建设 1 所镇卫生院，床位数宜控制在 100 张左右，中心镇卫生院应达到二级综合医院（200张床位）的规模和水平。原则上每个行政村规划建设 1 个村卫生站，可与建制镇、村医院或社区卫生服务中心统筹考虑设置卫生站，共建共享，满足服务人口、服务半径要求。规划至 2035 年，广州市拥有基层医疗卫生机构 596 个（不含村卫生站），其中社区卫生服务中心（站）566 个，镇卫生院 30 所，逐年推进实施。目前，广州市共组建医联体 144 个，覆盖各级各类医疗机构 435 个；共有社区卫生服务中心（站）334 个，其中社区卫生服务中心 155 个，城市 15 分钟医疗卫生服务圈和农村 30 分钟医疗卫生服务圈基本形成，为慢性病群众就近就医奠定基础。[①]

---

① 广州市卫生健康委员会：《2020 年广州市卫生资源和医疗服务简报》，2021。

（二）基层医疗卫生机构诊疗率持续下降

慢性病治疗的关键是药物维持治疗，在国外，此类疾病往往由社区健康服务机构或全科家庭医生进行治疗，但在我国，目前仍有大量诊断明确、病情平稳的慢性病患者日常随诊选择大医院。基层医疗卫生机构诊疗量仍然偏低，诊疗人次占比呈下降趋势。从全国来看，2016 年至 2020 年，基层医疗卫生机构诊疗人次分别为 43.4 亿、43.7 亿、44.1 亿、45.3 亿和 41.2 亿，分别占总诊疗人次的 54.4%、55.1%、53.1%、52.0%和 53.2%。

近年来，广州市积极推动优质医疗资源下沉，全市 155 个社区卫生服务中心和 30 个镇卫生院与二级、三级医院建立稳定的协作关系，通过医联体、对口帮扶等方式，促进大型医院优秀人才下沉社区，着力满足群众"家门口看专家"的需求。但是，从诊疗人次来看，2021 年，广州市各类医疗卫生机构向社会提供诊疗服务 1.44 亿人次，其中 291 家医院共计提供诊疗服务 0.91 亿人次，331 家社区卫生服务中心（站）只提供诊疗服务 0.24 亿人次。2018～2021 年，基层医疗卫生机构诊疗人次分别为 0.51 亿、0.54 亿、0.39 亿和 0.45 亿，分别占总诊疗人次的 33.48%、32.93%、31.07%和 31.09%，占比远低于广东省分级诊疗工作考核评价标准 65%的目标，且呈现波动下降趋势。

第二节　分级诊疗模式下慢性病诊疗面临的问题

一　基层医疗卫生机构首诊作用有限

民进广州市委会课题组于 2021 年 12 月下旬对广州市居民慢性病就医情况进行问卷调查，在广州市 11 个区 712 位接受访问的居民中，本人或家人有慢性病的占 64.6%。调查发现，受访慢性病患者就医频率高，较少到基层社区医院就医，到大医院就医花费时间长。

就医频率高。受访慢性病患者就医频率情况如表 11-1 所示。26.9%的受访患者 2 周以内至少就医 1 次（包含 1 次/周和 1 次/2 周），并且随着年龄的增长其就医频率提高，60 岁及以上的受访患者 2 周以内至少就医 1 次的占比达到 41.2%。

表 11-1 受访慢性病患者就医频率情况

单位：%

年龄	1 次/周	1 次/2 周	1 次/月	1 次/季度	1 次/半年
总体	8.0	18.9	43.5	11.7	17.8
18~29 岁	0.0	5.9	47.1	17.7	29.4
30~39 岁	3.3	12.2	33.3	21.1	30.0
40~49 岁	7.5	16.4	43.8	11.6	20.6
50~59 岁	6.7	23.8	50.5	7.6	11.4
60 岁及以上	15.7	25.5	44.1	6.9	7.8

资料来源：广州大学广州发展研究院课题组调研所得。

较少到基层社区医院就医。受访慢性病患者选择就医的医院类型如图 11-1 所示。调查显示，近八成受访慢性病患者就医选择区级

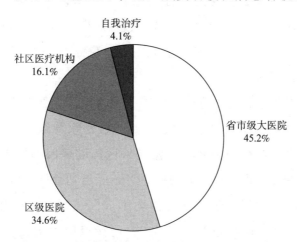

图 11-1 受访慢性病患者选择就医的医院类型

资料来源：广州大学广州发展研究院课题组调研所得。

及以上大医院，其中选择去"省市级大医院"的达45.2%，去"区级医院"的有34.6%，到"社区医疗机构"的仅有16.1%。受访慢性病患者就医目的如图11-2所示。受访患者就医目的主要是"开药"，该比例高达67.0%。

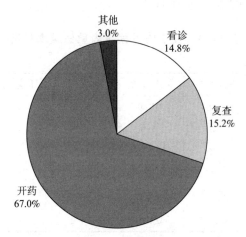

图11-2　受访慢性病患者就医目的

资料来源：广州大学广州发展研究院课题组调研所得。

就医花费时间长。受访慢性病患者到大医院就医花费时长如图11-3所示。调查显示，超过五成受访慢性病患者到大医院就医花费时长在3小时以上（包含3小时），其中选择花费4小时、3小时的分别为24.1%、22.2%。

医疗资源供求错配，造成大医院人满为患，急难重症患者一号难求，就近的社区医疗机构却"吃不饱"，慢性病群众就医时间长、费用负担重。受访慢性病患者不愿意到社区医院就医的原因如图11-4所示。问卷调查结果反映，慢性病患者不愿意到社区医院就医的原因主要是社区医疗机构的"药品种类不齐"，选择该原因的比例为78.5%；第二是"医疗设备不齐全"，选择该原因的比例为54.6%；第三是"医生水平不高"，选择该原因的比例为49.2%；第四是"在大医院就诊的病例信息没有共享"，选择该原因的比例为35.4%。

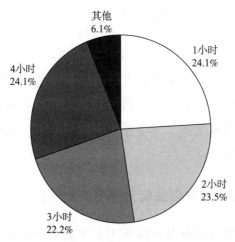

图 11-3 受访慢性病患者到大医院就医花费时长

资料来源：广州大学广州发展研究院课题组调研所得。

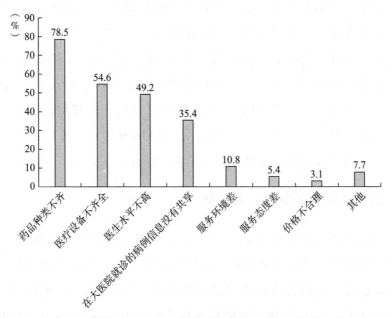

图 11-4 受访慢性病患者不愿意到社区医院就医的原因（可多选）

资料来源：广州大学广州发展研究院课题组调研所得。

二　医疗体系上下联动不足

自 2019 年起，老年人健康管理、慢性病（高血压、糖尿病）患者健康管理等服务被纳入基本公共卫生服务，提供该服务的机构不限于基层卫生服务机构，但这些项目在公共卫生医疗机构和基层机构中的责任分配并未明确界定。需要出台指导性政策，明晰上、下级合作医院的责权利，规范合作行为。

三　社区医疗机构药品配置不足

我国基本医疗保障制度包括职工基本医疗保险和城乡居民基本医疗保险，二者均根据医疗机构级别界定其覆盖的服务项目和药品目标，社区医疗机构基本用药品种少，无法与上级医院药品目录衔接，不利于吸引患者分流到基层，尤其是缺少慢性病专科用药，这是慢性病群众不能在社区就近就医的重要原因之一。同时，医保部门限定部分药品只能在二级以上医院使用，导致社区医疗机构与上级医院药品目录衔接更加困难。《广东省医疗机构基本用药供应目录管理指南》规定，省内各级医疗机构基本用药品规限制为：三级综合医院 1500种、三级专科医院 1200 种、二级综合医院 1000 种、二级专科医院 800种、社区卫生服务中心等其他医疗机构 600 种。

四　电子病历有待互联互通

2015 年分级诊疗制度启动后，全国积极建设基层卫生服务机构，特别是面向农村及边远地区的远程医疗服务平台。2019 年出台的《全国基层医疗卫生机构信息化建设标准与规范（试行）》，明确了基层医疗卫生机构信息化建设的内容和要求。2020 年 4 月 18 日，广州市卫生健康委员会和医保局联合印发《广州地区医疗机构检验检查结果互认实施方案》，明确互认范围，通过检验检查结果互认，减轻患者医疗费用负担，提高医疗资源利用效率。

从具体建设情况来看，2012 年，广州市率先在全国建立"超大型城市全民健康信息平台"。目前广州市各区均建立了覆盖辖区内基层医疗卫生机构的区域卫生信息平台，功能包括家庭医生服务、慢性病病人建档管理、医院 HIS 系统等。广州市全民健康信息平台"广州健康通"已联通 296 家医疗卫生机构，为群众提供预约挂号、医疗缴费、健康档案查询、检验检查报告查询等便民服务，实现电子健康档案在省、市、区三级医疗机构间无障碍调阅，目前注册用户数已达 480 万人。广州市检验检查结果互认平台已接入省、市、县及基层 261 家机构，调阅后互认率达 97%，但电子病历的互联互通仍需大力推进，部分医院的医疗信息系统尚未联通，尤其是作为慢性病诊疗主体的中小型医疗机构，其互联网医院平台建设、运营、风险控制的负担过重，电子病例建设进展缓慢，从信息层面降低了医药共管的连续性，电子病例对分级诊疗的支撑作用没有充分发挥。①

第三节 "医药共管"模式的有益探索

广州医科大学附属第一医院（以下简称"广医附一院"）在"医药共管"模式上开展了"慢阻肺医药联盟"实践案例。慢性阻塞性肺疾病，简称慢阻肺，是一种常见的呼吸系统疾病，具有高患病率、高致残率、高病死率和高疾病负担的特点，是我国第三大疾病，患病人数约 1 亿人，仅次于高血压和糖尿病，给社会及个人经济造成了严重的负担。2017 年国家卫健委把慢阻肺列入国家第二批分级诊疗试点疾病，发布了慢阻肺分级诊疗服务技术方案，强调要重视基层开展慢阻肺的筛查及规范化诊治，并给予财政及政策支持。慢阻肺发病率具有一定的地域特征，广东省是高发病率地区，流调显示，广东部分地区

---

① 广州市卫生健康委员会：《2020 年广州市卫生资源和医疗服务简报》，2021。

40岁以上人群慢阻肺患病率从2005年的9.4%上升至2015年的14%，广东慢阻肺防治工作更迫切。

广医附一院充分利用自身作为广州呼吸健康研究院、国家呼吸系统疾病临床医学研究中心、呼吸疾病国家重点实验室所在单位的优势，在国内率先提出"医药共管"模式并开展实践。该模式以慢阻肺诊疗为切入点构建"慢阻肺医药联盟"，形成疾病"诊""治""防""管"的上下级医院紧密型合作关系，将"医药共管"模式下沉社区，携手为患者服务，扩大服务范围，促进社区诊疗水平提升，并以合理用药监管为手段降低患者医保药品支出。

自2019年底以来，医院与白云区同德街社区和越秀区光塔街社区形成紧密型的"慢阻肺医药联盟"，共同服务于辖区内居民。截至2020年12月，医院通过"医药共管"模式，管理社区慢阻肺患者60余人；社区肺功能筛查200余人；实现社区向上转诊30余人次；完成社区药品目录衔接2次；开展"医药共管基层赋能培训班"6场，培训来自广州老八区各社区的学员（医生、药师）56人，覆盖27个社区卫生服务中心。[①]

广医附一院的"医药共管"模式有效地改善了慢阻肺患者"诊""治""防""管"上下分离现象，为慢性病分级诊疗做出有益探索。该模式实践成果分别获得中国药学会"2019年全国药学服务经典案例一等奖"、2019年国家卫健委指导的"全国医院擂台赛（中南赛区）推进分级诊疗制度建设主体最具价值案例奖"。

第四节　建立"医药共管"分级诊疗模式的建议

《"十四五"公共服务规划》提出，公共服务要尽力而为、量力而行。充分考虑经济发展状况和财政负担能力，既要关注回应群众呼声，

---

① 广州市卫生健康委员会：《2020年广州市卫生资源和医疗服务简报》，2021。

统筹各渠道资源，稳妥有序提升公共服务保障水平，又要合理引导社会预期。为此，要立足广州现有医疗资源优势，按照以点带面整体提升的思路，以慢性病为切入点，通过建立上下联动，医药共管，预防、治疗、管理相结合的分级诊疗模式，以制度优化实现医疗资源配套优化，方便群众就近就医，增强群众获得感，使医改真正惠及广大市民群众。

一　建立慢性病专科联盟

以医联体为依托，推动建立高血压、糖尿病、慢阻肺等慢性病专科联盟。明确联盟中各级医疗机构分工、医药共管内容、慢性病临床路径和转诊标准、各方责权利拟定规则。社区卫生服务中心负责临床初步诊断，建立健康档案和专病档案，开展患者随访、基本治疗及康复治疗，开展健康教育和患者自我健康管理指导。二级及以上医院接诊初诊患者，制定治疗方案，下转确诊且病情稳定患者，对社区卫生服务中心进行技术指导、业务培训、定期医疗质量和医疗效果评估。

二　配套相应的激励措施

强化绩效评价，将慢性病分级诊疗纳入医联体的改革任务和目标考核，将慢性病患者签约率、基层就诊率、双向转诊率、疾病规范管理率、病情评估指标控制率、医保费用支出情况等列为各级医疗机构绩效评价指标。重点考核医保基金医联体内支出率、基层支出率、医保自负率等指标，并与财政补助基金、薪酬总量拨付挂钩。给予专项补助，推动专科医师、药师下基层培训、带教，解决复杂疑难问题。

三　保障基层医疗机构慢性病用药

一是增加配备药品品种和数量。争取省有关部门同意，对于规模较大、功能较强的社区卫生服务中心，经市卫生健康部门批准，可参照二级综合医院配备使用基本药物，可从医保目录内配备使用一定数量的非基本药物。二是加强慢性病专科用药与上级医院衔接。结合社区慢性病临床用药需求及治疗指南，以制定慢性病专科药品目录为切入点，衔接社区卫生服务中心与上级医院用药。衔接目录内药品的日常采购和管理由社区卫生服务中心负责，采购的药品品规要体现专科导向。三是实施短缺药品"零报告"制度。社区卫生服务中心每月定期报告药品短缺情况，早发现、早处置药品短缺问题。

四　加强基层医疗机构技术支撑

在三级医院建立"社区慢性病教育培训基地"，并将其纳入医院考核指标，为社区医师提供参加培训、学术会议、病例研讨、继续教育的机会，培训的费用可由政府、社会团体、社会公益组织等多方筹集。选拔高级医师作为导师，结对"传帮带"社区骨干医师。上级医院专科医师定期到社区卫生服务中心联合门诊，指导家庭医生团队开展慢性病健康管理，对慢性病分级诊疗服务质量进行评估。上级医院高级药师定期到社区卫生服务中心开展医药协作门诊、处方点评、药品采购与库存管理抽查，规范基层卫生机构合理用药。

五　推进分级诊疗信息平台建设

在目前广州市全民健康信息平台的基础上，整合电子健康档案、电子病历、检验检查结果、双向转诊、签约服务等功能，建设各级各类医疗机构共享的分级诊疗信息平台，为慢性病分级诊疗提供信息化保障。

参考文献

[1] 国家卫生健康委员会统计信息中心：《全国第六次卫生服务统计调查报告》，2021。

［2］广州市人民政府办公厅：《广州市医疗卫生设施布局规划（2011－2020年）》，2019。

［3］广州市人民政府办公厅：《2020年广州市卫生资源和医疗服务简报》，2021。

结　语

党的二十大报告指出，我们坚持可持续发展，坚持节约优先、保护优先、自然恢复为主的方针，像保护眼睛一样保护自然和生态环境，坚定不移走生产发展、生活富裕、生态良好的文明发展道路，实现中华民族永续发展。如何实现可持续发展成为近年来学界热议的话题。本书从区域产业分工这一视角切入，分别考察了区域产业分工对绿色可持续发展、健康可持续发展的影响。

在绿色可持续发展维度，本书研究发现，国内大多数城市群的绿色可持续发展水平呈现上升或者先上升后下降的态势，只有部分城市群的绿色可持续发展水平在后期呈现下降态势，且 2005 年、2010 年和 2015 年各城市群的绿色可持续发展水平总体都呈现中心城市高于外围城市的空间分布。但基于中国十六大城市群 2003~2018 年面板数据的研究结果进一步表明，区域产业分工程度的提升会显著提升城市群绿色可持续发展的不平等程度，即不利于区域绿色协调发展。随后，本书还探究了能源技术进步与区域经济发展协调机制，结果表明，随着中国改革的进一步深化，制度因素在能源效率提升和区域经济发展方面起到了很好的促进作用，从全国范围来看，能源效率和区域经济发展水平之间存在系统的相互促进作用。同时，本书进一步以"煤改气"政策与《环境空气质量标准》的实施为准自然实验，考察了正式环境规制与非正式环境规制对空气污染的治理效应，结果表明环境规制能显著减少空气污染。最后，本书以京津冀、长三角与珠三角三大"成熟型城市群"为案例，综合使用多维度数据分析，阐述空间功能分工与绿色可持续发展的特征事实，指出空间功能分工深化在促进绿色发展的同时也扩大了中心城市与外围城市的差距，并针对粤港澳大湾区的产业布局优化及绿色可持续发展提出对策建议。

在健康可持续发展维度，本书首先考察了区域产业分工对公共医疗环境的影响。研究发现区域产业分工程度每提升 1%，医疗队伍和医疗基础建设会分别改善 6.6% 和 1.9%，且区域产业分工通过改善交通基础设施和促进产业结构升级来影响公共医疗环境，区域产业分工对中心城市的公共医疗环境的影响比对外围城市的影响更大。其次，本书以《环境空气质量标准》与《大气污染防治行动计划》的实施为准自然政策，考察了环境规制对公众健康的影响，研究发现《环境空气质量标准》的实施在很大程度上改善了公众的身体健康和心理健康，其主要渠道是 PM2.5 浓度的降低；《大气污染防治行动计划》的实施也可以显著降低疾病的发病率，但公众的环境关注会降低这种影响。再次，本书基于"宽带中国"城市试点政策的准自然实验评估了信息基础建设发展对城市医疗环境的影响。研究发现，"宽带中国"的实施使当地的医疗队伍和医疗基础设施分别改善了 4.1% 和 2.9%，并通过显著的空间溢出效应，使得周边地区的医疗队伍和医疗基础设施分别提升了 7.2% 和 12.5%。最后，本书以广州医科大学附属第一医院为案例，调研"医药共管"存在的问题，建议以慢性病诊疗为切入点，通过建立上下联动，医药共管，预防、治疗、管理相结合的分级诊疗模式，以制度优化实现医疗资源配套优化，增强群众获得感，解决慢性病患者的"急难愁盼"问题。

图书在版编目（CIP）数据

区域产业分工、环境规制与可持续发展／于晨阳，
涂成林著. — 北京：社会科学文献出版社，2024.12
　ISBN 978-7-5228-3482-5

　Ⅰ.①区…　Ⅱ.①于…　②涂…　Ⅲ.①产业布局-地
域分工-绿色经济-经济可持续发展-研究-中国　Ⅳ.
①F127

　中国国家版本馆 CIP 数据核字（2024）第 072886 号

区域产业分工、环境规制与可持续发展

著　　者／于晨阳　涂成林

出 版 人／冀祥德
责任编辑／任文武　郭　峰
文稿编辑／郭文慧
责任印制／王京美

出　　版／社会科学文献出版社·生态文明分社（010）59367143
　　　　　地址：北京市北三环中路甲 29 号院华龙大厦　邮编：100029
　　　　　网址：www. ssap. com. cn
发　　行／社会科学文献出版社（010）59367028
印　　装／三河市尚艺印装有限公司

规　　格／开　本：787mm×1092mm　1/16
　　　　　印　张：18.5　字　数：256 千字
版　　次／2024 年 12 月第 1 版　2024 年 12 月第 1 次印刷
书　　号／ISBN 978-7-5228-3482-5
定　　价／98.00 元

读者服务电话：4008918866